읽고 바로 써먹는
쓸모 있는
한국사

읽고 바로 써먹는

쓸모 있는 한국사

미리내공방 편저

정민
미디어

머리말

찬란한 반만년 역사,
위대한 민족의 긍지를 키우자!

우리나라 대한민국은 반만년 역사를 자랑합니다. 이 역사는 우리가 하루하루 조금씩 자라고 성장하면서 날로 발전하는 것처럼 차곡차곡 쌓이고 다듬어지는 것입니다.

우리는 찬란한 역사, 빛나는 전통을 바탕으로 올바른 역사관을 가지고 미래를 열어가야 합니다. 이 때문에 한국의 역사는 과거를 바탕으로 미래를 열어가는 삶의 역사이고 희망의 역사가 되어야 합니다.

한국사는 한반도 금수강산에 사람이 살기 시작한 구석기시대부터 면면히 이어지고 전승되어 오늘에 이르렀으며 또 미래로 이어질 것입니다.

한국의 역사는 아득한 옛날 기원전 2333년 아사달에 도읍을 정한 단군조선이 그 뿌리입니다. 원시시대인 구석기와 신석기, 청동기와 철기시대를 거치면서 최초의 고대국가인 고조선을 시작으로, 위만조선, 낙랑·진번·임둔·현도의 한사군·대방군, 부여와 마한·진한·변한의 삼한, 신라·고구려·백제의 삼국시대, 통일신라와 발해, 고려와 조선, 그리고 근세를 거쳐 대한민국으로 넘어왔습니다.

우리나라는 고구려와 발해 시대에는 만주 대륙을 영토로 동아시아의 최대 강국으로 위력을 떨쳤던 역사를 가지고 있습니다.

우리나라는 지금 남북으로 분단되어 있습니다. 지금까지 나왔던 남북 통일방안은 여러 가지로 다양합니다. 그러나 평화, 민주, 자유주의로 통일되어야 한다는 것은 변할 수 없는 원칙입니다.

한반도 반만년 역사를 돌이켜보면 수많은 시련기가 있었습니다. 그때마다 대륙의 열강 세력들이 우리나라를 괴롭혔고 한반도에서 회오리바람을 일으켰습니다. 그런 가운데서도 우리 민족은 끈질기게 항거하면서 나라와 민족을 지키고, 경제, 산업, 문화 등을 발전시키면서 성장해 왔습니다.

오늘날 우리에게는 북한의 비핵화를 달성하고, 평화체제를 구축하여 통일된 자유 민주국가를 이룩해야 하는 과업이 역사 앞에 가로놓여 있습니다.

우리는 이것을 역사적 소명으로 받아들여 극복하고 성취해 나아가려는 의지와 노력을 가다듬어야 합니다. 이와 동시에 선조들이 어떤 역사를 만들고 발전시켜 왔는지 그 과정을 살펴봄으로써 지난 일을 바로 알고 민족문화의 얼을 배우면서 희망찬 미래를 열어가는 지혜를 키워야 할 것입니다.

목 차

읽고 바로 써먹는

쓸모 있는 한국사

한국사 줄거리

● 동아시아 한반도

한반도는 정치·지리학적으로 동아시아에
위치해 있으며, 지형학적으로 유라시아
대륙의 동북쪽 끝에 있는 반도이다.

■ 고조선

한반도의 시작은 대략 70만 년 전의 구석기시대부터 시작하여 오늘에 이르렀다. 모든 민족이 대부분 그러한 것처럼 우리나라도 처음부터 국가가 형성된 것이 아니라, 원시사회로부터 구석기→신석기→청동기 등의 단계를 거쳐 왔다.

따라서 우리 민족의 기원도 신석기시대에서 비롯되었다고 보는 것이 일반적이다. 이 시대는 농경을 시작하고 혈연을 중심으로 이루어진 씨족사회였다. 그 뒤 청동기 시대로 접어들면서 권력과 재산을 가진 군장(君長)들이 나타나고 이들이 주변을 관장하면서 부족사회를 이끌었다.

여기서 지배계급과 권력이 형성되고 경쟁 사회로 바뀌면서 씨족이 모이고 부족을 이루면서 집단생활을 하게 되었다. 이때 우세한 군장, 리더십이 강한 군장이 다른 부족국가를 병합하여 초기 국가를 이루었다.

우리나라의 최초 국가인 단군조선은 기원전 2333년 단군왕검에 의해 세워졌다. 하느님의 아들 환웅이 백두산 기슭의 신시에 내려와 단군을 낳고 그가 나라를 세웠다. 이 나라는 점차 성장하고 발전하면서 만주 일대를 다스렸다.

단군조선 이후에는 주변에 고구려, 부여, 옥저, 삼한 등이 있었다. 이들 부족국가들은 고구려, 백제, 신라의 삼국 체제를 갖추게 되었다.

▶ 강화도 마니산의 참성대 향로

■ 삼국

고구려, 백제, 신라 삼국은 한반도와 만주 일대에서 자리를 잡으면서 그 세력을 확장하여 나아갔다. 고구려는 주몽이 기원전 37년 압록강 지류인 동가강 유역의 졸본에 건국한 나라이다.

백제는 기원전 18년 주몽의 아들 온조가 남하하여 한강 주변인 위례성에 도읍을 정하여 세웠다.

신라는 고구려와 백제보다 먼저 기원전 57년 박혁거세가 경주 지방의 사로국에서 시작하였는데, 삼국 가운데 비교적 늦게 국가 체제를 갖추었다. 이 시기에 신라 옆 낙동강 유역에서는 가야가 성장하고 있었다.

삼국은 서로 협력하기보다는 영토 확장을 목표로 서로 경쟁 상대가 되어 힘을 겨루었다. 특히 고구려는 지리적으로 영토가 척박한 산악 지대가 많아 기름진 땅을 찾아 한반도 중앙 지대와 만주 벌판으로 진출하는 데 주력하였다.

이때 중국 대륙에서는 수나라가 건국되어 고구려를 침공하였다. 수나라 양제는 612년에 무려 113만 대군을 이끌고 고구려를 침략하였으나 살수에서 을지문덕의 지략에 말려 떼죽음으로 거의 몰살당하는 참패를 당하고 나라마저 무너지는 수모를 당하였다.

4세기 때는 백제와 신라가 한강 유역의 기름진 땅을 차지하려고 경쟁하였다. 그러나 고구려의 강

▲ 백제 금동대향로

경한 남진정책에 밀렸다. 이에 백제는 금강 유역의 웅진성(지금의 공주)으로 천도하고 다시 사비성(지금의 부여)으로 천도하였다.

▲ 신라 시대 금관

■ 통일신라

신라는 한반도 동남부 지역에 자리를 잡아 삼국 가운데 늦게 성장하였다. 6세기 초에 중앙집권 국가로 체제를 갖추고, 제22대 지증왕 때 국호를 사로국에서 신라로 바꾸고 임금의 명칭도 마립간에서 왕으로 고쳤다.

제23대 법흥왕 때에 비로소 신분제도인 골품제를 정비하여 나라의 기틀을 세웠다. 그런 뒤부터 국가의 힘을 키워 삼국 사이의 경쟁에서 마지막 주도권을 잡았다.

신라는 당나라와 연합군을 편성하고 백제를 멸망시킨 뒤, 고구려도 무너뜨리고, 당나라마저 한반도에서 쫓아내 삼국통일을 완수하고 한반도를 다스리는 통일 국가를 이룩하였다.

신라가 삼국을 통일한 뒤에는 불교의 영향으로 시가 문학과 음악, 미술, 건축 등에서 새로운 예술의 세계가 열렸고 황금기를 누리면서 찬란한 문화·예술을 꽃 피웠다.

그러나 오랫동안 태평성대를 누려온 탓에 9세기 때부터 사회적 모순이 일어나고 백성들의 봉기가 잦아지면서 새로운 호족 세력이 등장했다.

■ 고려

왕건이 후삼국을 통일하고 국가의 기틀을 잡았다. 고려는 불교를 국교로 삼아 혁신적인 바탕을 마련하고 정치 지도 이념으로 유교사상을 받아들여 단순한 왕조의 차원을 넘어 중세사회로 전환하는 기틀을 다졌다. 이런 노력으로 후삼국시대 이후의 혼란을 수습하고 국가적 통치력과 사회적 안정을 구축하면서 질서를 잡았다.

과거제도를 도입하여 유능한 인재를 등용하고 중앙집권적인 국가 체제를 확립하여 새로운 지배세력을 키웠다. 이로써 문인 중심의 새로운 신흥 문벌이 생겨나고 이들이 고려의 주역으로 자리를 굳혔다.

그러자 한쪽에서는 신흥 문벌에 대항하는 무신들의 반란이 일어났다. 무인들이 등장하면서 문인 세력이 무너졌다. 그리고 무인들 사이에 치열한 권력 다툼이 벌어졌다.

중국 대륙의 거란, 몽골, 여진족들의 침범이 잦아지고 무신권력이 커지면서 왕권은 무너지고 무신 세력에 밀려 결국 강화도로 천도하는 수모까지 당했다.

제24대 원종 이후 제31대 공민왕 때까지는 역대 왕들이 원나라 공주를 왕비로 삼는 등 순혈주의가 무너졌다.

더구나 공민왕 때부터는 유교적 성향을 가진 신진 사대부의 등장으로 왕권이 기능을 발휘하지 못하고 권문세족들의 정치 무대로 변하고 말았다.

▲ 고려 청자

이 바람에 고려는 멸망하고 새로운 신진 사대부 세력이 조선을 세웠다.

고려 시대에서는 독특한 기법에 의한 고려자기와 미술공예품, 인쇄술 등이 발달하였다. 송나라, 아라비아 사람들이 수입해가는 무역이 성행하였는데, 특히 아라비아 상인들의 활발한 왕래로 코리아라는 이름이 서방 세계에 알려졌다.

■ 조선

조선은 요동을 정벌하고자 북으로 진군한 군사들을 위화도에서 되돌려 권력을 잡은 이성계가 세운 나라이다.

태조 이성계는 국호를 조선으로 정하고 한양을 수도로 정한 뒤 국가 체제를 고려와는 다르게 바꾸는 개혁정치를 펼쳤다. 불교를 배척하고 유교를 받들며 유교적 정치 이념에 따르는 통치 체제를 확립하였다.

그리하여 조선은 왕권 중심의 중앙집권 국가로 통치 체제를 세웠다. 수도인 한양에 대학인 성균관과 중등 교육기관인 4학을 세우고, 지방에는 중학교인 향교를 세워 학생들을 교육시켰다. 이렇게 교육받는 사람들을 대상으로 과거시험을 실시하여 인재를 선발하여 관리로 등용하였다.

큰 나라를 섬기고 이웃 나라들과 화평하게 지낸

▲ 조선 시대 측우기

▲ 경복궁의 해태 상

다는 사대교린 정책을 원칙으로 외교정책을 펼쳤다.

초기에는 세종대왕이 훈민정음을 창제하고, 학문과 과학을 장려하여 성리학이 발달되면서 문화의 황금기를 이루었다. 그러나 15세기 말부터 양반 사대부들의 세력이 커지면서 많은 토지를 사유물로 점유하여 빈부의 격차가 크게 벌어지고 사림들이 등장하면서 사화가 잇따랐고 파벌 싸움이 극성을 부렸다.

그 결과 임진왜란, 정묘호란, 병자호란 등의 엄청난 위기를 맞았다. 조선 말기에는 외국 열강들의 통상교섭 요구를 묵살하는 대원군의 쇄국정책으로 임오군란, 명성황후 시해 등 국난을 당하고 대한제국을 세워 새로운 민주주의 국가로의 변모를 시도했지만, 을사5적이 일본과 을사늑약을 체결하여 외교권까지 빼앗기고 식민지로 전락하고 말았다.

■ 대한제국

대한제국은 조선 말기 제26대 고종 34년인 1897년 10월 12일부터 1910년 8월 29일까지 존속한 나라이다. 대한민국의 시작을 알리는 근대 국가로 출발한 대한제국은 그 국호에서 이미 자주성과 독립성을 한층 강하게 천명하였다.

● 아관파천

명성황후가 시해된 을미사변 이후 일본군의 무자비한 공격에 신변의 위협을 느낀 고종과 왕세자가 1896년 2월 11일부터 약 1년간 조선의 왕궁을 떠나 러시아 공관에 옮겨 거처한 사건.

◀ 덕수궁 러시아 공사관

　일본이 명성황후를 시해한 뒤인 1896년 2월 11일 고종은 경복궁에서 러시아 공사관으로 피신하는 이른바, 아관파천을 단행하였다. 그 이듬해인 1897년 고종은 덕수궁으로 환궁하여 대한제국을 세우고 선포하였다. 그날 이후 조선이란 국호는 공식적으로 사용하지 않았다. 따라서 대한제국 출범과 함께 조선은 역사 속으로 사라졌다.

　그러나 근대 국가를 세운 지 불과 13년 만에 일본의 강압으로 고종이 강제 퇴위를 당하면서 막을 내리는 비극을 맞았다. 대한제국은 청나라의 그늘에서 벗어나 자주 독립국임을 선포함과 동시에 연호를 쓰고 황제 칭호를 공식으로 사용했다는 데 커다란 의미가 있다.

　임금에 대한 칭호가 황제로 격상되면서 국가의 직제도 황제 칭호에 걸맞게 개편되었다. 대한제국의 성립을 전후하여 독립협회의 입헌군주제 추진운동과 민권운동이 활발했으며, 정부 주도의 근대적 개혁인 광무개혁이 실시되었다.

　더구나 1907년에는 고종 황제가 네덜란드 헤이그에서 열린 만국평화회의에 특사를 파견하였지만 일본의 간악한 방해로 회의에는 참석하지도 못했다. 그렇지만 을사늑약이 일제의 강압으로 체결된 것이므로 무효라는 사실을 공개적으로 선언하는 역사적인 일을 해냈다.

대한제국이 선포된 이후 서구 문물과 사상이 쏟아져 들어왔다. 대한제국이라는 표기에는, 민족다운 자긍심을 참작한 측면이 강하다. 왕국이었던 조선 시대와 달리 국격이 제국으로 높아진 것이었다.

대한제국의 큰 뜻은 대한민국 임시정부로 이어지고 다시 대한민국으로 이어져 현재까지도 계승되고 있다.

■ 일제 강점기

자주적 근대 국가로 수립된 대한제국은 1910년 일제에게 강제로 병합되어 지위가 상실되면서 우리나라는 국권이 없는 일제의 식민지로 전락되고 말았다.

일본은 무력을 앞세워 무단정치를 펴면서 우리나라를 식민통치로 다스리고 국민들을 억압하였다. 이로 인해 우리나라는 모든 통치 능력을 잃고 식민지로서 수난을 겪었다.

동양척식주식회사라는 괴물 조직을 만들어 우리나라의 토지를 강제로 몰수하여 일본인들에게 헐값으로 불하하여 일본인 지주를 만들어 냈다.

단발령을 내려 상투를 자르게 하고, 조선어를 쓰지 못하게 했으며, 각급 학교 교육도 일본식으로 개편하였다. 우리의 성과 이름도 일본식으로 바꾸게 하는 창씨개명을 단행하여 조선인의 얼과 정신

▲ 유관순 열사 상

● 3·1 독립운동

3·1 운동, 또는 3·1 만세 운동은 일제 강점기에 있던 한국인들이 일제의 지배에 항거하여 1919년 3월 1일 독립을 선언하고 비폭력 만세운동을 시작한 사건이다.

까지도 말살시켜 일본인으로 만들려고 광분하였다.

우리 민족은 일제의 폭압적인 식민지 통치에 끝없이 저항했다. 마침내 민족의 항거는 3·1 독립운동으로 폭발하여 전국 곳곳에서 독립만세 운동을 펼쳤다. 일본은 군대를 풀어 총칼을 휘두르며 수많은 백성을 사살하고 헌병과 경찰을 동원해 독립운동을 하는 조선인들을 마구잡이로 체포하여 고문하고 투옥시켰다.

전국 곳곳에서 의병이 일어나고 해외에서는 대한민국 임시정부를 수립하여 독립운동을 전개하였다.

일본은 징병제를 실시하여 청년 학생들을 일본군대로 끌고가 태평양 전쟁에 투입했다. 여성들은 정신대로 끌려가 일본 군인들의 위안부로 수모를 당했다.

어린 학생들은 송진 따기 등 전쟁 물자 조달에 동원되고, 장정들은 징용으로 끌려가 강제 노동에 시달리는 등 조선 민족은 인간 노예나 다름없는 고난을 당했다.

▶ 위안부 소녀 상

1945년 8월 15일, 일본이 연합군에게 무조건 항복함으로써 우리는 해방을 맞았다. 잔인하게 극성을 부리던 일본은 1945년 8월 6일 미국으로부터 히로시마에 원자 폭탄을 얻어맞고 또 사흘 뒤 나가사키에 원자탄이 떨어지면서 두 도시가 산산조각이 나자 허둥거리다가 8월 15일 무조건 항복한 것이다.

일본의 패망으로 우리나라는 해방을 맞았다. 그렇지만 미국을 중심으로 하는 자유 민주주의와 공산 사회주의를 중심으로 하는 소련의 대립과 세력 확장에 휩쓸려 38선을 가운데 두고 남과 북으로 분단되고 말았다. 그리고 남한만의 총선거로 대통령을 선출하고, 1948년 8월 15일, 자유 민주주의 국가 대한민국 정부 수립을 세계 만방에 선포했다.

■ 대한민국 탄생

38선 이북인 북한에서는 조선민주주의인민공화국이라는 공산 독재정권이 세워지면서 남과 북이 이념과 체제를 달리하는 두 개의 정부가 한반도에 들어섰다.

1950년 6월 25일 새벽, 북한은 소련제 탱크를 앞세우고 인민군을 총동원하여 일제히 38선을 넘어오면서 남한 전체를 전쟁터로 만들어 놓았다.

대구와 부산을 제외한 남한 전체가 북한군에게 짓밟혔으나 유엔군의 지원을 받은 국군의 반격으로 북진을 거듭하여 평양을 점령하고 압록강까지 진격했다. 이때 중공군 100만 명이 인해전술로 개입하면서 전쟁은 새로운 국면으로 접어들었다.

결국 1953년 7월 군사분계선을 경계로 휴전협정이 맺어져 오늘날까지 세계에서 유일한 분단국가로 남아 있게 되었다.

● 불굴의 한국인 상

독립기념관에 설치되어 있는 대형 조각상으로 대한민국의 독립을 위해 온갖 고난과 역경을 이겨낸 한국인을 묘사하였다.

대한민국은 4·19 학생혁명, 5·16 군사정변, 5·18 광주민주화운동 등 숱한 파동을 겪으면서도 산업화의 열기와 높은 교육열에 힘입어 잿더미가 된 나라에서 한강의 기적을 이룩하였고 줄기차게 성장·발전하여 선진국 대열에 들어섰다.

▲ 4·19 학생혁명 기념 상

▲ 대한민국 정부 수립 기념 행사

읽고 바로 써먹는

쓸모 있는 한국사

우리 민족의 기원

한성 백제의 초기 목책성을
재현한 미니어처이다.

■ 상고시대

동아시아를 무대로

사람들은 흔히 한국 역사를 반만년 역사라고 말한다. 단일 민족으로 길고 오랜 역사를 가진 우리 민족은 어떻게 발전해 왔을까?

구석기시대 이후 한반도와 만주를 주요 무대로 하고, 넓게는 동아시아 지역까지 아우르며 발전되어 온 것이 한민족(韓民族)의 역사이다.

한국 역사는 구석기→신석기→청동기→철기 시대로 이어지는 상고시대와 고조선의 성립 이후 원삼국시대, 삼국시대, 남북국시대, 후삼국시대까지의 고대 시대, 고려 시대인 중세, 조선 시대인 근세, 대한제국 수립, 근대화 시련 시대, 광복 이후 남북분단과 대한민국 건국, 그리고 오늘날까지의 현대 시대로 구분된다.

한반도 나이는 6억 살

한반도 나이는 얼마나 될까? 지질학자는 한반도의 나이를 대략 6억 년으로 보고 있다. 민족의 영산인 백두산과 한라산은 처음에 무시무시한 폭발을 하는 화산이었다고 한다. 백두산의 천지나 한라산의 백록담은 화산의 불구멍이었다는 것이다. 그 불구멍에서 용암이 솟아나와 땅을 덮었다.

● 백두산 천지
민족의 영산인 백두산 천지는 세계에서 가장 깊은 화산 호수이며, 세계에서 가장 높은 화구호이다.

코끼리의 일종인 매머드와 코뿔소 같은 동물의 화석이 발견되면서 그 동물들이 100만 년 전에 시베리아, 중국, 한반도에도 살았다는 것이 증명되었다.

다른 나라에서는 이런 동물의 화석이 1,700년경부터 발견되었으나 우리나라에서는 1932년에 두만강 근처 종성 땅에서 코뿔소의 이빨과 뼈가 처음 발견되었다. 그러나 그때 사람이 살았는지는 아직 분명하지 않다.

한반도의 구석기

대략 기원전 약 2,000년부터 기원전 300년경이다. 상고시대의 특징은 부족국가의 형성이다. 한국사학회에서는 최초의 국가가 어떻게 세워졌는지에 대해 의견이 엇갈리고 있다.

한국의 고대국가 형성은 부족집단에서 출발하여 국가를 이루었다는 부족국가설, 추장과 같은 지도자의 권력이 커지면서 국가가 성립되었다는 군장국가설, 마을 단위로 모여 살던 사회가 국가의 기원이 되었다는 성읍국가설 등이 있다.

한국의 선사시대는 여러 유물로 그 역사를 추정한다. 기원전 4,000년경의 것으로 추정되는 빗살무늬 토기가 서울 암사동 선사 유적지에서 출토되었다. 그래서 한국의 선사시대는 구석기시대 후기로부터 시작되었다고 보며, 약 70만 년 전에서 청동기 시대까지의 시기에 해당된다.

● 암사동 선사 유적지
암사동 선사 유적지는 구석기시대의 유적으로 이곳에서 빗살무늬 토기가 발견되었다.

한국 고고학계에서는 한반도에서 발굴된 유물 및 유적을 바탕으로 동아시아의 발굴 성과와 연계하여 연구하고 있으며, 한반도 구석기는 3만 년 전으로 보고 있다.

우리나라 사람들이 한반도에서 살기 시작한 것은 언제부터일까? 이 문제는 아직도 풀리지 않은 수수께끼로 남아 있다.

함북 웅기군 굴포리, 평양시 상원 검은모루 동굴, 충남 공주시 석장리 등에서 사람의 뼈, 돌 찍개와 숯 등이 발견되었다. 이러한 것들은 두만강, 대동강, 금강을 포함한 큰 강 주변에서 사람이 살았다는 것을 알려 주는 증거이다.

다만 그들이 오늘날 우리 민족의 먼 조상인지 아닌지는 분명하지 않다. 특히 이들 지역에서 발견된 유물들은 중국에서 발견된 4만 년 전 사람의 뼈로 보이는 것과 비슷하다. 이를 근거로 볼 때 한반도의 구석기시대는 대략 3만 년 전으로 거슬러 올라간다.

인류의 출현

기원전 70만 년경에서 기원전 1만 년까지에 해당된다. 약 70만 년 전부터 한반도에 사람들이 정착하여 살기 시작한 것으로 보인다.

● 홍수 아이 복원상
홍수 아이는 충북 청원 두루봉 동굴 유적에서 발굴된 구석기 시대의 다섯 살 가량 아이 화석으로 발견자인 김홍수의 이름을 따서 얼굴에 붙인 이름이다.

▶발굴된 홍수 아이 유골

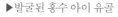

충북 단양군 금굴, 평양시 상원의 검은모루 동굴, 평남 덕천군의 승리산 동굴 최하층 유적, 충남 공주시 석장리 등에서 기원전 70만 년경의 동물 뼈 조각 유적이 발견되었다.

한반도에서 발견된 화석 인골은 평양 역포 구역에서 발견된 역포 인과 평남 덕천군 승리산의 중층에서 발견된 덕천인과 충북 단양 상 시바위 그늘에서 발견된 기원전 3만 9천 년경의 남성 아래턱뼈 상시 인 등이다. 이들은 호모하이델베르켄시스에 해당되는 것으로 보고 있다.

기원전 4만 년경에 인류가 출현하면서 기원전 3만년 경에 한반도 에도 들어왔고 이후 작은 씨족 사회가 생겨난 것으로 보고 있다.

한민족의 기원은 구석기시대의 인류가 자생하여 지금까지 이어지 고 있다는 주장이 있으나 실증적인 자료는 없다. 1962년 함북 웅기 굴포리, 충남 공주 석장리, 충북 제천군 점말동굴, 평남 덕천군 승리 산 동굴 등에서 구석기시대의 화석 인골 발굴이 이어졌다.

경기도 연천 전곡리 유적은 해발 61m의 낮은 구릉지대 다섯 곳에

서 1979년부터 1992년까지 10여 차례나 발굴되 었다. 발굴된 유적으로는 주먹도끼, 박편도끼, 뾰 족 찍개 등이다. 한국 고고학계에서는 한반도에 서 발굴된 유물 및 유적을 바탕으로 동아시아의 발굴 성과와 연계하여 연구한 결과, 한반도 구석 기는 3만 년 전으로 보고 있다.

● 주먹도끼
주먹에 쥐고 쓸 수 있는 도끼 형태의 구석기시대의 대표적인 뗀석기이다.

● 전곡리 선사 유적

경기 연천군 전곡읍 전곡리의 한탄강변에 있는 중부 홍적세 후기에 형성된 것으로 추정되는 전기 구석기 유적이다.

우리나라 사람들이 한반도에서 살기 시작한 것은 언제부터일까? 이 문제는 아직도 풀리지 않은 수수께끼로 남아 있다.

원시 시대의 사람들은 어떤 종교를 믿으며 신앙생활을 하였을까? 돌멩이나 막대기로 연장을 만들어 작은 동물들을 잡아먹었고, 나무 열매나 풀뿌리 같은 것을 먹고 살았다. 비바람이 몰아치거나 추운 겨울에는 바위굴이나 토굴 같은 곳에서 생활하였고, 나뭇잎이나 짐승의 털가죽으로 몸을 감싸며 지냈다.

태양과 천둥, 번개, 높은 산봉우리, 사나운 짐승, 큰 바위, 불 같은 것을 두려워하면서 초기 신앙이 싹텄다. 그때 사람들은 이런 자연 현상에 대해 공포를 느끼고 신령스럽게 여겼다. 그래서 정성스럽게 섬기거나 무릎을 꿇고 앉아 빌었다. 이것이 원시 종교인데 '샤머니즘' 또는 '토테미즘'이라고 한다.

연장 만들어 사용

신석기시대에는 인류가 구석기시대보다 좀 더 지혜로운 생활을 하였다. 돌멩이를 예리하게 갈아서 연장으로 사용하였고, 흙으로 토기를 만들어 썼다. 옷도 동물 가죽을 그냥 몸에 걸치는 것이 아니라 두쪽을 맞대어 꿰매 몸에 걸쳤다.

우리나라의 신석기시대는 5,000년 전쯤으로 여겨진다. 이는 기원전 3,000년경으로 이때부터 신석기시대가 열리면서 2,000~3,000년 동안 계속된 것으로 추정하고 있다. 다른 나라에서 현재까지 알려진 가장 오래된 토기는 기원전 8,000년 무렵의 것이다. 그래서 기원전 6,000년 이전에 신석기시대가 시작된 것으로 보는 것이다.

한반도의 신석기

신석기시대는 구석기시대와 달리 돌을 갈아 만든 간석기가 쓰인 시대인데, 한반도의 신석기시대는 기원전 약 1만 년 전에서 4,000년 전의 시기에 해당된다.

한국의 신석기시대를 대표하는 유물로는 간석기를 비롯하여 빗살무늬 토기와 덧무늬 토기가 있다.

● 간석기
돌의 전면 또는 일부분을 갈아 만든 석기로 신석기시대와 청동기시대에 사용되었다.

● 빗살무늬 토기

그릇 표면을 빗살같이 길게 이어진 무늬새기개로 누르거나 그어서 점·금·동그라미 등의 무늬를 나타낸 신석기시대의 대표적인 토기를 말한다.

덧무늬 토기는 한반도 남부의 일부 지방에서 발견됐고, 빗살무늬 토기는 한반도 전역에서 출토되었다. 그래서 한반도의 신석기 문화를 빗살무늬 토기 문화라고도 말한다.

간석기는 신석기 초기부터 쓰였으나 농기구나 무기에 간석기를 본격적으로 쓰기 시작한 것은 중기 이후이다. 특히 울산 대곡리 반구대 암각화는 신석기시대에 조성된 바위 그림으로 선사시대 사람들의 생활상이 잘 나타나 있다.

● 반구대 암각화

국보 제285호로 지정된 반구대 암각화는 울산시 울주군 언양읍 대곡리 태화 강변에 있다. 바위면에 고래·개·늑대·호랑이·사슴·멧돼지·곰·토끼·여우·거북·물고기·사람 등의 형상과 고래잡이 모습, 배와 어부의 모습, 사냥하는 광경 등을 표현하였다.

새로운 유물들

그렇다면 우리나라에서 발견된 신석기시대의 유물들은 어떤 것들이 있을까?

우리나라에서 신석기시대의 유물들이 발견된 것은 20세기 초부터이다. 주거지인 집터, 조개 무덤인 패총, 무덤인 분묘, 석기, 토기, 골각기, 패기 등이다. 주로 두만강, 압록강, 청천강, 대동강, 한강, 금강, 낙동강 등의 강가 주변과 바닷가, 제주도와 울릉도에서 많이 발견되었다.

주거지로는 함경북도 종성군 웅기의 움집터, 강원도 춘천 교동 동굴이다. 패총은 종성군 웅기, 경남 김해와 양산, 분묘는 종성군 웅기의 토장으로 흙에 묻은 것, 강원춘천과 충남 조치원의 돌무덤인 적석장, 돌로 관을 만든 석관장, 고인돌인 지석묘, 독 안에 넣어 묻은 옹관장 등이다. 특히 고인돌은 주로 남방식인데 중부 이남의 강화, 전북 고창, 전남 화순 등이 유명하다. 유럽에서는 고인돌을 돌멘이라고 한다.

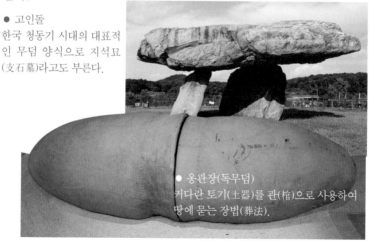

● 고인돌
한국 청동기 시대의 대표적인 무덤 양식으로 지석묘(支石墓)라고도 부른다.

● 옹관장(독무덤)
커다란 토기(土器)를 관(棺)으로 사용하여 땅에 묻는 장법(葬法).

우리 민족의 조상

가까운 핏줄의 여러 남녀가 모여 살던 중에 자연스레 그 우두머리가 정해지고, 그 우두머리 즉 씨족장이 다스리는 씨족 사회를 이루었다. 그들은 사냥, 고기잡이, 농사, 제사 등을 공동으로 결정하고 시행하며 더 큰 씨족 공동체 사회로 발전하였다. 이들이 바로 우리의 조상이다.

그렇다면 이들은 어디에서 왔을까? 아시아 북부, 시베리 아, 몽골 등지에서 이동하여 내려온 사람들로 여겨진다.

이들 종족은 고대 북방 아시아족의 한 갈래인 예족 또는 맥족으로 넓게는 우리 민족의 생김새, 피부, 검은 머리카락, 체격 등이 그들과 비슷하여 몽골계 퉁구스족이라고 부른다. 언어로는 퉁구스족의 알타이어 계통이라고 보고 있다.

쇠와 돌을 사용한 시대를 보통 청동기 시대라고 말한다. 기원전 12~10세기 때 구리에 주석을 섞은 청동 연장을 만들어 썼는데, 구리로 만든 칼인 동검, 동전, 창인 동모, 거울인 다뉴세선문경, 동탁 등이다. 우리 한반도에 들어온 때는 기원전 7~8세기 시베리아, 몽골, 중국으로부터 들어왔다. 그 뒤 500~600년 동안 쇠와 돌을 함께 쓰는 시대를 거쳐 철기 시대가 열렸다.

청동이나 더 단단한 쇠로 좋은 무기를 만들어 이웃의 약한 씨족을 정복하고 강력한 부족을 형성하거나 씨족과 씨족이 합쳐서 부족국가를 이루었다.

● 다뉴세선문경
청동으로 만든 거울. 동판(銅板)의 표면을 잘 다듬고 얼굴을 비추어볼 수 있게 한 것으로, 뒷면에는 여러가지 아름다운 문양을 새겨 사용하였다.

■ 고조선

고조선의 건국

고조선은 청동기시대에 세워진 한국 최초의 부족국가이다. 단군왕검이 중국의 요임금 즉위 후 50년인 기원전 2333년에 세웠다고 전해온다.

고조선 기록은 《삼국유사》, 《제왕운기》, 《세종실록 지리지》, 《동국여지승람》 등에 나와 있다. 이들 기록을 보면, "단군은 기원전 2333년에 태백산(지금의 백두산) 아래 신단수에 나라를 세우고 '조선'이라 했다. 단군은 제주이자 왕이므로 '단군왕검'이라고 부른다. 그 뒤 서울을 아사달로 옮겨 1,500년 동안 나라를 다스렸다. 기원전 108년 장당경(황해도 문화 근처)으로 옮겼다가 구월산으로 들어가 산신이 되었고, 1908세를 살았다."는 것이다. 단군조선을 이성계의 조선 왕조와 구별하여 '고조선(古朝鮮)'이라 한다.

우리는 고조선이 세워진 백두산을 민족의 영산이라고 표현한다. 백두산은 고조선의 건국과 연관되어 있기 때문이다. 《삼국유사》는 평양성에 도읍하여 나라 이름을 조선이라 하였다고 기록하였다. 이를 근거로 연도를 계산하면 기원전 2333년이 된다. 이를 바탕으로 고조선 건국일을 10월 3일로 보고 개천절 국경일로 기념한다.

● 단군상(채용신, 조선후기)
한민족의 시조로 받드는 고조선의 첫 임금. 천제(天帝)인 환인의 손자이며, 환웅의 아들로 태백산 아래 신단수에 나라를 세웠다.

단군의 탄생

단군은 고조선을 세운 인물로 우리나라의 국조(國祖)로 받드는 최초의 임금이다. 단군은 환웅의 아들이다. 하늘나라 천제 환인의 아들 환웅은 태백산(지금의 백두산 또는 묘향산) 아래 신단수에 신시를 세우고 근처에 있던 곰을 여자인 웅녀로 바꾸어 결혼하여 아들 단군을 낳았다.

단군은 부족 집단의 제사를 주관하는 '제주'를 의미한다. 단군이 태어난 때는 대략 5,000년 전 신석기시대 끝 무렵이라고 하나 정확한 것은 아니다.

다만 단군신화에 나오는 환인, 환웅, 신단수, 웅녀, 단군, 풍백, 우사, 운사 등은 신령스러운 존재로 하늘을 숭상하는 '천신사상'이 반영되어 있다. 단군신화의 배경은 선민사상과 홍익인간의 이념을 바탕으로 하여 국가를 건국하였고, 애니미즘과 토테미즘의 신앙을 가진 농경사회였음을 나타내는 것이며, 제사와 정치를 함께 다스리는 제정일치의 사회였음을 보여주는 것이다.

단군은 단군왕검 한 사람만을 지칭하는 말이 아니다. 고조선을 다스리던 여러 명의 군장들을 일컫는 칭호로 특정한 사람을 가리키는 것은 아니다. 많은 단군들이 있었다고 하나 그 이름이나 재위 연도를 알 수는 없다. 일각에서는 《환단고기》를 근거로 단군의 이름과 재위 기간을 거론하는 경우도 있으나, 신뢰성을 갖추지 못한 자료로 비판받고 있으며 역사학자들은 이 기록을 사료로 인정하지 않는 경향이 있다.

● 비파형 청동검
고조선 시기의 유물로 무기보다는 제를 치를 때 쓰였던 것으로 보인다.

신화의 세계와 내용

고조선의 건국설화인 '단군신화'는 13세기 때 스님 일연이 쓴 《삼국유사》에 기록되어 있다.

《삼국유사》 제1편에 《고기》를 인용하여 다음과 같이 기록되어 있다.

《삼국유사》의 단군신화 줄거리

옛날에 환인(桓因)의 서자 환웅(桓雄)이 천하에 자주 뜻을 두어 인간 세상을 구하고자 하였다. 아버지가 아들의 뜻을 알고 삼위태백을 내려다보니 인간을 널리 이롭게(홍익인간) 할 만한지라, 이에 천부인 3개를 주며 가서 다스리게 하였다.

● 일연의 삼국유사
고려 후기 때의 승려로 삼국유사는 일연이 편찬한 역사서로, 전체 5권 2책으로 구성되어 있다.

환웅이 무리 3,000명을 이끌고 태백산 아래 신단수로 내려와 그곳을 신시(神市)라고 부르고 이때부터 환웅천왕이라 불렀다. 바람을 다스리는 풍백, 비를 다스리는 우사, 구름을 관장하는 운사를 거느리고 곡물, 수명, 질병, 형벌, 선행, 악행 등 무릇 인간의 360여 가지의 일을 주관하고 인간 세상에 살며 다스리고 교화하였다.

이때 곰 한 마리와 호랑이 한 마리가 같은 굴에서 살면서 항상 환웅에게 빌기를, "원컨대 모습이 변화하여 사람이 되었으면 합니다." 라고 하였다. 이에 환웅이 신령스러운 쑥 한 타래와 마늘 20개를 주면서 이르기를, "너희들이 이것을 먹고 100일 동안 햇빛을 보지 아니하면 곧 사람이 될 것이다."라고 하였다.

곰과 호랑이가 이것을 받아서 먹고 참았는데 삼칠일(21일) 만에 곰은 여자의 몸이 되었으나 호랑이는 기다리지 않아 사람이 되지 못하였다. 곰에서 여자로 변한 웅녀는 그와 혼인할 사람이 없었으므로 항상 신단수 아래서 아이를 갖도록 해달라고 빌었다.

이에 불쌍히 여긴 환웅이 잠시 사람으로 변해 결혼하여 아들을 낳으니 이름을 단군왕검이라 하였다. 당나라(고대 중국의 잘못) 고왕(요순 시대의 요임금의 잘못)이 즉위한 지 50년인 경인년('동국통감'에서는 '요임금 무진년'으로 오류를 바로 잡음)에 평양성에 도읍하고 비로소 조선(朝鮮)이라 칭하였다.

도읍을 백악산 아사달로 옮겼으니 그곳을 궁홀산 또는 방홀산(지금은 금미달)이라고도 한다. 나라를 다스린 지 1,500년에 주나라의 무왕이 기묘년에 즉위하여 신하인 기자를 조선 왕으로 봉하니, 단군은 곧 장당경으로 옮겼다가 뒤에 아사달에 은거하여 산신이 되니, 수(나이)가 1908세였다고 한다.

《삼국유사(三國遺事)》
고려의 승려 일연(一然)이 고려 충렬왕 7년(1281년)에 인각사 절에서 편찬한 삼국시대의 역사책이다. 조선 초기의 간행본과 중종 임신본이 각각 대한민국의 국보 제306호와 제306-2호로 지정되었다.
내용은 삼국과 가락국(가야)의 왕대와 연대, 고조선 이하 여러 고대국가의 흥망성쇠·신화·전설·신앙 및 역사, 불교에 관한 기록, 고승들에 대한 설화, 밀교, 승려들에 대한 행적, 고승들의 행적, 효행을 남긴 사람들의 이야기 등이 수록되어 있다.
고대사 연구에서 《삼국사기》와 더불어 쌍벽을 이루고 있다. 특히 단군 신화를 비롯하여 이두로 쓰인 향가 14수가 기록되어 있어 국어 국문학 연구에 좋은 자료가 된다.

사회와 문화

고조선은 노비와 귀족, 왕이 있는 신분제 사회였고 8조금법과 같은 법률이 있었다. 8조의 법을 만들어 시행하였는데 지금 전하는 것은, 사람을 죽인 자는 사형시키고, 남에게 상처를 입힌 자는 곡식으로 벌금을 내고, 남의 물건을 훔친 자는 노예가 되거나 벌금 50만 전을 내도록 한 것 등 3개조 뿐이다.

훗날 단군을 종교적 신앙의 대상으로 하는 대종교가 생겼다. 고조선은 단군조선 시기와 위만조선 시기로 나뉜다. 고조선 후기인 위만조선 시대에 대한 기록에는 박사, 경, 대부, 상, 대신, 장군 등의 관직명이 남아 있으며, 중국 전국시대의 진한 교체기에 위만은 왕과 의견 충돌이 일어나자 1,000여 명의 무리를 이끌고 고조선으로 이주하였다고 전한다.

고조선의 정확한 도읍지 위치는 어디였을까?

고조선의 도읍이었던 평양성이 요동이나 요서에 있는 평양인지, 아니면 지금의 평양시인지에 대해서는 확실히 밝혀진 바가 없다. 문헌 자료의 기록이 분명하지 않기 때문이다. 다만 고조선의 특징적인 유물인 세형동검이 만주 지역에서도 출토되고 문헌에 고조선이 연나라와 싸워 패했다는 기록이 있어 기원전 3세기를 전후로 남쪽으로 천도한 것으로 보인다. 고조선은 철기 문화를 수용하면서 중국 한나라와 대립할 정도로 발전하였다. 고조선은 결코 중국에 복종하지 않았던 것으로 추정된다.

● 마니산 참성단
강화도 마니산(摩利山)산상에 있는 단군(檀君)의 제천지(祭天地). 상고시대 단군이 쌓았다고 세전되어 온다.

무릇 중국과 고조선의 싸움은 기원전 4~3세기 때 중국 연나라 진개가 압록강 건너 만주 랴오둥 일대 고조선 영토를 공격한 바 있었고, 그 뒤 기원전 108년에 한(漢)나라의 무제 때 누선장군 양복과 좌장군 순체가 침략해 고조선의 서울 왕검성을 점령했다.

동북 아시아의 강력한 정복 국가였던 고조선은 이렇게 무너지고 말았지만, 위만조선의 정신과 전통은 고구려로 이어졌다. 고조선의 마지막 왕인 준왕은 위만의 침략으로 한강 남쪽으로 내려와 한(韓)나라를 세웠다.

한(漢)나라와 한(韓)나라
▶ 한(漢) ; 중국을 통일하여 지배한 고대국가. B.C. 202년 ~ A.D. 220년. 진나라가 멸망한 뒤 항우와 유방이 패권을 다툰 끝에 유방이 승리하여 세운 나라이다.
▶ 한(韓) ; 중국 전국시대 7웅의 하나로, 산시성 남동부에서 허난성에 걸쳐 있던 나라. B.C. 403년 ~ B.C. 230년 진나라의 공격을 받아 멸망하였다.

위만조선

위만조선은 연나라 사람 위만이 고조선에 망명하여 준왕을 쫓아내고 왕위를 찬탈하여 건국된 나라이다. 위만조선은 활발한 정복을 펼쳐 드넓은 영토를 차지하였고, 중앙정치 조직을 갖추고 한나라와의 중개 무역을 독점하면서 엄청난 힘을 지녔다.

위만의 손자 우거왕은 중국의 망명자를 많이 받아

● 한무제
전한의 제7대 황제로 위만조선을 멸망시키고 한사군을 설치하였다.

들이고, 예나 진국 등 주변 소국들이 한나라와 직접 교섭하는 것을 막았다. 한나라 무제는 기원전 109년 섭하를 보내 우거의 무역 독점 중지를 요구하였으나 우거는 받아들이지 않았다.

●평양 석암리 금제 띠고리
평안남도 대동군 석암리 9호분에서 출토된 낙랑 시대의 금제 띠고리로 매우 정교함이 넘치는 금제 허리띠이다.

그러자 한나라의 공격이 이어지고 위만조선은 기원전 108년에 멸망하였다.

한사군 시대

중국 한나라 무제는 고조선 땅에 낙랑, 진번, 임둔, 현도의 '한군현'을 설치했는데 이를 '한 4군'이라고 한다. 한 4군의 위치는 대체로 예성강 이북 지역으로 알려졌다.

100여 년 동안 식민통치를 하다가 황해도에 '대방군'을 설치하고 계속 지배하였다. 한사군은 고구려 미천왕이 낙랑군과 대방군을 병합할 때까지 지속되었다.

한사군의 위치
　일부 사학자들은 단군조선은 중국의 북경 부근인 난하(롸허)를 경계로 확대된 동북아시아의 대제국이라고 주장하며, 만리장성도 단군조선 때문에 축성된 것이라고 한다. 이에 따라 한사군의 위치도 중국의《사기》하본기에 있는 갈석산에 관한 내용에서「태강지리지」의 주석에 의하면 '낙랑 수성현에는 갈석산이 있으며, 만리장성의 기점이다' 라는 구절로 보아 낙랑군의 위치를 추정할 수 있으므로, 한사군이 설치되었다고 해도 그 위치는 한반도가 아니라 요서 지방일 것으로 주장한다. 이에 대해서는 과학적인 고증이 필요한 실정이다.

부족국가들

그때 한반도와 만주 일대에는 여러 부족국가들이 있었다. 부여, 옥저, 동예, 삼한 등이 대표적이다.

고조선 이후 세워진 부여는 철기를 바탕으로 한 연맹 왕국이었다. 뒤에 동예, 옥저, 고구려, 마한, 진한, 변한, 탐라와 같은 연맹 왕국들이 계속 나타났다.

부여는 기원전 3세기경부터 예맥계의 부여족이 세웠던 부족국가인데, 지금의 쑹화강 유역을 중심으로 지금의 만주 일대를 지배하였다. 부여는 북부여, 동부여로 구분된다.

부여는 별도의 건국신화를 가지고 있다. 북부여는 천제의 아들 해모수가 다섯 마리의 용이 끄는 수레를 타고 하늘에서 내려와 흘승골성에서 나라를 세웠다는 건국신화가 전한다.

동부여는 북부여왕 해부루의 아들 금와왕이 세웠다고 한다. 부여는 전국을 마가, 우가, 저가, 구가로 나눠 다스렸다. 하늘에 제사를 지내는 영고 행사가 있었고, 풍속이 매우 엄격하여 도둑질, 간음 등에 대해 특히 엄벌하였다.

부여는 왕이 여러 명의 아내를 두는 일부다처제였으며, 12월에는 사람들이 모여 추수감사제 성격을 띤 영고라는 제사를 지냈다. 흰옷 차림을 즐겨 백의 민족이라고 불렸다.

● 오룡거를 탄 해모수
부여를 건국한 해모수가 다섯 마리 용이 끄는 마차를 타고 내려오는 장면이다.

동해안에 면한 지역에는 옥저와 동예라 불리는 소국이 있었다. 이들은 예맥족에서 갈라져 나온 부족으로 고구려와 언어·풍속이 비슷하였다. 옥저는 지금의 함경도 일대에 있었다.

동예는 한반도 동해안에 거주하던 부족사회로 농사를 주업으로 하였고, 직조 기술도 발달하였다. 산과 하천을 경계로 읍락이 구분되어 각 읍락을 삼로가 통치했다.

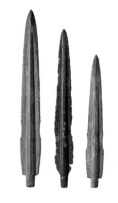

● 세형동검
한반도에서 발견되는 초기 철기 시대의 대표적인 근거리 무기이다. 한국식 동검, 좁은 놋단검이라고도 한다.

기원전 8세기 무렵에 한반도 여러 곳에 비파형 동검(구리 칼)을 사용하는 지배 세력이 자리잡고 있었다. 기원전 4세기에는 세형동검이 출토되었다. 이들은 강화도 부근리의 고인돌과 같은 수많은 고인돌을 남겼다.

기원전 3세기의 기록인《삼국지》에는 삼한에 속한 부족들이 무려 70~80여 국에 이르며, 큰 나라는 1만 호, 작은 나라는 6~700호에 이른다고 기록되어 있다. 크고 작은 소국들은 점차 연맹 왕국을 이루어 마한, 변한, 진한의 삼한이 되었다. 이들 모두 한반도 남부에 위치하였으며, 농경과 철기 기술이 발달하였다.

마한은 삼한 중 가장 먼저 세력이 커진 부족국가로, 한강 유역과 호남 지방을 중심으로 성장하였다.

진한은 여러 부족 중에서 박혁거세를 중심으로 한 사로국이 경주평야 6촌의 씨족 세력을 기반으로 신라로 발전했고, 변한은 구야국 등 12개의 작은 부족국가로 이루어진 연맹체인데 가야로 발전하였다.

● 청동 팔령구

청동 팔령구는 8각형의 별 모양으로 생겼으며, 각 모서리에 방울이 달려 있다. 그 안에 청동 구슬을 넣어 흔들면 소리가 나는 것으로, 주술적·종교적인 의식용 도구로 보여진다. 국보 143호로 지정되어 있다.

쓸모 있는 한국사

삼국의 발전

● 오녀산성
고구려의 왕성인 졸본성으로 추정되고 있는 만
주 환인 북쪽에 있는 오녀산성.

● 고구려 고분군
중국 지린성 지안시에 분포되어 있는
고구려 고분군으로 고구려 귀족들의
무덤으로 추정되고 있다.

■ 고구려

건국과 전성기

고구려(高句麗)는 기원전 37년에 부여 왕자로 전해지는 고주몽이 건국, 제28대 보장왕까지 705년 동안 위력을 떨치다가 668년에 멸망한 한국의 고대국가였다.

고주몽은 졸본에 도읍해 나라의 이름을 고구려라 하였다. 고주몽을 동명성왕이라고 한다. 기원후 3년에 아들 유리왕이 국내성으로 천도하고 위나암성을 쌓았다.

장수왕 때에 국호를 잠시 고려(高麗)로 변경했으나, 왕건이 건국한 고려와 구분하기 위해 고구려로 통칭되고 있다.

전성기의 위력은 대단하였다. 고구려는 백제, 신라와 함께 삼국시대를 이루었다. 현재의 만주와 한반도 북부를 영토로 하여 세력을 떨쳤다.

전성기 때의 영토가 압록강을 중심으로 한반도 북부와 중부 전역, 중국의 지린성 전역, 랴오닝성 대부분, 헤이룽장성 일부, 내몽고 일부, 러시아의 연해주 일부까지 지배하는 거대한 나라였다.

부여 및 한사군과의 투쟁 속에서 성장한 고구려는, 산간 지대에 위치한 지리적 사정으로 인한 부족한 농토와 식량 문제를 해결하기 위해 주변의 비옥한 영토를 지닌 부족국가들을 정복하는 적극적인 정복 전쟁을 벌이면서 본격적인 고대국가로 발전하였다.

영토 확장을 위한 노력은 필사적이었다. 고구려는 국가적 체제를 마련하고 계속해서 주변 유목 부족과 연맹체들을 침략하여 북옥저와 졸본, 국내성 주변의 지역을 정벌하였다.

부여는 기원전 6년과 13년 고구려를 침공하고 부속 국가가 되라고 요구하였다. 그러나 고구려가 21년에 부여 정벌을 감행하여 부여의 대소왕을 죽였다.

28년 한나라가 위협을 느껴 군사를 일으켰으나 국내성에서 한나라를 막아냈고, 32년 낙랑을 정복하는 등 만주와 한반도 북쪽에서 위세를 떨쳤다.

고구려의 진정한 건국은 제6대 왕 태조 때부터다. 주위의 여러 부족을 정복하여 동으로는 옥저·동예, 남으로는 살수, 북으로는 부여를 압박하고, 서쪽으로는 한나라의 요동군·현도군과 대립하였다.

1세기에서 2세기에 걸쳐 고구려는 고대 정복 국가로서의 위력을 자랑하였다. 가난한 농민이 늘어나고 귀족의 노예가 되는 자유민이 증가하자, 제9대 고국천왕은 봄에 곡식을 빌리고 가을에 갚게 하는 진대법을 194년에 실시하여 빈농 구제 정책을 펼쳤다.

왕위의 형제 상속을 부자 상속으로 확립하여 왕권을 강화하였다.

유리 태자와 황조가

고주몽 동명성왕에게는 유리왕자가 있었다. 주몽이 고구려를 세우기 전에 북부여에 있을 때 정실 부인인 예씨가 낳은 아들이다. 그런데 유리왕자는 세상에 태어나기 전에 아버지 주몽이

● 고주몽 상
고구려를 건국한 고주몽은 동명성왕으로 일컬어지고 있다.

● 유화부인과 어린 주몽

고구려 건국신화

북부여의 금와왕은 어느날 우발수라는 강가에서 울고 있는 한 여인을 만났는데, 그 여인은 냇물을 다스리는 하백 신의 딸 유화로, 부모의 허락 없이 천제의 아들 해모수와 정을 통하여 집에서 쫓겨나 갈 곳이 없는 상태였다. 이를 불쌍히 여긴 금와왕이 유화를 궁으로 데려와 방 안에 두었다. 그 방으로 이상한 햇살이 들어와 비친 뒤에 임신하여 큰 알을 낳았다. 알에서 잘 생긴 사내아기가 나왔다. 그 아이의 이름을 주몽이라 하였다. 그는 재주가 비상하고 승마와 활쏘기를 잘해 금와왕의 다른 아들이 질투하여 북부여에서 남쪽으로 도망쳐서 나라를 세우고 고구려라 하였다. 이때가 기원전 37년이다. 그래서 그의 성씨도 고씨가 되어 고주몽이라 하였다. 고구려 건국신화는 주몽이라는 군장을 중심으로 한 부여계의 지배층이 이주해 와서 계루부를 형성하였고, 기존의 토착 세력인 소노부를 대체하여 고구려 연맹 왕국의 주도권을 잡은 것으로 해석된다. 고구려는 땅이 협소하고 산악 지역이 많아 주변에 대한 전쟁을 자주 하였다. 주변의 여러 소국을 복속시키며 확장하던 고구려는 부여를 흡수하여 동아시아의 강자가 되었다.

남쪽으로 내려가 고구려를 세웠으므로 아버지의 얼굴을 모르면서 자랐다.

어느 날 어머니로부터 아버지의 이야기를 들었다.

"아들이 태어나면 일곱 모가 난 돌 위의 소나무 아래 보물을 묻어 두었으니 그걸 찾아오면 내 아들로 인정하겠다!"

유리는 일곱 모난 돌 위의 소나무를 찾느라고 이 산 저 산을 헤매었으나 아버지가 숨겨 두었다는 보물을 찾지 못했다. 어느 날 마루에 앉아 남쪽 하늘을 바라보다가 문득 주춧돌을 바라보았다. 일곱 모가 난 돌이고 기둥이 소나무였다.

"아! 여기로구나!"

유리는 주춧돌 밑을 파보았다. 부러진 칼이 나왔다.

"드디어 찾아냈다!"

● 아버지를 만나는 유리

　유리는 그 칼을 품에 안고 남쪽 졸본으로 내려가 아버지를 극적으로 만나고 고구려의 왕자가 된 뒤, 제2대 왕위에 올랐다.

　그가 기원전 17년에 지었다고 전해지는 노래가 《황조가》이다. 《삼국사기》에 4언 4구의 한시 형태로 번역되어 전하고 있다.

　이 노래는 창작 연대가 기원전 17년경에 이루어진 것으로, 문학사적으로 최초의 서정요라는 점에서 그 존재 가치가 매우 크다. 그 노랫말은 다음과 같다.

　- 황조가 -
　펄펄 나는 저 꾀꼬리는
　암수가 서로 노니는데
　외로울 사 이내 몸은
　뉘와 함께 돌아갈꼬?

　《황조가》의 이야기는 다분히 연정적이고도 회화적이다. 유리왕 3년(기원전 17년) 7월, 골천에 별궁을 지었다. 그해 10월에 왕후 송씨가 죽자 대왕은 다시 두 여자를 후처로 맞았다. 하나는 화희인데 골천 사람의 딸이고, 다른 한 사람은 치희인데 한나라 사람의 딸이다.

　두 여자가 남편에게 사랑을 받으려고 서로 다투며 화목하지 않았으므로 대왕은 양곡에 동·서로 두 개의 궁을 지어 각각 살게 하였다. 그 후에 대왕이 기산으로 사냥을 나가 7일 동안 돌아오지 않자 두 여자가 서로 다투었다.

화희가 치희를 꾸짖어 "너는 한 나라의 천한 첩인데 무례함이 어찌 이리 심한가?"라고 하였다. 그 말을 들은 치희가 부끄럽고 한스러워 도망쳐 돌아갔다.

대왕은 그 말을 듣고 말을 채찍질하여 좇아갔으나 치희는 화를 내 며 친가에서 돌아오지 않았다. 이에 대왕은 나무 밑에서 쉬다가 꾀꼬 리 황조가 날아와 모여드는 것을 보고 감탄하여 노래를 지었다.

낙랑공주와 호동왕자

고구려 제3대 대무신왕이 낙랑국을 정벌할 때에 있었던 이야기이 다. 대무신왕에게는 호동왕자가 있었다. 유리왕의 뒤를 이어 임금에 오른 대무신왕은 영역을 넓히는 데에 힘을 기울였다.

대무신왕이 즉위한 뒤 15년이 되는 해 호동은 옥저 땅으로 유람을 갔다. 그때 최리는 호동왕자를 귀한 사람으로 보고 그를 데리고 낙랑 궁에 들어가 연회를 베풀어 주었다.

최리에게는 딸이 하나 있었는데 그 사람이 낙랑공주였다. 이후 두 사람은 백년가약을 맺었다. 호동왕자가 고구려로 돌아가게 되어 낙 랑공주는 애틋한 이별을 하게 되었다. 그때 낙랑에 신기한 보물이 있 다는 이야기를 들었다.

"우리 낙랑에는 적이 침입하면 저절로 울어 대는 자명고가 있어요."

공주가 슬쩍 들려준 것이다. 호동은 그 말을 가슴에 안고 고구려로 돌아왔다. 공주는 호동왕자와 헤어진 뒤 호동의 소식만을 애타게 기 다렸는데, 마침내 호동에게서 사람이 왔다. 공주는 사자가 전해 주는 편지를 보았다. 뜻밖에도 엄청난 밀서였다.

"낙랑의 무기고에 들어가 자명고를 찢어 주면 아내로 맞아들이겠다."

이는 실로 엄청난 부탁이다. 자명고는 적이 침입하면 스스로 울어대는 귀한 보물 중의 하나였다. 공주는 호동왕자를 만나고 싶은 마음에서 마침내 마음을 다져먹고 예리한 칼로 자명고를 찢고 사자에게 알려주었다.

호동은 이를 왕에게 고하고, 왕은 호동과 함께 낙랑을 쳐들어갔다.

낙랑은 자명고가 울지 않아 마음을 놓고 있었다. 고구려 군사가 물밀듯이 쳐들어오는데도 자명고는 울지 않았다. 낙랑은 어이없게도 고구려에게 당하게 되었다.

그 뒤 자명고를 공주가 찢었다는 사실을 알게 된 최리는 크게 분노하였다. 최리는 한 칼에 공주를 죽이고 고구려에 항복하였다. 이에 호동은 쓸쓸히 고구려로 돌아왔다. 하지만 왕의 원비는 호동의 세력이 커가는 것을 걱정하며, 왕위를 넘본다고 부왕에게 고했다.

낙랑공주가 죽은 뒤 원비의 고자질까지 받은 호동은 점점 마음의 상처가 깊어졌다. 더구나 아버지 부왕이 의심하는 것을 알게 된 호동왕자는 칼을 물고 젊은 목숨을 끊고 말았다.

낙랑공주와 이별 후 불과 몇 달 만의 일이었다.

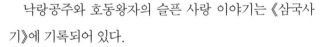
낙랑공주와 호동왕자의 슬픈 사랑 이야기는 《삼국사기》에 기록되어 있다.

● 자명고
스스로 우는 자명고는 삼국사기 설화에 기록되어 있다.

위기를 극복

고구려가 강대한 국가로 발전하기까지는 위기도 있었다. 중국의 위나라 세력이 동쪽으로 뻗쳐오자, 고구려 제 11대 왕 동천왕은 압록강 서안평·구련성 지방에서 위나라와 싸워 이겼다.

2년 뒤에 위나라 장군 관구검의 반격을 받고 환도성에서 싸웠으나 함락되어 동천왕은 옥저로 피난 갔다. 유유의 활약으로 위나라 군대를 물리치고 서쪽 평양성으로 천도하였다.

큰 위기를 겪었던 고구려는 4세기에 이르러 중국이 5호 16국 시대로 혼란해진 틈을 타 다시 정복 활동을 펼쳤다.

제15대 왕 미천왕은 폭군 봉상왕을 창조리와 함께 내쫓고, 위나라를 이은 진나라 세력이 미약해진 틈을 타서 311년에 진과 낙랑을 연결하는 서안평을 점령하였다.

뒤이어 313년 낙랑군, 314년 대방군을 정복시키고 한반도에서 중국 세력을 완전히 몰아내고 요동 지역으로 세력을 확대하게 되었다. 또 남쪽의 백제와 국경을 맞대게 되어 남쪽으로 진출할 수 있는 발판을 마련하였다.

제16대 고국원왕이 즉위한 뒤 전연의 모용황과의 전쟁으로 수도가 일시적으로 함락되고 미천왕의 시체를 실어가고 고국원왕의 어머니까지 잡혀가는 수모를 당하며 복종의 예를 갖추는 치욕을 겪기도 했다.

고구려는 눈을 남쪽으로 돌려 369년 백제의 치양성을 공격하였다가 371년 백제 근초고왕의 역공을 받고 고국원왕이 전사하는 등 큰 국가적 위기를 맞았다.

광개토대왕의 위력

제19대 광개토대왕은 적극적인 대규모의 정복 사업을 단행하였다. 391년 즉위한 뒤 남쪽으로 백제를 먼저 공략하여 약화시켰으며, 396년에는 백제의 수도인 한성을 침공하여 남쪽 영토를 임진강과 한강까지 확장시켰다. 백제 아신왕은 다급히 항복하면서 고구려에 스스로 복종을 청하였다.

남쪽을 공략한 광개토대왕은 402년부터 후연과의 본격적인 전쟁으로 돌입하였다. 고구려는 요동을 장악하고 이어서 등장한 북연과 친선 관계를 맺어 서쪽을 안정시켰다. 북쪽으로는 부여, 숙신, 거란의 비려를 복종시켰으며, 동으로는 읍루를 정벌하고, 동예를 병합하였다.

광개토대왕은 한국 역사상 처음으로 영락(永樂)이라는 연호를 써서 중국과 대등함을 과시했다. 그의 업적은 만주 통거우에 있는 거대한 광개토대왕릉비에 상세하게 기록되어 있다.

● 서대총
통거우 평원에 있는 거대한 돌무덤은 고구려 미천왕릉으로 추정되고 있다.

414년에 세워진 광개토대왕비에 기록된 1,800자의 비문은 고구려 역사와 한자를 사용한 기록으로 매우 중요한 사료인 동시에 예서의 자체는 서예로도 높이 평가되고 있다.

광개토대왕의 아들인 제20대 장수왕 때에는 대흥안령 일대의 초원 지대에 영향력을 행사하는 한편, 중국 대륙의 남북조와 각각 교류하면서 대립하던 두 세력을 조종하는 외교정책을 써서 중국 대륙을 견제하였다.

장수왕 15년에 평양으로 수도를 옮기고 본격적인 남진 정책을 추진했다. 이에 백제는 큰 위협을 느껴 같은 처지에 놓여 있는 신라와 433년에 나·제 동맹을 맺고 고구려의 남진정책에 대비하였다.

장수왕은 승려 도림을 백제에 간첩으로 보내어 경제적 혼란을 일으킨 다음 교묘하게 백제를 침공할 태세를 갖추었다. 475년, 고구려는 백제의 수도 한성을 함락하여 한강 유역을 정복하였다. 이때 개로왕을 죽여 고국원왕의 한을 풀고 남쪽의 아산만까지 지배하였다. 그리고 신라를

● 호우총 청동 그릇
신라 고분에서 출토된 광개토대왕의 연호인 '영락'이 새겨져 있는 청동 그릇이다.

● 광개토대왕비
중국 지린성 지안현 퉁거우에 있는 고구려 제19대 광개토대왕의 능비. 장수왕 2년에 세워졌다.

공격해서 죽령에서 남양만을 연결하는 선까지 영토를 넓혔다.

고구려는 만주와 한반도 북부에 걸친 광대한 영토를 정복하고 정치 제도를 완비한 강대국을 형성하여 중국의 제국들과 거의 대등한 지위로 우뚝 섰다. 이로써 고구려는 동북아시아에서는 가장 강력한 나라로 발전하였다.

고구려는 6세기 들어 점차 쇠퇴하기 시작했다. 제23대 안원왕 때에 왕위 계승을 놓고 왕족들 간에 내전이 벌어졌다. 이 틈에 남쪽에서는 신라의 진흥왕이 고구려에게 빼앗겼던 한강 유역을 되찾다.

백제와 신라가 연합군을 조직하여 대대적인 영토 회복작전을 전개하고 한강 유역을 되찾은 것이다. 북쪽에서는 지금의 함경도 지역 일부에까지 진출해 고구려를 압박하였다. 같은 시기에 북쪽에서는 돌궐이 일어나고, 위·진·남북조로 분열된 중국을 589년 수나라가 통일함으로써 고구려는 위협을 받기 시작하였다. 그 뒤로 등장한 당나

● 장수왕릉
동북아에서 쉽게 볼 수 없는 피라미드 형식의 돌무덤으로
고구려 장수왕의 릉으로 알려지고 있다.

라와 신라가 연결하여 대립 상태에 놓였다.

불교의 전래

제17대 소수림왕은 위기 극복을 위해 내부 개혁을 단행하고, 율령을 반포하여 국가 체제를 완성하고 중흥을 시도하였다. 소수림왕은 372년 중국의 전진과 우호 관계를 맺었다.

소수림왕 2년 부견이 순도 스님을 시켜 불경과 불상을 보내자 이를 받아들이고, 불교를 국가적인 종교로 하는 법률을 제정하여 공포하고 초문사와 이불란사 두 절을 지으니 한국 불교의 시초가 되었다.

불교는 호국불교와 현세불교로 자리잡으며 발전하였다. 도교는 고구려 말기인 624년 영류왕 7년에 당나라 고조가 양국 간의 친선정책으로 도사를 보내 전한 데서 비롯되었다. 고구려 사신도 벽화는 도교가 전래되었다는 것을 알려주는 자료이다.

살수대첩과 을지문덕

중국 대륙을 통일한 수나라가 고구려에게 복종을 요구하자, 고구려가 완강히 거부하였다. 589년 중국에 새로 들어선 수나라는 고구려를 4차례에 걸쳐 침공하였다. 요동군, 현도군, 낙랑군을 향해 598년, 612년, 613년, 614년에 각각 고구려를 공격한 것이다.

수나라 초대 황제 문제는 30만 육군과 10만 수군을 동원해 고구려를 공격했으나 대패하여 1차 침략은 실패로 돌아갔다.

612년 수 양제는 요동군, 현도군, 낙랑군을 되찾겠다면서 113만 대군을 이끌고 요동으로 출병하였다. 수 양제는 내호아를 수군대장으로 임명하여 평양성으로 곧장 향하게 하고, 육군은 요동성으로 진격하였다.

요동성 군사들과 백성들의 끈질긴 저항으로 함락시키지 못하였다. 결국 수 양제는 우중문과 우문술을 각각 우장군과 좌장군으로 임명하여 30만의 별동대를 평양으로 직접 보냈다.

그러나 고구려의 을지문덕 장군이 이들을 살수로 유인하여 살수에서 큰 승리를 거두었다. 이를 살수대첩이라고 한다. 수나라는 이 전

● 살수대첩(민족기록화)

쟁으로 국력을 소진하여 멸망하였다. 고구려 역시 국력에 막대한 손
실을 입었다.

고구려·수 전쟁에서 고구려는 612년 을지문덕이 이끈 살수대첩
과 같은 중요한 전투에서 승리함으로써 수나라의 침공을 막아낼 수
있었다. 612년 음력 1월, 제2차 고구려·수 전쟁 때에 을지문덕이 수
나라 양제의 113만 3,800명의 병력을 거의 몰살시킨 전쟁이다.

수양제는 고구려의 요동성과 여러 성을 공격하였으나 승리를 거두
지 못하고 피해만 커지자 음력 6월에 수군과 육군의 별동대로 개편
하고 평양성을 단숨에 공격하려고 하였다. 육군은 우문술, 우중문,
설세웅, 장근 등이, 수군은 내호아, 주법상이 지휘하였다.

육군보다 빠르게 평양 패수(지금의 대동강)에 도착한 내호아는 부
총관 주법상의 제지에도 불구하고 단독으로 평양성을 공격하다가 크
게 패하였다.

이로써 평양성으로 향하는 별동대는 30만 5,000명의 육군만이 남
았다. 별동대는 원래 100일치 식량과 방패, 갑옷, 옷감, 무기 등 온갖
물자를 갖추어 행군을 시작하였으나 병사들이 3
가마니 이상 되는 무거운 짐의 무게를 감당하지
못했다.

"쌀과 조를 버리고 가는 자는 목을 베겠다!"

엄한 군령이 떨어졌음에도 모두 군막 아래에
구덩이를 파고 묻었다. 그래서 행군 도중부터
식량 부족에 시달렸다. 이때 고구려 장수 을지

● 을지문덕 영정

문덕이 거짓 항복하며 수나라 군의 군영에 들어가서 그 허실을 살펴보고 나왔다.

을지문덕이 오면 사로잡으라는 양제의 밀지를 받았던 우문술과 우중문은 그를 억류하고자 하였는데, 위무사로 종군하고 있던 상서우승 유사룡이 제 발로 찾아온 장수를 잡아 가두는 것은 나라의 체면이 땅에 떨어지는 일이라며 말려서 그만두고 돌아가게 하였다. 그러나 이내 후회하여 을지문덕을 다시 오라고 하였지만 그는 돌아보지도 않고 압록수(지금의 압록강)를 건너가 버렸다.

우문술은 제 발로 걸어 들어온 을지문덕을 놓쳤고 식량도 다 떨어져서 돌아가려고 했지만, 우중문은 화를 벌컥내며 계속 나아갈 것을 주장하였다. 우문술 역시 언성을 높였으나, 일전에 양제가 우중문에게는 계획성이 있으니 어려운 상황에 처하면 자문을 구하라고 하였기에 부득이 따를 수밖에 없었다.

압록수를 건너 을지문덕을 추격하여 초반에는 하루에 7번 싸워 모두 이겼다. 여러 번 승리한 것을 믿고 계속 진격하니 살수를 건너 평양성에서 30리 떨어진 곳까지 와서 진을 쳤다.

그러나 이것은 모두 을지문덕의 기만에 의한 유도 작전이었다. 수나라군의 군사가 굶주린 기색이 있음을 보고 이들을 피곤하게 만들려고 매번 싸울 때마다 지는 척하면서 후퇴했던 것이었다.

을지문덕은 우중문에게는 희롱하는 시를 보내고,

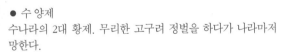

● 수 양제
수나라의 2대 황제. 무리한 고구려 정벌을 하다가 나라마저 망한다.

우문술에게는 거짓 항복하며 만약 군대를 돌리면 왕을 모시고 행재소로 가서 뵙겠다고 하였다.

수나라군은 지칠 대로 지쳐서 다시 싸우기가 힘들었던데 반해 평양성은 험하고 견고하여 단숨에 함락시키기가 어려웠다. 그리하여 하는 수 없이 거짓 항복을 명분으로 삼아 회군을 시작하였다. 그러자 을지문덕은 끈질기게 추격하여 싸우다가 후퇴하는 전술을 반복하였다.

음력 7월, 수나라 군대를 끌어들인 뒤 수나라 군사들이 살수에 이르러 반쯤 건너자, 고구려 군대가 수군을 집중 공격했고 수나라 장수 신세웅이 전사하였다. 이에 수많은 적군들이 서로 먼저 도망치려고 하는 바람에 여러 군사들이 함께 넘어지면서 걷잡을 수 없게 되면서 떼죽음을 당했다.

이때 평양 밖 포구에 주둔하고 있던 내호아도 살수대첩의 소식을 듣고는 퇴각하였다. 수나라 군대가 처음 요하에 이르렀을 때의 병력은 30만 5,000명이었으나 그 중에 요동 반도로 다시 돌아온 자는 겨우 2,700명이었다. 수많은 군수 물자와 병기는 모두 잃어버렸다. 수 양제는 크게 분노하여 우문술 등을 쇠사슬로 묶고 음력 7월 25일에 본대 병력을 이끌고 철수하니 제2차 고구려 · 수나라 전쟁은 고구려의 대승으로 막을 내렸다.

● 을지문덕 동상

● 살수대첩 (전쟁기념관 디오라마)

쓸모 있는 **한국사**

우문술 등 살아남은 장수들은 모두 작위가 박탈되고 서민으로 강등되었다. 다만 설세웅은 분전한 점이 인정되어 면직으로 그쳤고, 위문승은 홀로 전력을 보전한 채 퇴각한 공이 있어 금자광록대부로 승진했다.

을지문덕을 잡을 기회를 놓치게 했던 유사룡은 목이 잘리는 참수를 당했다. 수 양제는 큰 피해를 입었음에도 고구려 정벌을 포기하지 않았고 이듬해 우중문을 제외한 모든 장수를 복권시키며 제3차 고구려·수나라 전쟁을 일으켰으나 수포로 돌아갔다.

을지문덕이 우중문에게 보낸 시의 내용은 다음과 같다.

그대의 신기한 책략은 하늘의 이치를 다했고
교묘한 계획은 땅의 이치를 다했노라
전쟁에 이겨서 그 공이 이미 높으니
만족함을 알았거든 그만 두기를 바라노라.

● 을지문덕 흉상

당 태종과 양만춘

고구려는 수나라의 뒤를 이은 당나라와도 대결하였다.

수나라가 멸망하고 곧이어 중국을 통일한 당나라 태종은 연개소문이 당나라에 대해 강경책을 편다는 구실로 고구려를 침입하였으나 안시성에서 성주 양만춘에게 대패하였다.

645년, 당 태종 이세민이 요동군, 현도군, 낙랑군을 되찾기 위해 연개소문을 치겠다며 공격해왔으나 고구려가 이를 격퇴시킨 것이다.

당나라가 소모전으로 계속 고구려를 공격해 왔으나 그때마다 격퇴하였다. 백제가 나·당 연합군에게 패망하고, 주변국들이 대부분 당나라에 복종되면서 고구려는 국제적인 고립 상태에 놓였다.

고구려는 백제를 멸망시킨 신라가 661년 당나라와 대규모 연합군으로 고구려를 공격하여 평양성이 포위되는 위기를 맞았으나 이를 잘 막아냈다.

이처럼 고구려는 중국 세력의 공격을 성공적으로 막아냈으나 전쟁을 치르며 국력이 쇠퇴해 갔다. 그 후 고구려의 국내 사정은 변모를 거듭하였다. 60여 년에 걸친 수·당과의 전쟁으로 백성의 생활은 파탄에 직면했고, 국가 재정은 탕진되었다. 거기다가 지배층의 내분이 더욱 커지면서 국력을 약화시켰다.

안시성 성주 양만춘은 전설적인 인물이다.

● 당 태종
당(唐)나라의 제2대 황제. 당나라를 수립하고 군웅을 평정하여 중국을 통일하였다. 당 태종은 고구려를 침범하였지만 안시성 전투에서 패하여 돌아간다.

고구려 제28대 보장왕 때 안시성 성주 양만춘이 있었다. 고구려·당 전쟁 때 크게 활약한 전설적인 인물이었다. 연개소문이 쿠데타를 통하여 제27대 영류왕과 신하들을 모조리 죽이고 정권을 장악하였을 때, 안시성 성주는 연개소문의 반정에 반대하며 복종하지 않았다고 전해진다.

645년 당나라 태종이 15만 대군을 이끌고 고구려를 침략해 왔다. 그러나 안시성에서는 군관민 일체로 협동하여 당나라 군대와 3개월에 걸쳐 하루 평균 5~6차례씩 공방이 벌어졌다.

● 양만춘 장군의 영정
고구려의 명장으로 보장왕 때 안시성의 성주이다. 당 태종이 안시성을 포위했지만 함락시키지 못하고 후퇴하였다.

당나라 군사들은 안시성을 포위한 채 공격을 시도했고, 성 안에서는 당나라 군대의 공격을 막아내며 싸웠다. 당 태종이 안시성 성주 양만춘의 화살에 맞아 한쪽 눈을 잃었다는 이야기가 전한다.

당나라 기록에는 태종이 끝까지 안시성 방어에 성공한 안시성 성주에게 비단 100필을 하사하였고 이에 안시성 성주가 감사히 여기며 하례하였다고 적어놓았다. 하지만 실제 격렬한 전투를 치렀고 긴급히 퇴각하던 당나라의 당시 사정을 볼 때 당나라의 기록은 사실과 다른 것으로 여겨진다.

● 안시성 전투(전쟁기념관 기록화)
토산을 수복하는 안시성의 고구려군

● 백암산성
고구려의 성으로 수성전을 펼치는 고구려 군은 쉽게 함락되지 않을 견고한 산성을
구축하여 전투를 치렀다.

안시성 전투는 1차 고구려·당 전쟁 중의 가장 중요한 전투 중에 하나였지만 안시성의 성주에 대해서는 어떠한 기록도 없이 그냥 '안시성의 성주'로만 기록되어 있다. 후세에 송준길의《동춘당선생별집》과 박지원의《열하일기》에 안시성 성주의 이름을 '양만춘'으로 밝혔다.

645년, 1차 고구려 · 당 전쟁 때 성공적으로 당나라 군대를 물리쳤지만, 668년 3차 고구려 · 당 전쟁 때 당나라 부대가 안시성을 또 공격하였다.

당나라 군대가 안시성 앞에서 아직 군사 대열을 갖추지 못하였을 때, 안시성의 고구려 군사 3만 명이 습격하여 당나라 군사들이 크게 무너졌다. 고구려가 멸망한 뒤에도 요동 지역에는 당나라에 저항한 11성 가운데 안시성도 포함되어 있었다. 그러나 671년 안시성은 끝내 함락되었다.

●고구려 군의 투구
고구려 특유의 기상이 넘치는 투구이다.

연개소문과 아들들

고구려는 당의 공격에 대비하여 천리장성을 쌓았다. 연개소문이 공사를 감독하면서 세력을 키웠다. 이에 위협을 느낀 중앙 귀족들이 연개소문을 제거하려 하자, 연개소문은 642년 군사 반란을 일으켜 영류왕을 비롯한 귀족들을 모두 살해하고, 보장왕을 왕으로 세운 뒤 스스로 대막리지가 되어 정권을 찬탈하였다.

연개소문은 대외 강경책을 펼쳐 648년 신라와 당나라가 연합하는 빌미를 제공하였다. 665년에 연개소문이 죽자 그의 아들 연남생·연남산 형제는 막리지 자리를 둘러싸고 서로 다투었다.

남생은 국내성으로 쫓겨난 뒤 당나라 고종에게 항복하였고, 연개소문의 동생 연정토는 신라로 투항하였다. 결국 668년에 고구려는 나·당 연합군에게 멸망하였다.

정치와 부흥운동

고구려의 부흥운동은 실패하고 말았다. 검모잠, 안승 등이 고구려 다시 일으키기 운동을 벌였고, 안시성과 요동성 및 일부 요동의 성들은 671년까지 당나라에 항전하였다. 보장왕도 말갈과 함께 나라 일으키기를 시도했으나 실패하였다.

특히 연개소문이 죽은 뒤 지배층이 분열되어 정치 상황이 어지러웠고 민심이 혼란해져 있었다.

● 연개소문 동상
고구려의 장군·정치가인 연개소문은 7세기 동아시아의 힘이 넘치는 리더로 고구려의 대외 정책을 강하게 펼쳐 나갔다.

668년, 나·당 연합군은 혼란해진 고구려를 공격하여 멸망시켰다. 당나라는 고구려의 옛 땅에 안동도호부를 설치하였고, 고구려 영토의 일부는 신라로 들어갔다. 결국 698년 고구려의 장수 출신인 대조영이 만주 동부의 동모산 일대에서 발해를 건국하면서 고구려 부흥 운동은 일단락되고, 고구려의 정신은 발해로 계승되었다.

고구려의 중심 세력은 본래 소노, 절노, 순노, 관노, 계루의 5부족으로 형성되었다. 이때의 왕은 부족 연맹장이 되었다. 왕은 선출에서 세습제로 변하였는데, 초기에는 소노부에서 세습되다가 동명성왕 이후는 계루부에서 세습된 것으로 역사는 전한다.

고구려가 부족 연맹체적인 지배 체제에서 벗어나 고대국가로서의 관료 조직을 갖추게 된 것은 수도를 평양으로 옮기고 율령 정치를 시작한 소수림왕 때의 일이다.

초기에는 국왕 밑에 상가, 대로, 패자, 주부, 우대, 정승, 사자, 조의, 선인 등을 두었다. 이 벼슬 직책은 427년 평양천도 이후에 재정비되었다.

관료의 등급은 대체로 12등급으로 분화 발달되었다. 대대로, 태대형, 울절, 태대사자, 조의두대형, 대사자, 소형, 제형, 선인 등으로 나뉘었다.

막리지는 수상격인 고구려 최고의 관직으로 대대로가 평시 행정 담당의 수상이다. 막리지 밑에는 국내, 외교, 재정을 맡은 관리를 따로 두었다.

● 고구려의 쇠갑주
고구려는 우수한 제철 제강 기술로 높은 품질의 투구와 갑옷을 만들었다.

지방은 동·서·남·북·중의 5부로 나누고, 5부 밑에 성을 두었는데 성에는 욕살, 군관, 처려근지라는 행정관을 파견하였다. 이들은 각 내부의 여러 성주를 통솔하였다.

평양 천도 후에는 국내성, 평양성, 한성(지금의 재령)을 별도 서울급으로 삼아 3경제(三京制)가 성립되었다. 군사제도는 국왕이 최고 사령관이 되고, 국내성·평양·한성의 3경과 각 성에 상비군을 두고, 변방에 순라군을 두었다. 상비군의 보충은 경당이라는 청년 단체가 맡았다.

고구려의 주요 군사 무기로는 국궁과 각궁인데, 석궁도 사용하였다. 성을 방어할 때는 투석병이 있었다. 기마병은 도끼창(미늘창)을, 보병은 창과 칼 두 가지 무기로 싸웠다. 짧은 양날 변형으로 생긴 창은 던지는 무기로 사용되었다.

사회적 신분 계급은 왕족, 귀족, 평민, 노비로 나뉘었다. 신분 계급에 따라 집과 의복관모에 차이가 있었다. 일반 백성인 평민은 읍락의 지배계층인 호민과 지배를 받는 하호로 구분했다. 평민들은 대부분 농민이었고, 토지 경작과 함께 납세와 병역의 의무를 지며, 하호는 주로 생산 활동에 종사하였고 토목공사에도 동원되었다.

토지의 개척과 농경 등에 사역 활동을 하였고 전시에는 지배자의 사병으로 동원되기도 하였다. 천민인 노비는 포로·죄인·채무자·귀화인 또는 몰락한 평민들이다. 통치 질서와 사회 기강을 유지하기 위하여 매우 엄

● 고구려의 활
고구려 무사들은 활을 잘 다루어 중국에서는 활을 잘 쏘는 '동이(東夷)' 민족이라 불렀다.

격한 형법을 시행하였다.

반역을 꾀하거나 반란을 일으킨 자는 화형에 처한 뒤에 다시 목을 베었고, 그 가족들을 노비로 삼았다. 적에게 항복한 자나 전쟁에서 패한 자 역시 사형에 처하였고, 도둑은 훔친 물건의 12배를 물게 하였다. 이를 1책 12법이라고도 하였다.

남의 가축을 죽인 자는 노비로 삼거나, 빚을 갚지 못한 자는 그 자식들을 노비로 만들어 변상하는 경우도 있었다. 중대한 범죄자가 있으면 제가들이 모여서 논의하는 제가회의를 통하여 처벌하였다.

이렇게 엄격한 형법을 적용하였기 때문에 법률을 어기거나 사회 질서를 해치는 자가 드물었고, 감옥도 별로 없었다. 산업은 국가에서 농업을 장려하였다. 농사를 담당한 것은 피지배계급인 일반 농민이었다.

세금제도는 세(稅)와 조(組)가 있었고, 인두세에 해당하는 세로 포목 5필에 곡식 5섬을 물었다. 조는 3등급으로 나누어 상호가 1섬, 중호가 7말, 하호는 5말을 내었다.

고구려 지배층의 혼인 풍습으로는 형사취수제와 함께 데릴사위제인 서옥제가 있었다. 초기에는 남자가 처가 옆에 마련한 사위집인 서옥에 들어갈 때에 돈과 옷감 등을 예물로 처가에 주었다. 남녀 간의 자유로운 교제를 통하여 결혼했는데 남자 집에서 돼지고기와 술을 보낼 뿐 다른 예물은 주지 않았다. 신부 집에서 재물을 받은

● 고구려 민가
고구려 가옥 구조는 온돌과 굴뚝이 발달하였다.

● 고구려 귀족 부부
안악 고분에서 그려진 벽화를 토대로 재현한 귀족 부부.

경우 딸을 팔았다고 여겨 부끄럽게 생각하였다.

10월에는 국중 대회를 열고 건국 시조 동명성왕과 그의 어머니 유화 부인을 조상신으로 섬겨 제사를 지냈고, 추수감사제인 동맹이라는 제천 행사를 성대하게 열었다.

새봄 3월 3일이면 낙랑은 언덕에 사람들이 모여 사냥을 하고, 잡은 돼지와 사슴으로 하늘과 산천의 신에게 제사를 지냈다.

● 장천1호분 벽화
고구려 제천 행사인 '동맹'의 그림이 잘 나타나 있다.

문화와 예술

한자와 한문학은 삼국 중에서 가장 빠르게 받아들였다. 소수림왕 2년 국가에서 유학의 교육기관으로 태학을 세워서 관리 양성을 위한 교육기관으로 삼았다.

민간에서는 각처에 경당을 세워 미혼의 자제들에게 독서와 궁술을 익히게 하였다. 유교의 경전, 사기, 한서 등의 사서를 익혔다. 옥편·자통 같은 사전이 유포되었고, 중국의 문선 같은 문학서도 들어와 많이 읽었다.

한자 사용을 장려하여 사서 편찬도 일찍부터 행하여졌다. 《유기》100권을 편찬하고,《신집》5권도 편찬하였다. 시가로는 유리왕이 지은 《황조가》와 정법사의 《영고석》, 을지문덕 장군이 수나라 장수 우중문에게 준 《여수장우중문시》,《연양가》 등이 전한다.

고구려는 건축·미술에서는 찬란한 문화를 이룩했다. 대부분의 유적들이 통거우와 평양 지방에 집중되어 있다. 대궁, 사찰 등 건축물로서 현재 남아 있는 것은 없으나 고분의 구조를 통하여 당시의 귀족 계급의 호화로운 건축을 짐작할 수 있다.

고분으로는 석총과 토총이 있다. 돌을 피라미드 식으로 쌓아 올린 장군총은 통거우 지방에 남아 있는 고구려 석총의 대표적 유적이다. 평양 부근의 쌍영총은 돌로 만든 대표적 무덤이다. 이와 같은 석실의 구조와 벽화에 의해서 고구려인의 건축 술과 미술의 기량을 엿볼 수 있다.

● 고구려 기와(와당)
평양 안학궁 출토 귀신 기와와 도깨비 기와

투팔천정, 천정 그림의 장식은 고구려의 건축 양식을 보여주는 것이다. 수렵총, 각저총, 수산리 고분, 안악 3호분의 고분 벽화는 건축 미술로 높이 평가되고 있다. 고분 벽화는 고구려 사람들의 신앙·사상이나 풍속·의복 등을 설명해 주는 귀중한 자료이다.

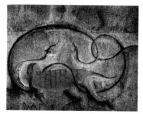

▲ 강서대묘의 현무도

쌍영총의 인물화나 무용총 무인, 가인의 그림, 청룡 백호 등을 그린 강서대묘의 사신도는 섬세하고 화려한 필치로 강건한 고구려인의 기질을 잘 나타낸 걸작으로 평가받는다. 고구려 사람들은 가무를 즐겼던 것으로 알려져 있으나 문헌적 고증은 찾아볼 수 없다.

▲ 강서중묘의 백호도

제24대 양원왕 때의 국상인 왕산악이 진나라 칠현금을 개량하여 거문고를 만들어, 100여 곡의 악곡을 지었다고 전한다. 고구려 문화는 일본에 많은 영향을 미쳤다. 고구려의 화공, 스님 등이 일본으로 건너가서 불교문화를 전하는 데 공헌하였다. 고구려의 승려인 혜자는 쇼토쿠 태자의 스승이 되었다. 승려이자 화가인 담징은 일본에 종이와 먹의 제조 방법을 전파하고, 일본 호류사에 금당벽화를 그려준 것이 대표적인 일례이다.

▲ 안악 3호분 벽화

▲ 무용총 수렵도

● 장천1호분 벽화
고구려 고분 벽화는 고대 회화의 제작 과정, 표현 기법과 수준, 안료 및 아교 제조술 등 여러 가지 특징을 잘 보여 준다. 뿐만 아니라 고구려 사회의 생활 풍속·신앙·종교·사상 등을 생생하게 담아내고 있어 역사·문화 자료로서 높은 가치를 지닌다.

■ 백제

십제와 백제

백제(百濟)는 기원전 18년에 고구려를 건국한 고주몽의 아들 온조가 세운 나라이다. 31대 의자왕까지 678년 동안 나라를 다스리고, 660년 8월 29일 멸망한 고대국가로 고구려·신라와 함께 삼국시대를 장식했다.

백제는 제26대 성왕 16년 웅진에서 사비로 도읍을 천도하며, 남부여라는 국호를 사용했다고 전해진다. 백제의 국호에 관하여는 중국의 역사서인《수서》와 고려 시대에 만든《삼국사기》의 내용이 달라서 정확한 기록을 알 수 없다.

온조왕을 시조로 하여 기원전 18년 현재의 한강 하류의 하남 위례성에 도읍을 정해 건국되었다.《삼국지》에는 백제가 마한의 일부였다고 전한다.

1세기에서 3세기에 걸쳐서 한반도 중부의 작은 부족들을 포함해 한사군과 대립하면서 성장하였으며, 4세기부터 충청도·전라도 지역으로 세력을 넓혔다.

《삼국사기》기록에 실린 온조 설화는 기원전 18년에 부여 또는 고구려 계통의 유민 세력과 한강 유역의 토착세력의 결합으로 성립된 것으로 되어 있다. 백제 초대 왕인 비류와 온조는 고구려 주몽 동명성왕과 소서노 부부의 아들이며, 백제의 최초 이름은 십제(十濟)였다.

● 온조왕의 동상
고구려에서 남하한 온조는 한강 유역에 백제를 건국한다.

우수한 철기 문화를 보유한 고구려 유민 집단이 지배층을 형성하였다. 졸본 부여 사람인 비류와 온조가 남쪽으로 함께 내려온 뒤, 비류는 미추홀(지금의 인천)에, 온조는 하남 위례성에 각기 도읍을 정하고 나라를 세웠다.

비류가 죽자 그 신하와 백성이 모두 위례성으로 옮겨오므로 비로소 백제(百濟)라는 큰 나라로 성장했다고 전한다.

융성의 세월

백제는 한강 유역으로 세력을 확장하려던 한나라 군현의 공격을 막아내면서 차츰 성장해 나갔다. 3세기 중엽 제8대 고이왕 때 한강 유역을 완전히 장악하였고, 소금의 산지였던 인천까지 영향권에 넣었다.

중국과의 무역을 통해 선진 문물들을 받아들여 정치 체제를 정비하였다. 16관등과 공복 제정과 함께 6좌평과 상좌평까지 제정하는 등 지배 체제를 정비하여 중앙집권 국가의 토대를 형성하였다.

4세기 제13대 근초고왕은 고구려와 대립하여 고국원왕을 전사시키면서 황해도 남부 일부 지역에 진출하고 전라도 지역에 남아 있던 마한 세력을 병합하여 전성기를 이루었다. 이때 백제는 경기도·충청도·전라도와 낙동강 중류 지역, 강원도·황해도의 일부 지역을 포함하는 넓은 영토를 확보하였다.

● 백제 왕의 밀납
한강 유역을 장악한 백제는 마한을 정복하고 영토를 남으로 확장한다.

그 뒤 고구려의 공격으로 한강 유역을 빼앗기는 수난을 다시 겪었다. 제8대 고이왕 이후 낙랑과의 계속되는 대결에서 298년에는 제9대 책계왕이 전사하고, 304년에는 제10대 분서왕이 살해되었다.

5세기 초부터 고구려의 공격을 받아 제17대 아신왕이 항복하는 수난을 당하였다. 475년에는 한강 유역을 상실하고 웅진으로 수도를 옮겼다.

제25대 무령왕 때부터 중흥을 시작하여 제26대 성왕 때에 이르러 중흥 노력은 더욱 커졌다. 그 뒤 제30대 무왕은 부흥을 위해 노력했으나, 31대 의자왕의 잦은 실정으로 국력이 소모되고, 660년 나·당 연합군의 공격을 받고 수도 사비성이 함락되며 멸망하였다.

근초고왕은 남으로 마한 지역을 완전히 병합하고 탐라를 복종시켰다. 북으로는 고구려의 침공을 막아내고, 북진하여 오히려 고구려의 고국원왕을 전사시켰다. 일부 학자들은 근초고왕 때 중국의 요서 일대 및 산둥 반도, 일본 규슈에도 세력을 뻗었다고 주장한다.

송서, 양서 등의 남조 계열의 기록에 따르면, 광개토대왕이 랴오뚱 일대를 점령한 시기에 백제가 요서(라오뚱서쪽) 랴오시 지역을 정벌했다고 전한다. 5세기 이후 고구려 장수왕의 남하정책에 밀려 결국 제21대 개로왕이 전사하고 한강 유역의 수도 한성을 빼앗기고 금강변의 웅진으로 475년에 수도를 옮기면서 위기를 맞았다.

● 무령왕 흉상
백제의 제25대 왕으로 한강 유역을 고구려에 빼앗긴 뒤 혼란에 빠져 있던 백제를 공주로 천도하여 안정시켰다.

● 칠지도 조형물
일본 나라현(奈良縣) 덴리시(天理市)의 이소노카미 신궁(石上神宮)에 소장된 백제 시대의 철제 가지 모양의 칼로 백제왕이 일본에 하사한 보검이다.

▲ 칠지도

삼국의 발전 79

중국과 일본의 정세 변화로 무역 활동도 침체되어 어려움을 겪었다. 제22대 문주왕 때는 해구와 같은 무인 실권자가 등장하여 백제의 사정은 더욱 어려워졌다. 5세기 후반 제24대 동성왕 때에 사회가 안정되면서 국력을 회복하기 시작하였다. 동성왕은 신라와의 혼인을 통해 동맹을 강화하면서 고구려의 남하정책에 대항하였다.

제25대 무령왕은 여러 지방의 왕족을 파견하여 통제권을 강화하면서 중흥의 발판을 마련하였다.

제26대 성왕은 대외 진출이 쉬운 부여 지역의 사비성으로 수도를 옮기고, 국호를 남부여로 개명하면서 중흥을 모색하였다.

중앙 관청과 지방 제도를 정비하고, 승려를 등용하여 불교를 진흥하였으며, 중국 대륙의 남조와 활발하게 교류하는 한편, 일본에 불교를 전파하였다. 성왕은 고구려가 불안한 틈을 타서 신라와 동맹을 맺고 한강 유역을 빼앗아 수복하였다.

처음에 한강 상류를 차지하기로 했던 약속을 신라 진흥왕이 어기고 독차지하자 이를 빼앗겠다며 복수전을 펴다가 관산성 전투에서 전사하고 말았다.

▲ 사비성 천도를 하늘에 알리는 고천 의식 장면

▲ 백제 성왕 영정
(부여군 소재)

의자왕의 반격

의자왕은 처음에 당나라와 동맹을 맺으려고 하였다. 그러나 외교적 목적이 신라에 의해서 어긋나자 당나라와의 외교를 포기하고 신라와 직접 군사 대결로 나섰다.

의자왕은 659년 4월 신라를 공격하였다. 이와 함께 돌궐·고구려·백제·일본, 당·신라의 십자 외교가 시작되었다. 결과적으로 당나라가 백제를 공격할 수 있는 불씨를 만든 셈이 되었다.

당나라는 신라 김춘추의 외교 담판으로 660년 6월 구원병을 보내 백제를 공격하였다. 이로써 660년 사비성이 함락되면서 백제는 멸망하고 말았다.

황산벌 영웅 계백

황산벌 전투는 660년 8월 20일 황산벌에서 백제군과 신라군 사이에 일어났던 전투이다. 《삼국사기》 계백 열전과 《삼국유사》 태종무열왕조 등에 전투 내용이 나온다. 황산벌은 현재 충남 논산시 연산면 일대이다.

백제가 신라를 자주 공격하자, 신라는 고구려의 힘을 빌리려 하였으나 실패하고 당나라에 구원을 요청했다. 신라 김춘추는 당나라로 건너가 나·당 동맹을 맺었다.

660년 김유신이 이끈 신라군 5만 명과 소정방

● 계백 장군 영정(부여 삼충사 소재)
계백은 나·당 연합군이 백제를 공격하자 군사 5,000명을 이끌고 출전하여 황산벌에서 신라 김유신의 군대와 맞서 네 차례나 격파하였다.

이 이끄는 당나라 군대 13만 명, 모두 18만 명의 군사가 백제로 쳐들어갔다. 당나라는 바다를 통해 백제의 백강 쪽으로 쳐들어갔고, 신라군은 육지로 달려가서 백제의 탄현 쪽을 공격해 들어갔다.

660년 나·당 연합군이 백제를 대대적으로 침공하자, 의자왕은 신하들과 대책을 논의하였다. 빠르게 대처해야 한다는 편과 지연작전을 써야 한다는 편으로 갈라져 다투는 동안 연합군은 요충지인 백강과 탄현을 넘어왔다. 다급해진 의자왕은 급히 계백을 황산벌로 보내 신라군과 싸우게 하였다. 계백은 5,000 정예병을 뽑아 놓고, 비장한 각오로 가족들에게 말했다.

"한 나라의 군사로 당나라와 신라의 대군을 상대해야 하니, 국가의 존망을 알 수 없다. 처자식이 포로로 잡혀 노예가 될지도 모른다. 살아서 모욕을 당하느니 죽는 것이 낫다."

스스로 가족들을 죽이고 황산벌로 달려가 전열을 다졌다. 신라군이 황산벌에 도착했을 때, 백제군은 이미 산직리 산성, 모촌리 산성, 황령 산성 3곳에 진영을 치고 기다렸다.

계백은 병사들을 격려했다.

"옛날 월왕 구천은 5,000 병사로 오나라 70만 군사를 격파하였다. 용기를 다하여 싸워 나라에 보답하자!"

백제 군사들은 사기가 올라 신라군과 네 차례 마주쳐서 싸워 네 번 모두 크게 이겼다. 이에 신라 김유신의 동생 김흠순

● 계백 장군 기마상(부여군청 소재)
계백은 황산벌 전투에 나서기 전 가족들을 자신의 칼로 베어 죽음으로 결의를 다졌다고 한다.

● 황산벌 전투
660년 7월 9일, 백제의 계백이 황산벌에서 신라군을 맞아 싸우다 전멸한 전투

이 화랑도 출신의 아들 반굴을 전장에 투입하니, 반굴은 힘껏 싸우다 죽었다. 반굴이 죽자 김유신의 조카인 좌장군 김품일은 역시 화랑도인 16세의 아들 관창을 시켜 선봉에 서게 하였다.

관창을 붙잡은 계백은 관창의 나이가 어린 것을 보고 탄식하며 돌려보냈다.

관창의 죽음을 본 신라군은 죽을 각오로 덤비니 백제군은 패하고 부하들과 함께 계백은 장렬한 최후를 맞았다. 그러나 이때 백제군은 모두 전멸한 것이 아니라 일부 좌평 충상, 달솔 상영 등 20명이 살아남아 신라의 포로로 잡혔다.

황산벌 전투가 있던 날 소정방의 당나라 군대는 기벌포에서 백제군을 격파하고 신라군과 합류하였다. 당시 소정방은 김유신에게 약속 기일이 늦은 것을 문제 삼아 독군 김문영을 참수하려 하였다. 이에 김유신이 분노하여 말했다.

"황산벌 싸움을 보지도 않고 기일이 늦은 것만 책망하니, 나는 죄 없이 모욕을 당할 수 없다. 먼저 당나라 군대와 결전을 치른 후 백제를 공략하겠다."

김유신이 군문에 나서자 소정방은 김문영을 풀어 주었다. 이후 나·당 연합군이 백제의 수도 사비성을 포위하고 공격전을 폈다. 사비성은 얼마 버티지 못하고 무너졌다. 백제군의 저항은 계속되어 20여 성이 저항에 합류하였다. 태종무열왕이 직접 군사를 이끌고 공격하자 백제는 항복하고 말았다.

낙화암의 전설

황산벌에서 계백의 군대가 전멸하고 당나라 군사 30만 명이 백강 어귀를 타고 상륙한다는 소식이 전해졌다. 백제의 운명은 눈앞으로 다가오는 것이었다. 밖에서는 적군의 함성이 귀를 찌를 듯했다. 의자왕은 눈을 감았다.

"아! 충신 성충의 말을 왜 듣지 않았던고? 700년 사직이 이렇게 무너져 내리다니!"

그때 좌평 각가가 급히 아뢰었다.

"전하! 옥체를 보존하셔야 합니다. 어서 곰나루로 피하심이 옳은가 합니다."

● 정림사지 5층석탑
백제의 미를 간직한 석탑으로 당의 소정방이 백제를 멸한 다음 그 기공문을 새겨 넣었으나 이는 탑이 건립된 훨씬 뒤의 일이다.

이미 밤은 깊어졌다. 의자왕은 부소산으로 급
히 피신 명령을 내렸다. 도성 안은 아비규환
이었다.

"저희들도 따르겠나이다. 포로가 되어
능욕을 치르느니 차라리 전하와 함께 생을
마치겠나이다."

궁녀들도 의자왕을 따라 나섰다. 그러나
의자왕은 태자를 데리고 웅진성으로 피신하

▲ 고란사 벽에 그려진 삼천궁녀
　투신도

고 궁녀들은 부소산 낙화암으로 몰려갔다.
당나라 연합군은 성난 이리 떼처럼 마구 몰려오고 있었다. 잡히면
능욕을 치를 것이 뻔하였다.

"적에게 잡히느니 차라리 죽음을 택하자!"

어느 궁녀가 외쳤다. 궁녀들은 이 말에 누가 먼저라 할 것 없이 푸
른 강물로 몸을 던졌다. 아까운 목숨들이 꽃잎처럼 떨어졌다. 이때
강물로 뛰어든 궁녀가 무려 3,000명이라고 전한다. 그래서 이 절벽
바위를 낙화암이라고 한다.

● 백화정
1929년 부여 군수 홍한표가 이
절벽 바위 위에 백화정 정자를
지어 백제 궁녀들의 영혼을 달
래 주었다.

무령왕릉과 사비성

충남 공주의 무령왕릉에서는 국제적으로 세련된 유물이 많이 출토되었다. 무령왕릉은 중국의 특징적인 무덤 양식인 벽돌 무덤이기도 하다.

특히 무령왕릉은 연화문의 벽돌로 된 아치형의 벽돌 무덤으로, 여기에서 출토된 금제 관식·석수·동자상, 금은 장식품인 목걸이·팔찌·귀걸이 등이 유명하며, 산수문전·연화문전 등과 기와 등에도 백제 미술의 우수성이 나타나 있다.

이 고분을 통해 백제의 국가상, 사회생활, 외국과의 문화 교류, 죽은 사람을 장사 지내는 예법은 물론, 특히 삼국 간의 문화 교류, 문화의 특수성과 공통성을 확인할 수 있는 학술적 가치가 높은 고분이다.

사비성 고분은 굴식 돌방 고분으로 송산리 고분보다 규모는 작으나 건축 기술과 연화문·운문, 사신도의 벽화가 세련되었다.

충남 서산에 있는 마애삼존불상은 화강암 벽에 새긴 마애석불인데, 소박한 옷차림, 엷은 미소를 띤 온화한 아름다움은 '백제의 미소'로 유명하다.

◀ 무령왕릉 출토 '금제관식'

▼ 마애삼존불상

▲ 무령왕릉 출토 '머리받침'

▲ 무령왕릉 출토 '석수'

부흥 운동

고구려가 수나라·당나라의 침략을 막아내는 동안 백제 제30대 무왕은 신라에 적극적인 공세를 취하기 시작하였다. 제31대 의자왕 2년 대야성을 비롯한 신라의 성 40여 개를 점령하고 경주 가까이까지 진격하였다.

이에 신라는 고구려와의 연합을 꾀했으나 당시 고구려의 실력자이던 연개소문과의 회담이 결렬되자 당나라와 군사 동맹을 맺고 삼국 통일의 꿈을 키우기 시작하였다.

백제가 멸망한 이후 각 지방의 저항 세력이 들고 일어나 백제 부흥 운동을 일으켰다. 복신과 흑치상지, 도침등은 왕자 부여풍을 왕으로 추대하고 주류성과 임존성을 거점으로 군사를 일으켰다.

이들은 200개의 성들을 되찾고 사비성과 웅진성에 주둔한 당나라 군대를 공격하면서 4년간 저항하였으나, 결국 신라·당나라 연합군에 의하여 진압되고 말았다.

이때 일본이 백제에 원군을 보내어 신라·당나라 연합군과 백제·일본 연합군이 백촌강에서 격돌하였다. 하지만 백제·일본 연합군이 대패하여 백제 부흥운동은 실패하고 말았다.

● 중국 북망산 근처에서 발견된 흑치상지의 묘지석. 백제가 멸망하고 부흥운동을 일으켰던 흑치상지는 끝내 당으로 건너가 유명한 당나라 장수가 되었다. 그는 중국의 황제들만 묻힐 수 있는 북망산에 묻히게 되었다.

외국과의 무역

백제의 관서는 크게 내관 12부와 외관 10부로 나뉘어 도합 22부가 있었다. 내관에는 전내부·곡부·육부·내경부·외경부·마부·도부·공덕부·약부·목부·법부·후궁부 등인데, 이들은 왕실·궁내에 속하는 관서였다. 외관에는 사군부·사도부·사공부·사구부·점구부·객부·외사부·주부·일관부·시부 등이다. 이들은 일반 정무를 담당하였다. 종래의 족장 선거 유풍이 남아 각 관서의 장은 3년마다 교체되었는데, 귀족 간의 세력 균형을 위한 것이었다.

지방 행정은 원래의 부족 세력과는 전혀 관련성이 없는 방위로 표시하였다. 그래서 수도를 5부로 구분하고 전국을 5방으로 나누어 다스렸다.

백제는 중국 남부 및 일본과 활발하게 무역 활동을 했다. 특히 일본에 많은 영향을 미쳤다. 일본에는 말·누에·직조법·양조법 등의 생산품과 그 기술을 전파하였다. 백제의 무역항으로는 영암, 당항성 등이 크게 번성하였다.

근초고왕 때의 아직기와 근구수왕 때의 왕인이 일본에 한학을 전

● 백제의 해상 무역 (백제역사문화관)
백제는 바다를 이용해 대외 무역을 활발히 전개했는데, 무역항으로는 영암(靈岩) 및 당항성(薰項城)이 크게 번성하였다

하였고, 무령왕 때 단양이·고안무 등이 일본에 유학을 전하였다.

백제는 초기에 고구려와 함께 그 근원이 부여에서 나온 것으로 인식하여 우호적이었지만, 고국원왕 39년에 고구려가 백제를 침입한 이래로 사이가 나빠졌다. 이 상황은 나·제 동맹 결렬 직전까지 계속되었다.

당시 고구려의 백제에 대한 감정을 보여주는 일화로 광개토대왕릉비에 백제를 백잔(百殘)으로 낮춰 부르기도 하였다. 잔은 잔인하다, 흉악하다는 뜻이다.

중국과의 관계에서 근초고왕은 백제 역사상 최초로 중국 진나라 사서인 《진서》에 이름이 기록된 왕이다. 백제는 372년 근초고왕 27년 음력 1월과 음력 6월에 동진에 사신을 보내어 조공하였다. 동진과 동맹을 맺어, 고구려에 대항하려고 하는 백제의 기본 외교 자세는 침류왕 대에도 계속되었다. 침류왕 즉위년인 384년 7월에도 백제는 동진에 조공을 하였다.

470년 송나라 때에도 사신을 보냈으며, 472년에는 북위에 처음으로 사신을 보냈다. 개로왕은 북위에 고구려를 공격하기 위한 군사 지원을 요청하기도 했다. 백제의 무령왕과 성왕은 여러 차례 사신들을 보냈고 귀족 칭호들을 받았다.

백제가 동아시아 대륙의 랴오시 지방에 진출했었다는 '백제요서경략설'은 《송서》, 《양서》 등의 역사 서적에서 비롯한 것이다.

● 요서경략설
4세기경 백제가 중국의 요서 지방을 경략해 군(郡)을 설치하고 지배했다는 설로 중국 역사 서적에 나타나 있다.

일본과의 관계는 기원전 3세기, 한반도의 고구려·백제·신라·가야국으로부터 일본 열도로 사람들이 건너간 것으로 나타나 있다. 대략 2000년 전에 일본으로 간 고대 한국인들이 일본에 벼 농사법을 전수해 주었다는 것이 일본인 학자들의 견해이다.

이런 사실은 일본 각지에 있는 초기 논의 형태와 농기구들, 토기, 주거 형태와 부락 등을 통해 고고학적으로 규명되고 있다. 일본에 벼농사가 시작된 시기와 관련된 여러 요소를 검토해보면 모든 것이 한반도 남부와 직결된다.

552년에는 사원 건설을 위해 많은 학자와 기술자를 비롯하여 의사나 음악가까지 파견하였다. 성왕은 일본에 불교를 전파하도록 하였으며 의박사·역박사 등의 전문가와 기술자를 교대로 파견하여 일본에 선진 문물을 전파하는 데 기여하였다.

건축과 미술

백제는 삼국 가운데 특히 불교 미술이 발달하였다. 7세기 신라가 황룡사 9층 목탑을 지을 때 백제의 기술자 아비지가 초빙되었고, 일본의 초기 사원을 창립할 때에도 백제의 사공과 기와 만드는 기술자 등이 건너갔다.

동성왕 때의 임류각, 의자왕 때의 태자궁·망해정 등 많

● 백제 금동대향로

백제 금동대향로(百濟金銅大香盧)는 7세기 백제에서 만든 금동 향로이다. 1993년 12월 23일 부여 능산리 절터의 회랑 부근에 위치한 건물터 바닥 구덩이에서 진흙 속에 묻힌 채 완전한 형태로 발견되었으며 국보 제287호로 지정되었다. 이 향로는 백제가 부여로 도읍을 옮긴 후 정치적 안정을 되찾은 7세기 초의 백제인들의 정신 세계와 예술적 역량이 함축되어 이루어진 백제 공예품의 진수라 할 수 있다.

은 사찰이 건축된 기록이 있으나 현재 남아 있지 않다. 조각품으로는 석불과 금동불, 불상 등이 있다. 고분은 서울 송파구 석촌동 일대와 공주시·부여군 일대에 많이 있다. 웅진 시대의 공주시 송산리 고분은 굴식 돌방 고분이다.

　백제의 건축은 절터·탑·고분에서 그 규모가 잘 반영되어 있다. 절터로는 전북 익산시 금마면에 있는 백제 최대의 미륵사지가 있고, 이곳에 남아 있는 미륵사지 석탑은 동양 최대의 것으로 목조탑의 형식을 모방한 석탑으로 유명하다. 그리고 정림사지 5층석탑은 우아하고 세련되어 안정감을 주며 삼국시대 석탑 중 가장 우수하다.

　화가로는 위덕왕의 왕자로 일본에 건너가서 쇼토쿠 태자를 그린 아좌태자, 백제 말기에 일본에 건너가 산수화를 전하고 사천왕상을 남긴 하성 등이 있다.

　백제의 문화는 대체로 세련되고 섬세한 것이 특징이다. 낙랑·대방의 한나라 사람들과 접촉하면서 일찍부터 한문과 유교를 접했다. 4세기 중엽 근초고왕 때에는 역사책 《서기》가 편찬되었다. 아직기·왕인 등이 일본에 한학과 유교를 전했는데, 특히 왕인은 〈천자문〉을 전해 준 것으로 알려져 있다. 오경박사가 교대로 일본에 파견되었으며 기술자인 봉녀·야공·양주인을 비롯해 와박사·조사공 등의 건축 기술자도 파견되었다. 오경박사를 둘 정도로 유교도 국가적 차원에서 장려했

▲ 복원된 미륵사지 석탑

● 미륵사지 금제사리함
미륵사지 석탑 해체 과정에서 발견된 사리함으로 백제의 금세공 장식의 뛰어남을 보여주는 유물이다.

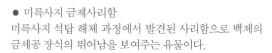

다. 지배층 사람들은 투호와 바둑, 장기를 오락으로 즐겼다.《주서》는 백제에 대해 "절과 탑이 매우 많다."고 기록하였다.

이는 불교가 융성했음을 알려주는 대목이다. 불교는 제 15대 침류왕 때인 384년 서역의 승려인 마라난타가 동진에서 들어와 전해준 것이 처음인데, 그해 음력 9월에 동진에서 승려 마라난타가 오자, 궁중에 머물게 하고 예로써 대접하였다. 백제의 불교는 이때부터 시작된다고 여겨진다.

침류왕은 불교를 공인하여 중앙집권 체제를 사상적으로 뒷받침하였다. 마라난타를 궁궐에 머물게 하면서 이듬해에는 사원을 지어 승려 10명을 거처하게 했다. 불교는 전래 초기부터 국가적인 차원에서 숭상·장려되었고, 국가적인 차원에서 사찰을 건립한 경우도 많았다. 577년 제27대 위덕왕 때에 착공해 634년 제30대 무왕 35년에 완성된 왕흥사는 호국 사찰로 유명하다.

599년 제29대 법왕 1년에는 불교 사상에 따라 생물을 죽이지 못하게 하는 국왕의 명령이 있었다. 민간에서 기르는 매를 놓아 주며, 어로와 사냥 도구들을 불태운 적도 있었다.

5~6세기에 중국 남송과 북위의 기록에 백제 음악이 소개된 것이 있고,《일본서기》에 백제의 음악가가 일본에 건너가 음악을 가르쳤다는 기록이 있다.

● 마라난타 상
백제에 불교를 전하였다는 인도의 승려이다. 384년(침류왕)에 진(晉)나라를 거쳐 백제에 들어와 불법(佛法)을 크게 전파하였다.

■ 신라

나정의 신화

신라(新羅)는 기원전 57년 박혁거세가 건국한 나라이다. 제56대 경순왕까지 992년 동안 나라를 다스리다가 935년에 고려 태조 왕건에게 나라를 물려주었다.

고구려, 백제와 함께 삼국시대의 삼국 중 하나로, 현재의 한반도 동남부 및 한반도의 대부분을 지배하였던 국가이다. 세계에서 가장 오랜 기간 존속했던 왕조들 가운데 하나로 꼽힌다.

'신라'라는 국호는 '왕의 덕업이 날로 새로워져서 사방을 망라한다'라는 의미로 제22대 지증왕 때에 정해졌다. 경북 경주 지역에서 기원전 57년에 건국된 신라는 삼국 가운데 가장 먼저 세워졌지만, 국가의 틀을 세우는 데는 가장 늦었다. 6세기 때 제23대 법흥왕이 불교를 받아들여 왕권 강화와 백성의 단결을 도모하였으며, 제24대 진흥왕 때에 신라 최초로 전성기를 맞았다.

● 황룡사 복원도
신라 전성기를 이룬 진흥왕은 황룡사를 건축하여 삼국통일의 꿈을 꾸었다.

7세기경 한강 유역을 차지하였고, 589년에 중국을 통일한 수나라의 뒤를 이은 당나라와 나·당 연합을 맺어 660년에 백제를, 668년에는 고구려를 차례로 멸망시켰다. 이로써 대동강 이남으로부터, 원산만에 이르는 지역을 차지하여 부분적인 삼국통일을 달성하였다. 그러나 나·당 동맹을 맺어 삼국을 통일한 뒤 당나라가 계속 한반도를 지배하려는 야욕을 드러내자 전쟁을 통해 이들을 몰아냈다.

《삼국사기》와 《삼국유사》는 고조선의 유민인 진한 6부가 자신들을 다스려줄 임금을 원하고 있을 때, 하늘에서 내려온 백마가 전해준 알에서 태어난 박혁거세를 맞이하여 기원전 57년에 거서간(임금)으로 세운 것이 신라의 건국이라고 기록하고 있다.

경주 부근 6부 촌의 촌장들이 어느 날 양산 기슭에서 나라의 어른을 선출하는 문제를 의논하고 있었다. 그때 나정 쪽으로 하늘에서 이상한 빛이 내려오면서 백마가 내려왔다.

그들이 가보니 백마가 커다란 알을 두고 사라졌다. 촌장들이 알을 깨뜨렸더니 준수한 사내아이가 나왔다. 알에서 태어났다 하여 박혁거세라고 이름을 짓고 아기를 길렀는데 씩씩하게 잘 자랐다. 그래서 그를 임금으로 삼았다. 그가 임금에 오른 해가 기원전 57년이었다.

신라는 처음 진한의 소국 가운데 하나인 사로국에서 출발하였다. 기원전 27년에는 성을 쌓고 금성이라 불렀다. 그 뒤 동해안으로 들어온 석탈해 집단이 등장하면서 박(朴), 석(石), 김(金)의 세 가문이 교대로 왕위를 차지하였다. 유력 집단의 우두머리는 이사금(군

● 나정
신라의 시조 박혁거세가 태어난 전설을 간직한 우물이다.

주)으로 추대되었고, 주요 집단들은 독자적인 세력
기반을 유지하였다.

신라는 원래 6부 연맹에서 촌장 합의로 출발한
나라다. 6부는 알천 양산촌, 돌산 고허촌, 취산
진지촌, 무산 대수촌, 금산 가리촌, 명활산 고야촌
이다. 왕과 신하들이 남당에 모여 국가의 중요한
일을 의논하고 한 사람이라도 반대하면 결정짓
지 않는 전원 찬성 제도를 시행하였다. 이를 화
백 또는 화백회의라고 하였다.

● 탈해왕의 릉
용성국 출신으로 신라에 들어
와 왕이 된 인물로 신라 왕실 3
성(姓) 가운데 석(昔)씨를 여는
첫 왕이었다.

《삼국사기(三國史記)》

고려 인종의 명을 받아 김부식이 1145년에 완성한 삼
국시대 역사책이다. 현존하는 한국 역사책 중에서 가
장 오래된 것으로, 신라 · 고구려 · 백제 삼국의 정치적 흥망 변천
을 주로 기술한 역사책이다. 1970년 옥산서원에서 소장하고 있는
판본이 대한민국의 보물 525호로 지정되었다. 그밖에 1981년 조병순 소장 영
본(零本)과 경주부간본(慶州府刊本)이 각각 보물 722호, 723호로 지정되었다.
편찬 과정은 고려 왕조가 이자겸의 난과 묘청의 난 등 귀족사회의 동요를 수
습하고 난 뒤, 앞 시대의 역사를 공식으로 정리 편찬했다. 고기(古記)·유적 또
는 중국의 여러 사서에서 뽑아 편찬, 간행하였다.

《삼국사기》를 편찬하기 시작한 정확한 시기는 알려지지 않고 있다. 김부식
이 묘청의 난을 진압하고 난 후에 감수국사에서 편찬하기 시작한 것으로 보
는 설과, 김부식이 은퇴한 뒤 1142년에 시작했다고 보는 설이 있다. 다만 《삼
국사기》가 완성된 시기는 1145년(인종 23년)이다. 《삼국사기》 편찬에 참여한
편수관은 총 11명으로 감수국사 김부식을 필두로 최산보, 이온문, 허홍재, 서
안정, 박동계, 이황중, 최우보, 김영온 9명과 김충효, 정습명 2명의 관구이다.

구성 및 내용은 〈본기〉, 〈연표〉, 〈지(志)〉, 〈열전〉으로 구성되어 있다. 〈본
기〉는 신라, 고구려, 백제, 이 세 나라의 역사를 각각의 본기로 나누어 편년체
로 서술하였으며, 총 28권이다.

국호와 임금

신라의 국호는 여러 가지로 불렸다. 신로·시라·서나·서라벌·서야·서라·서벌·계림 등이 그것이다. 왕에 대한 칭호도 거서간, 차차웅, 이사금, 마립간 등 여러 가지였다. 신라의 국호와 왕의 호칭이 이처럼 다양했던 것은 신라 고유어를 사용한 탓이었다.

제22대 지증 마립간 4년인 504년에 한자 국호를 '신라'로 확정하고, 왕에 대한 칭호도 '왕'으로 정했다. 이런 사실을 《삼국사기》는 이렇게 기록하였다.

지증 마립간 4년 겨울 10월에 여러 신하들이 아뢰었다. 그래서 왕이 그대로 따랐다는 것이다. 그로부터 국호는 신라로, 임금은 왕으로 불렀다. 따라서 지증 마립간도 지증왕이라고 하였다.

▶《삼국사기》기록
"시조께서 나라를 창업하신 이래로 국호가 정해지지 않았거나, '사라'라 일컫고, 또는 '사로'라 하며, '신라'라고도 하였습니다. 저희들은 '신'이라는 글자는 덕업이 날로 새로워진다는 뜻이고, '라'라는 글자는 사방을 망라한다는 뜻으로 생각해온즉, 이를 나라 이름으로 삼는 것

이 좋을 듯합니다.

또 예로부터 나라를 가진 이들을 보면 모두 '제(帝)'나 '왕(王)'을 일컬었으니 우리 시조께서 나라를 세워 지금에 이르기까지 22대 동안 단지 방언으로만 왕의 호칭을 일컫고 존귀한 칭호를 바로잡지 못했습니다. 이제 여러 신하들이 한 뜻으로 삼가 '신라 국왕'이라는 칭호를 올리나이다."

성골과 진골

신라는 혈연에 따라 사회적 제약이 가해지는 골품제도가 있었다. 골품은 신라 사회에서 개인의 사회활동과 정치활동의 범위까지 엄격히 제한하였다. 관등 승진의 상한선이 골품에 따라 정해졌다.

성골(聖骨)은 부모가 모두 왕족인 사람이다. 박, 석, 김씨 계열이 순수한 왕족인 성골이다.

진골(眞骨)은 부모 가운데 한쪽은 왕족이 아닌 사람이다. 한쪽은 왕족의 피가 섞이지 않았다는 것인데, 삼국통일의 길을 열어놓은 제29대 태종무열왕 이후의 왕들이 이에 속한다.

● 서라벌 전경
신라의 수도 서라벌의 디오라마 작품으로 당시 도시의 규모를 짐작할 수 있다.

역사적 구분

일반적으로 신라의 역사를 구분할 때는 《삼국사기》의 구분을 따른다. 신라 왕실의 변화에 따라 상대, 중대,하대로 나누었기 때문이다. 참고로 《삼국유사》는 불교와 연관 지어 상고·중고·하고로 신라 역사를 구분하였다.

한편으로는 신라사를 5기로 구분하기도 한다. 제17대 내물왕 이전을 제1기, 내물왕부터 제22대 지증왕까지(356년~514년)를 제2기, 제23대 법흥왕부터 제28대 진덕여왕까지(514년~654년)를 제3기, 제29대 태종무열왕부터 제36대 혜공왕까지(654년~780년)를 제4기, 제37대 선덕왕부터 마지막 제56대 경순왕까지(780년 ~935년)를 제5기로 보는 견해이다. 대체로 《삼국사기》의 구분을 따른다.

《삼국사기》의 구분

◈ 상대(上代)

제1대 시조 박혁거세 ~ 제28대 진덕여왕 때까지. 기원전 57년 ~ 기원후 654년, 28대 왕이 통치한 771년간이다. 이 시기는 성골이 왕위를 독점하던 때였다. 실제 골품 제도가 성립되고 성골 왕실이 확립된 것은 상당한 세월이 지난 뒤였다. 원시 부족국가·씨족국가를 거쳐 고대국가로 발전하여 골품 제도가 확립되는 단계이다.

● 박혁거세(국학원 역사문화공원 소재)
나정의 우물에서 백마가 품고 있는 알에서 태어난 박혁거세는 6부 촌의 촌장들로 하여금 왕으로 추대된다.

◈ 중대(中代)

제29대 태종무열왕 ~ 제36대 혜공왕 때까지. 654년 ~ 780년, 8대 왕이 다스린 127년간이다. 이때는 성골 왕통이 끝나고 진골의 태종무열왕 김춘추에서부터 그의 직계 후손이 왕위를 이어간 100여 년 동안을 말한다. 삼국을 통일하고 전제 왕권이 확립되면서 전쟁 없는 평화 시대가 이어지면서 찬란한 문화의 황금기를 이루었다. 여러 국가들과 교역한 시대였다.

◈ 하대(下代)

제37대 선덕왕 ~ 제56대 경순왕 때까지. 780년 ~ 935년, 20대 왕이 다스린 156년간이다. 무열왕계 왕실이 끊어지고 내물왕 계통의 진골 왕실이 성립된 시기이다. 왕위 계승권을 둘러싼 내부의 분열이 계속되고, 골품 제도가 붕괴되었다. 귀족들이 족당을 형성하여 권력 다툼을 벌이고 지방의 호족과 해상 세력이 등장하면서 나라가 몹시 흔들리고 후삼국으로 이어지면서 혼란이 커져 멸망으로 치닫던 시기이다.

영토의 확장

제24대 진흥왕 때에 활발한 정복 활동을 전개하면서 삼국 간의 다툼이 심해졌다. 백제와 나·제 동맹을 맺고 한강 상류 유역을 공격하여 영토를 확장하였다.

● 신라 왕의 호칭
지증 마립간 4년 503년에 국호를 신라로 부르고 왕으로 호칭을 쓰기 시작했다.

신라는 고구려의 지배 아래에 있던 한강 유역을 빼앗고 함경도 지역으로까지 진출하였으며, 남쪽으로는 대가야를 정복하여 낙동강 서쪽을 장악하였다.

진흥황은 백제를 억누르고 고구려의 남진 세력을 막았다. 인천항에서 수·당나라와 직접 연맹 관계를 맺었다.

진흥왕은 지금의 한강 유역과 동북 해안, 그리고 남쪽의 가야 일대까지 영토를 확장하고 국경 지대를 돌아보면서 순수비를 세웠다. 경남 창녕비·한양 북한산비·함흥 황초령비·함남마운령비 등이 그것이다. 이로써 신라가 삼국 경쟁의 주도권을 장악하게 되는 계기가 마련되었다.

가야는 한반도 남부에 있던 부족국가 연맹체이다. 2 ~ 3세기경에 김해 등지에 있던 금관가야를 중심으로 대가야, 성산가야, 아라가야, 고령가야, 소가야의 5개국이 합쳐져 전기 가야 연맹을 이루었다. 고구려의 공격으로 금관가야가 큰 피해를 입자 5 ~ 6세기경 피해를 거의 입지 않은 대가야를 중심으로 후기 가야 연맹이 생겼다. 가야 연맹도 신라와 백제 틈에서 위협을 받다가 532년 금관가야 등이 신라에 투항하였고, 대가야가 562년 항복하여 가야는 멸망했다.

신라는 5세기 초 백제와 동맹을 맺어 고구려의 간섭을 배제하고자 하였다. 5세기 말 신라는 6촌을 6부의 행정 구역으로 개편하면서 발

● 북한산 진흥왕 순수비
신라 진흥왕은 고구려 지배하에 있던 한강 유역을 차지하고 북한산에 순수비를 세웠다.

전하였다. 지중왕 때에 수도와 지방 행정 구역을
정리하였고, 우산국(울릉도)을 복종시켜 다스렸
다.

법흥왕은 병부를 설치하여 군제를 개혁하고, 율
령 반포, 공복 제정 등을 통하여 통치 질서를 확립
하였고, 골품제도를 정비하였으며, 불교를 공인하
였다. 왕권을 강화하고 건원이라는 연호를 사용함
으로써 자주 국가로서의 위상을 높이고, 김해 지역
의 금관가야를 정복하여 영토를 확장하면서 신라
는 중앙집권 국가 체제를 완비하였다. 백제와는 연
맹 관계를 맺어 백제를 통하여 양(梁)나라와 교역
하였다.

● 기마 인물상 토기
김해 덕산리에서 출토된
가야의 토기로 토기 제
작에 있어서 높은 완성
도를 보여 준다.

화랑도와 세속오계

진흥왕은 국가 발전을 위한 인재를 양성하기 위하여 화랑도를 국
가적인 조직으로 개편하고, 불교
교단을 정비하여 사상적 통합을
도모하였다.

신라 청소년들은 화랑 활동을
통하여 전통적 사회규범을 배우
고 여러 계층이 같은 조직 속에
서 일체감을 갖도록 하여 계층
간의 대립과 갈등을 완화하는 구

● 세속오계 기념석
세속오계의 발원지 경북 청도에 세워진 기념석
이다.

실을 하였다. 화랑도는 유명한 산과 대천을 찾아다니며 제천의식을 행하고 사냥과 전쟁에 관하여 교육받음으로써 협동과 단결 정신을 기르고 몸과 마음을 연마하였다.

화랑은 신라가 정복 활동을 강화하던 진흥왕 때에 국가 차원에서 그 활동을 장려하여 조직이 확대되었다. 화랑도는 세속오계를 근간으로 활동하였다. 이는 신라 제24대 진흥왕 때에 승려 원광이 화랑에게 일러준 다섯 가지 계율로 화랑도는 이를 바탕으로 삼국통일에 이바지하였다.

▶ 세속오계
　사군이충 (事君以忠); 임금을 충성으로 섬기고
　사친이효 (事親以孝); 어버이를 효도로써 섬기며
　교우이신 (交友以信); 벗을 믿음으로써 사귄다.
　임전무퇴 (臨戰無退); 싸움에 임해 절대 물러나지 않고
　살생유택 (殺生有擇); 함부로 살생을 하지 않는다.

● 청도 운문사의 원광법사 벽화 원광법사가 귀산.취항에게 세속오계를 전하는 모습.

선덕여왕의 지혜

선덕여왕이 덕만공주로 있을 소녀 시절의 이야기이다. 아버지가 신라 제26대 진평왕으로 등극하자, 당나라 태종이 붉은빛, 보랏빛, 흰빛의 모란꽃을 그린 그림과 씨앗 3되를 축하 선물로 보내 왔다.

신라 궁궐에서 모두가 기뻐하는데 덕만공주는 그렇지 않았다. 신하들이 궁금하게 여기며 그 까닭을 물었더니, 모란꽃 그림을 보고 "아! 이 꽃에는 향기가 없다."라고 말했다. 신하들은 그 꽃씨를 궁궐의 뜰에 심었다. 이상하게도 그 꽃이 피어서 지기까지 향기를 드러내지 않았다.

선덕여왕은 그 뒤 신라 제27대 여왕으로 등극하여 우리나라 최초의 여왕이 된 인물이다. 여왕이 된 뒤에 신하들이 모란꽃 그림의 예언을 두고 어떻게 그런 사실을 알 수 있었는지에 대해 물어보았다.

그때 선덕여왕은 "모란꽃을 그린 그림에 나비와 벌이 없는 것으로 보아 그 꽃의 향기가 없음을 알았다."고 설명했다.

그리고 선덕여왕은 이렇게 덧붙였다.

"그것은 곧 당나라의 임금이 현재 내가 여자로서 짝이 없이 독신으로 지내는 걸 풍자한 것이다."

이 설명을 듣고 뭇 신하들은 모두 그 예지에 감복했다.

● 선덕여왕 영정(대구 부인사 숭모전 소재)
선덕여왕은 우리 역사 최초로 여왕에 오른 인물이다.

백결의 방아타령

백결 선생은 신라 제20대 자비왕 때의 거문고 명인이었다. 경주 남산 기슭에 살았는데, 집안이 매우 가난했고, 옷을 백 번씩 기워 입어 너덜너덜하였다고 전한다. 이에 사람들이 동네의 백결 선생이라고 불렀다.

일찍이 영계기의 됨됨이를 존경해서 거문고를 추구하며 즐거움, 노여움, 슬픔, 기쁨, 불평을 모두 거문고로 표현했다. 어느 해 연말에 동네 이웃들이 곡식을 방아질하자 그 아내가 절구 소리를 듣고 말하였다.

"남들은 방아를 찧어 설맞이를 하는데 홀로 우리만 없으니, 어찌 해를 넘길꼬?"

백결 선생이 하늘을 우러러 탄식하며 대답하였다.

"죽고 사는 것은 운명에 달린 것이요, 부유하고 가난한 것은 하늘에 달린 것이니, 오는 것을 막을 수 없고 가는 것을 좇을 수 없는 법이라. 너는 어찌 슬퍼하는가. 내 너를 위하여 방아 소리를 만들어 위로하리다." 하고는 거문고를 뜯어 방아 소리를 내었다. 그것이 세상에 전해져서 〈대악〉이라고 한다.

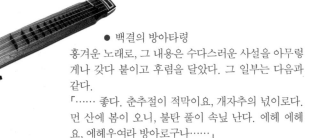

● 백결의 방아타령
흥겨운 노래로, 그 내용은 수다스러운 사설을 아무렇게나 갖다 붙이고 후렴을 달았다. 그 일부는 다음과 같다.
「…… 좋다. 춘추절이 적막이요, 개자추의 넋이로다. 먼 산에 봄이 오니, 불탄 풀이 속닢 난다. 에헤 에헤요, 에헤우여라 방아로구나……」

삼국통일의 꿈

고구려가 수나라와 당나라의 침략을 막아내는 동안 신라는 김춘추가 김유신과 손을 맞잡고 권력을 장악한 후 삼국통일의 꿈을 안고 집권 체제를 강화하였다. 신라는 당나라와 나·당 동맹을 맺어 고구려와 백제의 반격에 대비하였다.

나·당 동맹 이후 백제를 공격하여 의자왕과 지배층의 향락 등으로 정치 질서의 문란이 생겨 국력이 쇠퇴한 백제의 사비성을 함락하였다. 이로써 백제는 멸망하였다. 그 시기 고구려는 잦은 전쟁으로 국력의 소모가 심했고, 연개소문 아들들의 갈등으로 인해 국론이 분열되어 있었다. 고구려는 당나라의 공격으로 668년에 멸망하였다.

당나라는 신라와 연합하여 백제와 고구려를 멸망시키고, 신라를 이용해 한반도를 장악하려는 속셈을 보였다. 신라는 당나라 20만 대군을 매소성에서 격파하고, 금강 하구의 기벌포에서 당나라 수군을 섬멸하여 당나라의 세력을 한반도에서 완전히 몰아냈다. 옛 고구려의 영토인 대동강 이북과 만주 일대를 차지하지 못하였으나, 한반도를 통일하였다. 전국을 9주 5소경으로 개편하여 중앙집권 체제를 확립하였다.

● 김유신 영정(충북 진천 길상사 흥무전 소재)
금관가야 출신의 김유신은 신라의 삼국통일에 중추적인 역할을 하였다.

신라가 한반도를 통일한 뒤에 북쪽 지역에서는 발해가 건국하여 한반도와 고구려 영토인 만주에 두 나라가 있었다. 신라의 삼국통일이라는 용어는 오직 신라만을 인정, 발해를 없는 것으로 본 것이므로 잘못되었다는 반성이 학계에 일어났다. 이는 신라를 중심으로 기술한 《삼국사기》의 영향이 크며, 중국의 발해 공격과 일제 식민주의 사학에 의해 강하게 뿌리내려진 탓이다. 따라서 신라의 삼국통일 용어는 잘못된 것이라는 지적이다.

　　그러나 고려 태조는 신라에 대하여 적극적인 우호 정책을 내세워 신라인들을 회유하였다. 실제로 고려 태조는 후백제가 신라를 공격하자 고려군을 파견하여 신라군을 도와 후백제군에 맞서 함께 싸움으로써 신라인들의 신망을 얻었다.

　　제56대 경순왕은 고려와 후백제의 공세에 국가 보위가 사실상 위태로워지자 935년 고려 태조 왕건에게 자진 항복하여 56대 992년 만에 멸망했다.

● 김춘추의 군사회의
삼국통일을 이룬 김춘추(태종무열왕)와 김유신이 군사회의하는 장면의 민족기록화.

왕권을 지켜라

삼국통일 이후 신라는 영토 확장과 함께 인구가 크게 늘어났다. 오랜 전쟁이 끝나고 대외 관계가 안정되어 생산력이 증대되었다.

태종무열왕은 최초의 진골 출신의 왕으로 통일 전쟁을 시작하는 과정에서 왕권을 강화하였다. 이때부터 태종무열왕의 직계 자손만이 왕위에 올랐다.

제31대 신문왕 때에는 김흠돌의 모역 사건을 계기로 귀족 세력들에 대한 숙청이 이루어졌다. 그 뒤 왕명을 받들고 기밀 사무를 관장하는 시중의 기능을 강화하고, 화백회의를 주도하여 귀족 세력의 이익을 대변하던 상대등의 세력을 억제하였다.

녹읍을 폐지하고 관료전을 지급하여 진골 귀족 세력을 약화시켰다. 5묘제를 설치하여, 태종무열왕계의 정통성을 강화하였다. 지방제도인 9주 5소경 제도를 확립하였다.

중앙 귀족들 사이에 권력 투쟁이 치열해지고, 지방에 대한 통제력이 약화되면서 지방에서는 군사력과 경제력, 새로운 사상을 갖춘 호족 세력이 성장

● 태종무열왕의 영정과 태종무열왕비
신라 최초의 진골 출신의 신라 제29대 왕으로 오른 인물. 그는 당나라와 연합하여 백제를 멸망시키고 삼국통일의 기반을 다졌다.

하였다. 경제력과 군사력을 확보한 귀족들은 왕위 쟁탈전을 벌였다. 왕권이 약화되고 귀족 연합적인 정치가 운영되었으며, 시중보다 상대등의 권력이 더 커졌다. 왕족과 귀족의 사치와 향락으로 국가 재정이 바닥나면서 백성들에 대한 강압이 뒤따랐고, 살기가 어려워진 백성들은 토지를 잃고 노비나 도적이 되기도 하였다. 중앙 정부에 대한 불만이 높아지고 지방에서 반란이 잦아졌다.

제46대 문성왕 이후 당나라, 일본과 교역이 활발해졌다. 중국 산둥반도와 장쑤성에 신라방(新羅坊)이 생기고, 이를 관할하기 위한 신라소라는 행정 기관이 설치되었고, 신라원이라는 사원이 세워졌다. 특히 장보고가 문등현 적산촌에 세운 법화원이 가장 유명한 곳이었다. 민간 무역이 성행하고 당의 통제권이 약화되면서 해적의 출몰이 잦았다. 해상 무역을 보호하기 위해 전남 완도에 청해진을, 경기도 남양에 당성진을, 강화에 혈구진을 설치하였다.

● 해상왕 장보고와 청해진
통일신라 흥덕왕 때의 장군 장보고는 해상권을 장악하고 중국, 일본과 무역을 원활히 하기 위해 지금의 강진군 (완도)에 청해진의 해군기지를 건설하여 신라의 위상을 높였다.

그 가운데 828년 제42대 홍덕왕 3년에 장보고가 설치한 청해진이 가장 대표적이었다. 장보고는 해적 출몰의 방비는 물론 국제 무역을 하여 황해의 왕자가 되었고, 중앙의 정치에도 관여하였다.

호국불교의 염원

신라는 통일신라 이후 사회의 안정과 번영을 토대로 하여 삼국의 높은 문화유산을 집대성한 불교문화에 특징이 있다. 왕명이 불교식으로 바뀌었다. 법홍왕이나 진성여왕 등이 모두 불교식 이름이다. 신라의 지배적인 사상이 된 불교는 지배층의 적극적 장려로 더욱 융성 발전하였다.

경주에는 사천왕사·불국사·봉덕사 등 대사찰을 세웠고, 지방에는 부석사·통도사·화엄사·범어사·법주사 등의 대사찰이 들어섰다.

불교의 융성에 따라 학덕이 높은 승려가 많이 나왔다.

자장, 의상, 원효, 혜초, 설총 등이 그 대표적이다. 혜초는 인도의 불교 사적을 순례한 후 《왕오천축국전》을 지어 인도와 서역 여러 나라의 상태를 알려주었다. 원효는 여러 종파의 대립 상쟁을 높은 차원에서 조화통일과 불교의 대중화에 노력하였다.

제31대 신문왕 2년(682년) 국학을 설립하고, 제38대 원성왕 4년(788년) 독서삼품과 제도가 실시되었다. 종래의 골품제를 지양하고 학벌 본위의 관료 체제를 확립하려는 것이었다.

▶ 원효대사 영정

▼ 왕오천축국전

● 혜초의 왕오천축국전
통일신라 시대의 승려 혜초가 인도의 불교 성지를
순례하면서 보고 들은 인도 문물의 이야기를 담은 여
행기이다.

▲ 혜초의 부조

● 처용과 처용가
신라 설화에 나오는 기인으로 용왕의 아들이었다고
하나 신라에 거주한 아라비아 사람으로 여기고 있다.
처용가는 처용이 지었다는 8구체의 향가를 말한다.

유학의 보급에 따라 당나라 유학생이 증가되고, 강수·설총·김대문 같은 유명한 학자가 배출되어 많은 저술을 남겼다. 자연과학 분야 특히 농업과 천문학 분야에서도 큰 진전을 보여 7세기에는 첨성대가 축조되고, 8세기 이후 수학과 의학이 발달하였다. 신화와 전설이 기록되고, 향가가 더욱 발달하여 풍부한 서정적 내용을 담은 작품이 많이 나왔다.

향가 중에는 종교성을 벗어나 짙은 서정성을 담아 노래하거나,《처용가》처럼 남녀의 성 문제를 해학적으로 읊은 것도 등장하여, 그 내용과 문학성이 더욱 풍부해졌다. 9세기 제51대 진성여왕 때《삼대목》을 집대성하여 신라 한문학의 최고봉을 이루었다.

▼ 외국인을 닮은 신라 무인석

찬란한 문화 유물

경주는 신라 천 년의 문화유산들로 가득 차 있어서 한마디로 자연박물관이다. 신라의 천년 수도였던 경주에는 역사와 문화, 불교와 과학, 기술과 예술이 하나로 조화를 이루어 찬란한 문화를 꽃피워 놓은 지붕 없는 박물관이다.

유네스코 세계문화유산의 보물이 가득한 곳 경주는 신라를 넘어 세계적인 고대 문화 역사 도시이다.

신라 건축 미술품 가운데 뛰어난 제작 기술과 고상한 미적 감각으로 경탄을 자아내는 최고 걸작은 불국사와 석굴암이다. 불국사 경내의 청운교와 백운교, 연화교와 칠보교, 삼층 석탑, 다보탑, 사리탑, 석조, 해탈교 등이 살아 숨쉬는 예술품들이다.

　신라 천 년의 숨결이 흐르는 석굴암의 본존불, 조각상, 석굴암 석탑은 돌을 비단으로 바꿔 놓은 걸작품이다. 거대한 천마총, 첨성대, 분황사, 성덕대왕 신종 등 진귀한 예술품들이 즐비하다. 그래서 경주는 살아 있는 신화의 땅, 고대 문화의 성지로 불린다.

　석굴암은 김대성이 8세기 후반에 축조한 것으로, 신라 예술의 극치를 나타냈다.

● 신라의 보고 서라벌(경주)
천 년 왕국 신라의 수도 경주는 도시 자체가 박물관이자 유네스코세계문화유산으로 지정되어 있다.

◀ 첨성대　　　　　　　　　▼ 석굴암

불국사는 김대성의 원찰로 처음 지어졌는데, 그 목조 건물들은 임진왜란 때 불타고 17세기 중엽과 근래에 각각 복원하였다. 석가탑, 다보탑은 대표적인 신라 탑이다.

아사달과 아사녀의 애달픈 사연이 깃들어 있는 영지도 일품이다.

▶ 다보탑

▼ 석가탑

▼ 불국사

최치원의 등장

최치원이 신라에 나타났다. 그는 13세 때 당나라에 유학하여 소년의 몸으로 당나라 과거시험인 빈공과에 합격하고 당나라 관리가 되었다.

879년 황소의 난이 일어나자 종사관으로 서기의 책임을 맡고《토황소 격문》이라는 명문장을 지었다. 황소가 그 글을 읽다가 상 앞으로 엎어지는 것도 모르면서 문장에 푹 빠져 감동하였다.

최치원은 그런 모습을 본 뒤에 신라로 돌아왔다. 당나라에서 884년 음력 10월 귀국한 그는 다음해 시독 겸 한림학사, 수병부시랑, 지서서감이 되었으나 이미 기울어진 신라의 문란한 국정을 통탄하고 지방 태수로 나갔다.

최치원은 894년 진성여왕에게 시무 10여 조를 상소해서 아찬이 되었다. 그러나 귀족들의 거센 반발로 관직을 내놓고 어지러운 세상을 비관, 각지를 유랑하다가 가야산 해인사에서 여생을 마쳤다. 이와 함께 신라의 국운도 종말을 고했다. 《계원필경》과 화랑도를 해설해 주는 명문장《난랑비서문》등을 남겼다.

▼ 최치원 영정　　● 최치원 동상
부산 해운대 소재. 최치원의 자가 해운(海雲)으로 해운대 지명의 유래가 되었다.

읽고 바로 써먹는

쓸모 있는 한국사

후삼국과 발해

● 경순왕릉

경순왕은 선왕인 경애왕이 포석정에서 놀다 견훤의 습격을 받아 시해된 후 견훤에 의해 왕위에 올랐다. 그는 신라의 마지막 왕으로 경기도 연천에 능이 있다.

● 경순왕 영정

비운의 원통함 때문인지 무속에서 그의 초상을 많이 다루고 있다.

■ 후삼국

양길의 봉기

891년 10월, 북원의 도적 우두머리 양길이 봉기하였다. 그때 궁예는 죽주의 세력이 기훤에게 부하가 되겠다고 부탁했지만 멸시를 당한 뒤 양길의 수하가 되었다. 궁예를 얻은 양길은 그의 부하 궁예를 보내 100여 명의 기병을 이끌고 북원의 동쪽 마을 및 명주 관내 주천 등 10여 군현을 습격하였다.

신라 말기 왕과 귀족이 사치스러운 생활을 하고, 내부 분열이 일어나고 지방의 호족 세력이 성장하였다. 지방에서 세력을 떨친 견훤이 900년 후백제를, 901년 궁예가 태봉을 세웠다. 이에 따라 신라는 그 지배권이 축소되면서 후고구려와 후백제가 대립하는 후삼국시대가 전개되었다.

견훤의 등장

신라 땅인 경북 문경 출신의 장군으로 완산에서 세력을 떨치던 견훤이 스스로 후백제를 세우고 무주 동남쪽의 군과 현을 정복하고, 서라벌 서남쪽 주현으로 진격하며 의자왕의 원수를 갚겠다고 나섰다.

그를 따르는 무리가 한 달 반 사이에 무려 5,000여 명에 이르렀다.

견훤은 900년 완산주(전주)에서 스스로 백제왕을 자칭하고, 연호를 정개라고 정하였다. 나라 이

● 견훤성
후백제의 창건자 견훤이 강원 원주시 문막읍에 쌓은 성.

름을 백제라 칭하고 936년까지 다스렸다. 견훤이 세운 백제는 역사
가 짧고 본래의 백제와 연관성이 비교적 적다. 역사학계는 이를 후백
제라고 부른다.

궁예의 세력

궁예는 기훤의 부하가 되었다가 멸시를 받자 빠져나와 892년에 북
원의 양길의 부하가 되었다. 궁예는 주천, 내성, 어진 등을 공략하고
강릉 지역까지 수중에 넣었다.

궁예의 세력이 급성장하자 예성강 이북 지역의 호족들이 차례로
궁예에게 자진 투항하였다. 양길의 존재가 더는 필요하지 않게 된 궁
예는 양길과 결별하고 독립을 선언했다.

896년 7월, 송악의 호족 왕륭의 투항을 받은 궁예는 왕륭의 아들
왕건을 철원군 태수로 임명하였다. 소백산맥 이북의 한강 유역 전역
을 수중에 넣은 궁예는 공이 많은 왕건에게 신라의 최고 관직인 아찬
벼슬을 주었다. 이로써 경기 북부 지역과 서해안 일대를 손아귀에 넣
고, 충주지역 일대까지 병합하였다.

900년 10월 국원, 청주, 괴양의 도적 우두머리
청길과 신훤 등이 궁예에게 항복하였다. 궁예는
901년 후고구려를 건국하였다. 궁예는 고구려
계통의 호족들을 견제하기 위해 청주 호족들을

● 궁예의 태봉국
후고구려를 세우고 후에 태봉으로 개명하였다. 관제를 정
비하고 강원, 경기, 황해를 점령하고 남서해 해상권도 장악
하여 후삼국 중 세력을 떨쳤으나 전제군주로서 횡포가 심해
신숭겸 등이 모반하여 도망가다 피살된다.

이용하는 등 여러 왕권 강화 정책을 폈다. 왕권에 조금이라도 도전할 낌새가 보이는 자는 가차 없이 처단해 버렸다. 그 때문에 신하들이 반발하고 장군들마저 떠나 드디어 멸망하고 말았다. 이로써 왕건은 후삼국을 통일하여 한반도는 고려와 발해의 두 강대국 시대가 되었다.

● 후삼국의 판도

후삼국시대는 앞서 고구려, 백제, 신라가 양립하던 시기를 삼국 시대라고 칭하고 있으므로, 삼국 시대와 구분하기 위해 이 시기를 후삼국이라고 부른다. 9세기 후반 신라에서는 국가 기강이 해이해지면서 중앙 귀족들 간의 권력 투쟁이 치열해지고, 중앙 정부의 지방에 대한 통제력이 약화되면서 지방에서 군사력과 경제력 그리고 새로운 사상을 갖춘 호족 세력이 성장하였다.

892년 완산(完山)의 세력가 견훤이 그 주에 근거하여 스스로 후백제라 칭하였고, 양길의 부하로 있던 궁예는 독자적인 힘을 길러 임진강을 따라 북상하여 후고구려를 세웠다.

한반도 북쪽에는 고구려의 유민인 대조영이 발해를 세워 진정한 고구려의 후예를 자처했다. 후삼국의 패권은 궁예와 견훤의 숨막히는 쟁탈 속에 송도의 왕건에게 승리로 돌아간다.

발해
고구려 유민 대조영이 세웠다.

태봉
궁예가 세웠다.

후백제
견훤이 세웠다.

신라
경순왕
마지막 신라 왕

■ 발해

대조영의 등장

고구려 장군인 대조영은 고구려의 뒤를 이어 발해를 건국하였다. 고구려의 정신을 계승하여 한반도 북부와 만주 남부와 동부, 연해주에 걸친 드넓은 지역을 영토로 다스렸다.

696년 거란족의 반란이 영주에서 일어나 당나라와 싸웠다. 고구려 장수인 걸걸중상과 그의 아들 대조영은 이 틈을 노려 고구려 유민과 말갈 세력을 규합한 뒤 영주에서 탈출하였다. 대조영은 이해고가 이끄는 당나라 군대와 천문령 전투에서 맞서 싸운 뒤 승리를 거두고 698년 동모산 기슭에 발해를 세웠다. 대조영은 기세 좋게 고구려의 기상을 큰 소리로 외쳤다.

"나는 고구려의 후손이다. 고구려가 나·당 연합군에게 망한 뒤 이 넓은 땅은 우리 눈에서 멀어지고 있는 것 같다. 이는 매우 안타까운 노릇이다. 이에 나는 고구려의 희망에 넘치던 대제국의 모습을 다시 찾고 그 정신을 계승하고자 이 땅에서 일어나게 되었노라!"

고구려의 정신으로

대조영은 처음 나라 이름을 진닝라고 하였다. 북쪽 지방의 돌궐까지도 포섭하고 서쪽의 랴오허강까지 영토를 넓힌 뒤 국호를 발해라고 고치고 이름도 고왕이

● 발해 석등
이 석등은 옛 발해의 영역이었던 중국 흑룡강성 지역에 남아 있다.

라고 하였다. 발해가 고구려의 옛 땅을 거의 대부분 차지하자 당나라는 할 수 없이 대조영을 '발해의 왕'으로 승인하여 주었다. 이때가 신라 제33대 성덕왕 때인 713년이었다.

발해는 이처럼 그 나라의 이름과 영토, 그리고 백성들까지도 옛날 고구려와 별반 다르지 않았다. 고구려의 정신을 계승하고 명예를 되찾겠다는 대조영의 생각은 조금도 변함이 없었다. 일본에도 외교 사절을 파견하고 그 외교 문서에도 고구려를 뜻하는 '고려의 왕'이라고 명기하여 발해는 옛날 부여나 고구려의 뒤를 이은 나라라는 것을 분명히 밝혔다.

놀라운 힘

제2대 무왕은 연호를 인안으로 정하고 강력한 대외 정책으로 국토를 넓히는 데 주력하였다. 무왕은 북부여를 계승한 두막루를 병합하고 흑수말갈을 압박하였다.

무왕은 장문휴로 하여금 당나라 등주를 공격하면서 당나라와 대항하였다.

제3대 문왕은 연호를 대흥으로 바꾸었다. 문왕은 영토 확장보다는 주로 내치와 외교에 주력하였다.

문왕은 발해의 수도를 중경 현덕부, 상경 용천부, 동경 용원부 순으로 옮기며 경제적, 외교적

● 글씨가 있는 불비상
아미타불을 중심으로 아래에는 함화 4년이라는 글씨와 인왕상이 각각 새겨져 있다. 이를 통해 발해에서는 '함화'라는 독자적인 연호를 사용하였음을 알 수 있다.

이익을 얻는 데 주력하였다. 발해는 일본과의 외교 관계와 교역을 도모하고, 당나라에도 사신을 수시로 파견하여 친당외교를 폈다. 그러나 신라와는 교류가 거의 없었다.

눈부신 발전

발해는 고구려 문화를 바탕으로 불교문화와 당나라 문화를 수용한 문화 국가였다. 발해의 귀족이었던 열만화는 발해의 유민들을 모아 압록강 부근에 정안국을 건국하였고, 제2대 오현명은 거란에 대한 저항을 계속하였다.

발해는 한반도 남쪽의 통일신라와는 사이가 별로 좋지 않았다. 예전의 고구려보다도 오히려 더 사이가 나빴다. 그런 사례는 8세기 초의 기록에 신라가 당나라의 지원을 받아 고구려와 백제를 멸망시키고 삼국을 통일한 것을 매우 못마땅하게 여기는 듯한 기록을 남겼다는 것이다.

반대로 통일신라에서는 북쪽의 말갈이 옛날의 고구려를 편들어 신라를 자주 침략했던 것을 못마땅하게 여겼다. 발해는 옛날 고구려처럼 한반도 남쪽으로 내려와 대동강 부근까지 차지하고 통일 신라를 위협하고 있었기 때문이다. 그런 연유로 신라는 제33대 성덕왕 20년인 721년에 함경남도 영흥군에 장성을 쌓았다.

제15대 대인선 때인 926년 거란의 2차 침공을 받았다. 이로써 발해는 15명의 왕이 220년간 통치한 역사를 남긴 채 사라졌다.

● 용머리 석상
이 석상은 옛 발해의 영역이었던 중국 흑룡강성 지역에 남아 있다.

해동성국

발해는 지리적으로 고구려의 옛 터전에서 나라를 세웠기 때문에 왕의 직함에서도 끝에 왕자를 붙였다. 대조영 자신을 고왕이라고 하고 그 뒤에도 문왕, 무왕, 선왕, 애왕 등 모두가 끝에는 왕이라는 글자를 사용하였다. 이런 일들은 문화와 풍습과 제도가 옛날과 마찬가지였다는 것을 의미한다.

발해는 전국을 경, 부, 주로 나누어 다스렸다. 경은 작은 서울이라는 의미로 직할 도시의 성격이고, 부는 우리나라의 지방 각 도 명칭과 같다.

여러 왕들이 단명하다가 제10대 선왕 때 영토를 넓히고 내치를 충실히 하여 발해 역사상 중흥의 시대를 맞았다. 이때 전국이 5경 15부 62주의 행정 구역을 갖추어, 해동성국이라고 불릴 정도로 나라가 번창하였다. 군사 제도도 정비하여 남자는 누구나 군인이 되도록 했다. 그래서 10만 명의 군사를 확보해 놓았다.

● 정효공주 벽화
이 고분은 발해의 제3대 왕인 문왕의 딸인 정효공주의 석관묘이다. 고구려 수산리 벽화 무덤 등 고구려 벽화에서 발휘된 전통적인 화법을 계승, 발전시킨 것이다. 무덤 안에는 12인의 인물이 채색되어 있다.

외교와 학문

발해도 삼국시대와 마찬가지로 불교와 유학이 크게 성행하였다. 정서 등 여러 승려들이 당나라에 유학하였고 많은 절들을 세웠다. 청소년들을 가르치는 주자감을 설치하고 유학을 장려하였다. 서적을 보관하는 문적원도 세웠다.

발해의 서울인 상경 용천부에서는 꽃잎을 새긴 기와 등이 출토되었다. 더구나 뚱징청에는 거대한 성터, 대궐터, 절터 등이 남아 있다. 궁궐은 온돌방 구조로 오늘날과 같은 난방 시설을 갖추었던 것으로 보이는 흔적이 발견되었다. 불상은 흙으로 빚어 구워 만든 것이 출토되었다. 두만강 근처의 훈춘에서도 성터, 궁궐터, 절터가 발견되고 돌로 만든 불상도 나왔다.

● 발해 영광탑
높이 13m의 전탑으로 우리나라에서 드문 벽돌로 쌓은 모전 석탑이다.

▲ 연꽃 무늬 수막새

▶ 발해 왕궁의 성곽

읽고 바로 써먹는

쓸모 있는 한국사

고려

● 왕건 청동상
머리에 쓰고 있는 통천관은 황제를 나타내기 위한 관으로 고려
초기 자주적인 기운을 느끼게 하는 유물이다.

■ 용의 후손

왕건의 등장

궁예가 축출되고 왕건(王建)이 새로운 왕조의 왕으로 추대되었다.
왕건은 즉위와 함께 국호를 고려(高麗), 연호를 천수라 하고 송악에
천도하니, 이것이 뒷날 후삼국을 통일한 고려의 건국이었다.

왕건은 개성 근처 예성강 부근에서 태어났다. 어려서부터 담력이
뛰어나고 재주가 비상하여 용의 후손이라는 말을 들었다.

4태사의 건의와 도움으로 임금에 오른 태조 왕건은 후 백제와 휴
전을 모색하기도 하였다. 그러나 낙동강 서부 일대에서 쉴 새 없는
전쟁이 벌어졌다.

신라는 이미 통제력을 완전히 상실하여 호족들이 독자적으로 고려
나 후백제와 통하고 있었다. 고려와 후백제는 공산(현재 대구)과 고
창(현 안동)에서 큰 전투를 치렀는데, 공산은 왕건의 대패, 고창은 견
훤의 대패로 끝났다.

그 뒤 후백제는 왕위 계승 문제로 혼란을 겪었다. 견훤이 아들 신
겸 등에 의해 금산사로 유폐되는 사건이 발생하면서 서서
히 무너져 내리기 시작했다.

건국 전야

왕건의 등장에는 이른바 4태사라는 요인들이 있었
다. 배현경, 신숭겸, 복지겸, 홍유가 그 주인공이
다. 이들 4태사들은 고려 건국을 선포하기 전날 밤

● 금산사
견훤이 아들 신검에 의해 위리안
치 된 곳이다

왕건의 집에 모여 궁예로서는 더 희망이 없으니 새 나라를 세워야 한다는 모사를 논의하였다. 이들은 왕건 휘하에서 궁예의 밑에 있었으나 궁예의 횡포가 날로 심해지자, 왕건에게 거사를 강력하게 건의하여 왕건이 받아들인 것이라고 역사는 전한다.

태조 왕건은 명목만 유지하던 신라 경순왕의 자진 항복을 받은 뒤 신라의 전통과 권위의 계승자로서 지위를 부여하고, 경순왕을 경주의 사심관에 임명하는 등 신라의 지배층을 흡수 회유하였다. 그런 뒤에 견훤을 앞세워 후백제까지도 멸망시켰다.

새로운 통일 왕조를 세우는 데 성공한 태조 왕건은 고구려의 계승자임을 자처하고 북진정책을 내세워 발해의 유민을 받아들이고 거란을 경계하였다.

고구려의 옛 국토 수복과 신세력의 육성을 도모하여 서경(평양) 개척에 노력하였다. 유금필로 하여금 동북 지방을 수복하게 하여 영토를 넓혔다. 《정계》, 《계백료서》를 저술하고 특히 《훈요십조》를 남겨 후세에 정치의 귀감으로 삼게 하는 등 개혁에 힘썼다.

926년 발해가 거란족에게 멸망한 이후 많은 사람들이 고려로 넘어

왔다. 왕건은 법률을 체계적으로 정리하고, 과거제도를 도입하여 관리를 등용하고 불교를 국교로 삼았다.

993년부터 1019년 사이에 거란과 전쟁을 벌여 거란을 물리쳤다. 그 뒤 1238년 몽골이 침입하면서 30

● 신숭겸 장군상
궁예를 폐하고 왕건을 추대하여 고려 개국의 대업을 이루고 공산에서 견훤의 군대에게 태조가 포위되자 그를 구하고 전사한 고려의 개국 공신.

년에 가까운 전쟁 끝에 평화조약을 맺었다. 그로부터 제31대 공민왕의 자주개혁이 있기 전까지 원나라의 간섭을 받았다. 이 시기에 성리학을 받아들였다.

후삼국 통일

왕건은 송악을 개경(현재의 개성)이라 하고 수도로 삼았다. 고려는 후백제와의 공방 중에 신라를 먼저 흡수한 뒤, 후백제까지 멸망시켜 후삼국을 통일하였다. 멸망한 발해 유민을 받아들여 신라보다 더 포괄적인 의미의 삼국통일을 이루었다. 제4대 광종은 노비안검법과 과거제도를 시행하고 공신과 호족 세력을 제거하여 왕권을 강화하였다. 제5대 경종 때는 전시과 제도를 실시하였고, 제6대 성종은 지배체제를 정비하여 나라의 기틀을 세웠다.

● 만월대 복원도
만월대는 고려의 왕궁으로 개성에 있으며, 지금은 왕궁 터와 땅 속에 모습을 드러낸 용의 머리 석상이 있다.

불교를 국교로

왕건은 개경과 서경에 학교를 세우고 삼국시대부터 발달해 전해 오는 유학을 계승 발전시키는 한편, 국가 시책에는 불교와 풍수지리에 많이 의존했다.

태조는 불교에 대해 남다른 생각을 가지고 있었다.

"고려가 발전하려면 부처의 도움을 받아야 한다."

그렇게 강조하고 개경에 많은 절을 짓게 하였다. 이때 개경에 법왕사·왕륜사·흥국사·개국사, 해주에 송산사, 논산에 개태사 등 20여 개 절이 세워졌다. 태조가 강원도 철원에서 개경으로 도읍을 옮겨 정한 것도 그렇게 하면 국가가 융성하고 발전한다는 도선 스님의 풍수지리설에 따른 것이라고 전한다.

제11대 문종의 넷째 아들 대각국사 의천은 송나라에 가서 불교의 깊은 경지를 터득하고 돌아와 교장도감을 설치하고 동양의 불교문화를 집대성하는 등 문화적 업적을 남겼다.

이때 여진족의 침략을 받기도 하였으나, 이들을 복종시켰다. 여진족은 점차 강성해지면서 12세기 초부터 고려사회에 커다란 영향을 미치기 시작했다.

거란과 대결

고려는 993년, 1010년, 1018년 세 차례에 걸쳐 거란의 침공을 받았으나 모두 물리쳤다. 10세기 초에 요나라를 세운 거란족은 송나라를 공격하기

● 개성 만월대의 왕건 영정
고려를 세운 태조 왕건은 불교를 숭상하며 국교로 삼았다.

에 앞서, 송나라를 외교적 군사적으로 고립시키기 위해 발해 유민이 세운 정안국을 토벌하고 고려와의 관계를 개선하려 하였다. 고려에서는 이를 받아들이지 않고 오히려 북진정책을 강력하게 추진하여 고려와 거란 사이에는 수차례 외교적 충돌이 있었다.

처음 거란은 993년 6만 명의 군사로 고려를 침공했다. 고려의 영토가 된 고구려의 옛 땅을 내놓으라고 요구하는 것과 함께 송나라와의 교류를 끊고 자신들과 교류할 것을 요구했다. 그러나 고려는 이를 거절하고 안융진에서 거란의 공격을 저지하고, 서희가 협상에 나섰다. 이때 거란으로부터 고려가 고구려의 후계자임을 인정받았다.

거란은 고구려의 옛 땅인 압록강 동쪽의 강동 6주를 영토로 인정해 주고, 고려는 거란과 교류할 것을 약속하였다.

거란이 군대를 거둔 뒤 고려는 송나라와 친선 관계를 계속 유지하면서 거란과는 교류하려고 하지 않았다. 그러자 거란은 강조의 정변을 빌미로 삼아 강동 6주를 넘겨줄 것을 다시 요구하였다.

● 서희의 외교 담판
거란의 1차 침입 때 고려의 장수 서희는 거란 장수 소손녕과의 회담에서 당당하고 조리있는 변론으로 거란의 군사를 돌리고 강동 6주를 개척할 수 있게 되었다.

▶ 외교 담판을 벌이는 서희와 영정

강감찬의 귀주대첩

거란 성종은 1010년 직접 40만 대군을 이끌고 다시 고려를 침공했다. 이에 강조가 직접 거란군을 격파하였으나 통주에서는 대패하면서 개경이 일시 함락되는 난관을 겪었다. 양규가 이끄는 고려군이 거란군을 곳곳에서 크게 무찔렀다. 거란은 퇴로가 차단될 위기에 몰리자 고려와 강화를 자청하고 겨우 물러갔다.

고려는 전쟁이 끝난 뒤에 국방을 강화하는 데 더욱 노력하였다. 강감찬의 주장으로 개경에 나성을 쌓아 도성 수비를 강화하였고, 북쪽 국경 일대에 천리장성을 쌓아 거란을 포함한 외세의 침입을 막는 방어선으로 삼았다.

태조 왕건은 고려를 건국할 때부터 거란과는 거리를 두었다. 고구려를 계승한 발해를 거란이 멸망시켰고, 고구려를 계승한다는 의미에서 고려는 북진정책을 국시로 내걸었기 때문에 국경을 마주한 거란과는 대립할 수밖에 없었다.

거란 입장에서는 이러한 고려의 정책과 더불어 송나라와 고려가 연합할 경우, 고려가 자신들의 뒤를 칠 것을 우려하여 사전에 고려를 완전히 자신들의 속국으로 만들거나 최소한 송나라와 거리를 두게 만들 필요가 있었다. 이런 생각으로 거란은 고려를 3차례 침공하였다.

▶ 귀주대첩 상

993년 1차 침입 때에는 서희가 소손녕이 이끈 거란군을 꺾고 담판을 벌여 강동

6주를 차지하였고, 1010년 2차 침입은 강조의 정변을 구실로 침공해 왔으나 별 소득없이 돌아갔고, 1018년~1019년 3차 침입 때는 강감찬이 귀주대첩을 이루었다. 귀주대첩은 1019년 3월 10일 고려군이 요나라 군대를 귀주에서 물리쳐 승리한 전투이다.

거란과의 세 차례 대결은 이렇다.

요는 거란이 세운 나라이다. 거란의 성종이 1010년 40만 대군으로 침공하자, 고려에서는 항복하자는 의견이 많았으나, 강감찬이 대담하게 거란을 물리쳤다. 그 뒤 거란은 1018년 12월에 10만 대군으로 다시 침공해 왔다. 이때 강감찬은 압록강 유역 흥화진의 삼교천에서 거란군과 맞섰다. 날랜 군사 1만 2,000명을 매복시킨 뒤 쇠가죽으로 삼교천 상류를 막고 거란 군대를 기다렸다. 적군은 강물이 거의 빠진 얕은 곳으로 골라 거의 모두 들어서자 쇠가죽 밧줄을 끊어 막혔던 강물을 쏟아냈다.

▼ 귀주대첩도와 강감찬 영정

● 강감찬의 귀주대첩
거란은 서희와의 담판으로 물러갔으나 송나라와 관계를 끊을 것을 요구하여 10만 대군을 동원하여 고려를 공격해 왔다. 그러나 강감찬은 거란 침략군을 귀주에서 대승을 이끌고 거란을 물리쳤다.

"아악! 물벼락이다."

숨어 있던 고려 군사들은 강물에 휩쓸려 허우적거리는 거란 군대를 집중 공격하여 거의 몰살시켰다.

다음 해 거란 군사들은 개성을 향해 또다시 침공해 왔으나 이번에도 강감찬이 앞장서서 방어하자 승산이 없다고 생각하고 도망쳤다. 날랜 군사들로 하여금 적들을 추격하게 하고 귀주를 지날 무렵 길목을 막고 집중 공격하였다.

거란군은 완전히 참패하고 북으로 달아났다. 고려군은 반령까지 거란군을 추격하며 거의 전멸시켰다. 겨우 1,000여 명만이 살아서 도망쳤다. 이후 다시는 고려를 공격하지 못했다. 이를 귀주대첩이라고 한다.

윤관의 여진 정벌

고려는 두만강 연안의 여진족을 경제적으로 도와주면서 회유 및 동화 정책을 펴서 이들을 포섭해 나갔다.

그러나 12세기 초 만주 하얼빈 지방에서 일어난 여진 완옌부의 추장이 다른 여진 부족들을 통합하면서 정주까지 남하하여 고려와 충돌을 빚게 되었다.

여진족과의 1차 충돌에서 패전한 고려는 기병 중심의 여진족을 보병만으로 상대하기 어렵다는 것을 깨닫고, 윤관의 건의에 따라 기병을 보강한 특

◀ 문숙공 윤관 영정

수 부대를 편성하여 15만 명의 별무반을 갖추고 정벌을 준비하였다.

1107년 윤관은 별무반을 이끌고 천리장성을 넘어 여진족을 북방으로 쫓아 버리고, 동북 지방 일대에 9성을 쌓아 방비하였다.

그러나 생활 터전을 잃은 여진족의 계속된 침략으로 고려는 9성 수비에 어려움을 겪었다. 고려 조정은 다시금 고려를 침략하지 않고 해

● 강동 6주 경계비를 세우는 윤관

마다 조공을 바치겠다는 여진족의 조건을 수락하고, 1년 만에 9성을 돌려주었다.

고려의 처지에서도 서북쪽의 거란과 대치하는 상황에서 여진족 방어에만 힘쓸 수 없었기 때문에 여진족의 조건을 받아들인 것이다.

그 뒤 1115년 여진족은 힘을 길러 만주 일대를 장악하면서 금나라를 세우고, 고려에 군신 관계를 맺자고 압력을 가해 왔다. 고려는 그들의 사대 요구를 둘러싸고 격심한 정치적 분쟁을 겪었다. 현실적으로 금나라와 무력 충돌을 피하기 어려운 점을 고려하여 금나라의 요구를 받아들이고 신하의 관계를 맺었다.

윤관의 9성

고려 제16대 예종 3년 때인 1108년에 윤관이 특별 정예 부대를 조직하여 함흥에서 여진족을 토벌하고 쌓은 성이다.

함주, 북주, 영주, 길주, 웅주, 동태진, 진양진, 숭녕진, 공험진 등이다. 그러자 여진족은 생활 터전을 잃어버려 고려에 반환을 요구하였다.

고려 조정에서는 갑론을박 끝에 여진족에게 돌려주었다. 그 뒤 여진족은 고려를 침공하지 않고 조공을 바쳤다.

● 문숙공 윤관의 묘 '려충사'.(경기도 파주 소재)

■ 반란의 난국

이자겸의 난

고려는 12세기에 이자겸의 난과 묘청의 서경천도 운동에 휘말렸다. 제17대 인종 초기로부터 제23대 고종 즉위 전후에 이르는 약 90년 동안 정치적·사회적인 면에서 확실히 한 획을 그을 만한 특징을 지녔다.

이때는 고려 전기 이래의 정치조직 자체에 포함된 문신 귀족 전성기 속에서 그들과 다른 사람들의 부패 고리까지 터지면서 그 다툼이 예사롭지 않았다.

그런 흐름은 먼저 개경의 부패한 귀족사회 자체에서 발생하였다. 그 한복판에 이자겸이 있었고, 그 뒤를 이어 서경에서 개혁 정치를 꿈꾸던 묘청 일파의 천도운동이 일어난 것이다.

귀족 세력의 대두는 필연적으로 그들 상호 간의 항쟁을 불러왔다. 그러한 항쟁은 수차에 걸친 반란의 형태를 띠고 나타나게 되었다. 귀족 문화의 극성기라고도 할 수 있는 인종·의종 때에 연달아 반란이 일어났다. 그 반란은 경원 이씨 세력의 절정을 이룬 이자겸이 일으켰다.

11세기 이래 대표적인 문벌 귀족으로 떠오른 경원 이씨 가문은 왕실의 외척이 되어 80여 년간 정권을 휘둘렀다. 경원 이씨는 이자연의 딸이 문종의 황후가 되면서 권력을 장악하기 시작하였고, 이자연의 손자인 이자겸도 제16대 예종과 제17대 인종의 외척이 되어 집권하였다.

특히 이자겸은 예종의 측근 세력을 몰아내고 인종이 왕위에 오를 수 있게 한 일등 공신이다. 그 세력을 발판으로 막강한 권력을 행사하였다. 왕실과 중복된 혼인 관계를 맺은 이자겸은 왕보다 권력이 더 강했고, 재산도 임금보다 더 많았다. 내외의 요직에 일족을 앉히고 반대 세력을 쫓아내면서 권력을 독차지했다.

이자겸의 세력은 대내적으로 문벌 중심의 질서를 유지하고 대외적으로 금나라와 타협하는 정치적 성향을 보였다. 그러나 한편으로는 엄청난 횡포를 부렸다. 인종은 이자겸의 횡포를 증오한 나머지 1126년 김찬, 안보린, 최탁, 오탁 등 측근 세력을 결집하면서, 이자겸이 권력을 독점하는데 제동을 걸기 시작하였다. 그러자 1126년에 이자겸은 반대파를 제거하고 난을 일으켜 권력을 장악하였다. 이자겸은 십팔자(十八子)가 왕이 되리라는 괴상한 말을 믿고, 인종을 폐하고 스스로 왕이 되려는 야심을 품기에 이르렀다.

십팔자(十八子)는 十자 아래 八자를 쓰고 그 아래에 子 글자를 쓴 것을 풀어 놓은 것으로 이를 합하면 이(李)자가 된다. 고로 이씨 성을 가진 사람이 왕이 된다는 은어였다. 이씨는 곧 이자겸을 가리키는 말이었다. 그런 욕심으로 척준경에게 지시하여 군사 행동으로 왕을 가두고 왕의 측근 신하들에게 해를 입혔다. 그러나 이자겸은 그 일당인 척준경과의 불화로 실각되고, 이자겸을 몰아낸 척준경마저도 정지상

● 이자겸과 굴비
고려 16대 예종에게 이자겸은 그의 딸 순덕을 비(妃)로 들여서 그 소생인 인종으로 하여금 왕위를 계승케 하였다. 그리고 인종에게도 3녀와 4녀를 시집보내 중복되는 인척 관계를 맺고 권세를 독차지하고 은근히 왕이 되려는 야심을 품게 된다. 그 뒤 이자겸 일당인 척준경에게 체포되어 영광 법성포로 유배된다. 이자겸은 유배지에서 조기의 맛을 보고 맛이 너무 좋아 임금께 진상하고자 소금에 간하여 말려서 진상함으로써 임금에 대한 충정과 자신의 옳은 뜻을 굴하지 않겠다는 생각으로 굴비(屈非)라 명명한 데서 그 이름이 유래하였다.

의 탄핵으로 제거되니 귀족의 발호는 일단 진압되었다.

이자겸의 난은 중앙 지배층 사이의 분열을 드러냄으로써 문벌 귀족 사회의 붕괴를 촉진하는 계기가 되었다.

묘청의 서경천도설

왕권의 쇠약과 귀족 세력의 강대로 빚어진 이자겸의 난 이후 인종은 실추된 왕권을 회복하고 민생을 안정시키며 국방력을 강화하기 위한 정치개혁을 추진하였다. 이 과정에서 이자겸 일파로 개경 귀족 세력의 제거에 앞장섰던 묘청, 백수한, 정지상 등 지방 출신의 개혁적 관리와 김부식을 중심으로 한 보수적 관리 사이에 대립이 벌어졌다.

묘청 세력은 풍수지리설을 내세워 서경으로 도읍을 옮겨, 보수적인 개경의 문벌 귀족 세력을 누르고 황제의 칭호를 사용하면서 왕권을 강화하고 자주적인 혁신 정치를 시행하려 하였다.

▼ 묘청의 동상

이들은 서경에 천도하여 새 왕궁인 대화궁을 짓고, 금나라를 정벌하자고 주장하였다.

서경은 고려 초부터 북진정책과 관련되고 개경 귀

● 서경성(평양성)과 묘청
서경성은 삼국시대 때, 수나라 군대와 당나라 군대가 몇 번을 포위했지만 성을 함락하는 데 성공하지 못했다. 거란 전쟁 때도 두 번 포위 공격을 받았지만 한 번도 함락되지 않은 철옹성이었다.

▶ 평양성 북문 '현무문'

족 세력을 견제하기 위해서도 중요하게 여기는 곳이다.

　그러나 개경을 세력 기반으로 하며 전통을 존중하는 김부식 등 개경 귀족 세력은 유교적 이념에 충실함으로써 사회 질서를 확립하자고 주장하였다. 이들은 민생 안정을 내세워 금나라와 사대 관계를 맺었다. 이러한 정치개혁과 대외 관계에 대한 의견 대립이 지역 간의 갈등으로까지 크게 번졌다.

　묘청 세력은 서경천도를 통한 정권 장악이 어렵게 되자, 1135년 제17대 인종 13년 서경에서 유참·조광 등과 더불어 대위국을 세워, 연호를 천개로 정하고, 그 군대를 천견충의군이라 칭하면서 난을 일으켰다.

　개성 조정에서는 묘청 반대파의 수장인 김부식에게 서경 정토 명령을 내렸다. 김부식은 출정에 앞서 정지상·백수환 등을 죽이고 북상하여 평양성을 포위했다.

　조광은 정세의 불리함을 깨닫고, 묘청·유참 등의 목을 베어 항복의 뜻을 표했으나 김부식이 거절하자 끝까지 반항하였다.

　1136년 인종 14년 2월 평양성이 함락되어 난은 1년 만에 평정되었다. 이로써 서경 세력의 정권 장악의 꿈은 수포로 돌아갔다.

● 묘청과 김부식

이자겸의 난이 평정되고 새롭게 등장한 묘청은 서경 천도를 주창하며 금과의 사대주의를 배척하였다. 김부식은 묘청과는 반대로 보수적인 방향을 지향하며 금나라와 사대주 관계를 맺었다. 묘청이 난을 일으키자 김부식은 묘청의 반란군을 토벌하는 일에 앞장서서 묘청의 진보파를 숙청하였다. 그리고 역사는 금나라의 후예인 청나라가 조선을 유린하는 정묘호란과 병자호란을 일으켜 굴욕을 당한다.

▶ 김부식의 영정

놀이판 즐긴 의종

1170년 8월 30일, 의종이 문신들과 유흥을 즐기기 위해 보현원으로 행차하게 되었다. 이때 정중부 역시 무신으로 왕을 수행, 보현원까지 따라갔다. 한참을 즐기던 중에 대장군 이소응이 문신 한뇌 등에게 모욕을 당하고 구타당하는 사건이 벌어졌다. 환갑이 다 된 노장군 이소응이 한 젊은 군졸과 씨름을 하다가 졌다. 이를 본 문신 한뇌가 이소응의 뺨을 때리며 욕을 퍼부었다.

"야! 늙은 무인! 대장군으로서 어찌 군졸 놈한테 넘어가느냐? 하는 일 없이 녹만 받아먹는 좀도둑 아닌가!"

한뇌의 말에 문신들이 박장대소를 했다.

"저 이소응의 꼴을 봐라! 태평성대가 계속되니 무신 놈들은 놀고 먹어 비곗살만 쪄서 힘을 못 쓰는구나!"

이를 본 정중부는 달려가 한뇌의 멱살을 잡고 힘차게 한 대 후려쳤다.

"네 이놈! 이소응 장군은 아무리 무관이지만 품계가 3품대장이시다. 너 따위 6품짜리 젊은 놈이 손찌검을 하다니 무엄하도다!"

사태가 심상치 않음을 눈치 챈 왕은 정중부를 달래주었다. 그러나 정중부와 이고, 이의방 등 무신들은 그동안 참고 있던 불만을 터뜨렸다. 이를 계기로 정중부, 이의방, 이고 등 호위 장병들이 문

▼ 고려시대 무신 모습 돌상
(개성 공민왕릉 소재)

● 무신정변과 정중부
문신 귀족 정치에 반발하여 일으킨 정중부의 난은 고려에 무신정권을 태동시켜 무인들로 정권을 이어간다.

신을 무차별 처형하고 벼슬을 맡고 있는 대신들까지 죽였다.

그런 다음 의종을 폐위시켜 거제도로 유배를 보내고, 태자는 진도로 쫓아버리고, 왕의 동생 익양공 호를 제19대 명종으로 옹립하고 정권을 잡았다. 정중부는 무신으로 활동하던 중에 김돈중과 한뇌의 전횡에 분개하여 이의방, 이고 등과 1170년 8월 무신정변을 일으키고 무인정권의 지도자가 된 것이다.

무신들의 다툼

12세기 중반 고려의 지배층 내부에서 문벌 귀족과 측근 세력 간에 정치권력을 둘러싼 대립이 치열해지면서 무신정변이 일어났다.

무신정변을 전후하여 집단적인 도적이 전국에서 벌 떼처럼 일어났다. 이로써 최충헌·최우로 이어지는 강력한 독재 체제의 최씨 무신정권이 수립되었다.

고려는 12세기에 접어들어 지배층 내부에서는 문벌 귀족과 측근 세력 간에 정치권력을 둘러싼 대립이 치열하게 벌어지기 시작하였

다. 더구나 문신들만 우대받는 것에 불만이 많았던 무신들이 한데 뭉쳤다. 그 중심에 정중부, 이의방 등이 있었다.

이들 무신들은 1170년에 정변을 일으켜 다수의 문신들을 죽이고 제18대 의종을 폐하여 거제도로 귀양 보낸 뒤 명종을 제19대 허수아비 임금으로 내세워 정권을 장악하였다. 이를 무신정변이라고 부른다.

◀ 고려 문신의 복장

한쪽에서는 최충헌이 고개를 내밀었다. 이와 함께 무인들의 군웅 시대가 열리고 정중부·이의방·이고·이의민·경대승·최충헌 사이에 세력 암투가 거세게 일어났다. 무신들은 조정의 주요 관직들을 모두 독점하고 부를 늘려 가는데 몰두하고 저마다 사병을 길러 서로 권력을 뺏고 빼앗기는 쟁탈전을 벌었다. 이 때문에 중앙 정부의 통제력은 갈수록 약화되어 갔고 백성들에 대한 수탈은 더욱 심해져 여기저기에서 여러 차례 봉기가 일어났다.

　1196년에 최충헌과 그의 동생 최충수가 이의민을 살해하여 정권을 독점하면서 무인정치의 새로운 양상을 보이기 시작하였다. 최충헌은 최씨 정권을 구축하고 그의 아들 최우에게 그 권력을 이양하면서 더욱 강화하여 무인 정권의 기구가 정비되었다.

　최우는 정방·서방을 설치하고 최충헌이 조직한 도방을 더욱 확대하여 최씨 정권을 더욱 강화시켰다. 교정도감을 존속시켜 권신들의 근거지로 삼았으며, 교정별감의 관직도 권위를 세워 놓았다.

　정중부가 견룡대정으로 있을 때 어느 날 그가 오병수박희를 하던 중 왕의 측근이자 내시 김돈중으로부터 촛불로 수염을 태우는 일을 당했다. 정중부가 화를 내며 김돈중을 묶어 놓고 구타하였다. 김돈중은 재상인 김부식의 아들이다. 김부식이 정중부를 고문하려고 했으나 왕이 금지시켜 위기에서 벗어났다. 그 뒤로 정중부는 김돈중을 비롯한 모든 문관에 대한 원한이 싹트기 시작했다. 당시 문벌 중심의 관료사회에서 문신을 무신보다

▶ 고려 무신의 복장

중요하게 여겼고, 대우도 차등을 두었다. 이로 인해 무신들의 불만이 높았고 문신과 무신 사이에 보이지 않는 갈등이 심화되었다.

1170년 제18대 의종 24년 당시 왕은 정사를 돌보지 않고 문신들과의 놀이를 즐겼다. 어느 날 화평재에 행차하여 문신들과 늦도록 술과 음식을 들면서 시와 가무를 계속하였다.

경호를 위해 따라간 무신들은 배가 고파 견딜 수가 없었다. 이의방, 이고 등이 이 같은 차별대우에 대한 불평을 정중부에게 털어놓으니 그 역시 쌓였던 원한이 폭발, 드디어 이의방, 이고를 중심으로 구체적인 흉모를 꾸미게 되었다.

정중부의 중방 정치

정중부는 정변 이후 형식적으로는 이의방과 권력을 나누었지만 실질적으로 무신정권의 거두로 살아갔다. 무신들은 정권을 잡고 중방에 모여서 그때그때 당면 문제를 처결하였는데, 중방은 원래 요나라의 침략기에 장수들이 모여 군사 작전을 상의하거나 결정하던 장소였다.

무신정권의 등장 이후 이에 불만을 품은 세력들이 계속해서 등장

● 거제 둔덕기성
고려 18대 왕 의종이 폐위되고 유폐되었던 폐왕성. 지금은 '거제 둔덕기성'이라는 이름으로 고쳐 부르는 이 성은, 고려 시대 무신 정변으로 축출된 의종이 3년간 초라한 삶을 살았던 유배지이다.

했다. 1173년 명종 3년 동북면 병마사 김보당은 장순석 등과 함께 정
중부, 이의방을 치고 의종을 다시 세우려고 왕을 거제에서 경주로 모
셔 왔다. 그러나 실패하여 모두 처형되었고 의종도 심복 이의민에게
처형당하고 말았다.

1174년 조위총이 무신정권에 반대하여 병사를 동원했으나 실패했
다. 정중부는 반란을 잠재우고 그 와중에 이의방도 살해해 최고 권력
자가 되었다. 그 뒤 문하시중에 오르는 등 권력을 계속 행사하였다.
정중부는 용모가 우람하고 얼굴빛이 백옥 같았으며, 수염이 아름답
고 위풍이 늠름했다고 전한다.

그 뒤 정중부는 1179년 같은 무신인 경대승에게 아들 정균, 사위
송유인과 함께 형장의 이슬로 사라졌고 참수되어 저잣거리에 목이
매달렸다. 이때 그의 다른 자녀들도 함께 죽음을 맞이했으며 이후 그
가 역적으로 몰려 단죄됨으로써 그의 가계나 족보도 실전되었다.

농민과 노비의 반란

제18대 의종 때는 왕실의 사치와 행락 놀이로 국
가 재정이 파탄 상태가 되자 그 돈을 모두 농민들로
부터 거둬들였다. 이에 도탄에 빠진 농민들은 지배
체제의 문란과 무신들의 세력 다툼에 자극되어, 신
분 해방과 지배층의 압박·수탈에 항거하는 대규모
반란을 일으켰다.

● 고려 무인의 경번갑주
일정한 크기의 쇠미늘에 쇠고리를 연결하여 만든 갑옷

12세기 초부터 집단적인 도적이 되어 산발적으로 각지를 소란하게 하던 유민들은 무신정변을 전후하여 전국 도처에서 벌 떼처럼 일어났다.

제19대 명종 2년 북계의 창주, 성주, 철주 등지에서 지방 관리의 횡포에 분격하여 반란이 일어났고, 그 뒤 묘향산을 근거로 조위총의 남은 무리가 농민들의 호응을 받아 반란을 계속하였다. 남쪽에서는 1176년 명종 7년에 공주 명학소에서 망이·망소이가 반란을 일으켜 크게 번져갔다. 경상도에서는 손청과 이광 등이 반란을 일으켰으며, 1182년에는 전주에서 군인과 관청 노비들이 관리의 가혹한 배 만들기 부역에 반항하여 난을 일으켰다.

초기의 반란은 대체로 자연 발생적인 것으로서, 지방관리나 향리들의 억압에 반항하여 농민이나 군인 또는 노비들이 일으킨 것이었다. 그들의 목적은 부당한 압박의 제거와 신분 해방 등이었으나 개별적인 요구에 불과하였다.

1193년 명종 23년 김사미·효심의 난에서부터 반란군은 연합 전선을 펴며, 지속적인 양상을 띠게 되었다.

강릉의 농민 반란군은 경주의 반란군과 합세하였고, 진주의 노비 반란군은 부곡 반란군과 연합하여 공동 전선을 폈다.

● 망이·망소이의 반란
고려 무인 집권 때 사회질서가 문란해진 틈을 타서 일어난 민중 봉기이다.

◀ 공주 명학소 민중봉기 기념탑 일부

신라 부흥을 외치며 일어난 경주의 반란군은 운문, 울진, 초전 지역의 반란군과 연합하였다. 경상도 일대에는 서로 밀접한 연락을 가진 반란군의 연합 전선이 이루어져서 10여 년간 세력을 떨쳤다. 드디어 수도인 개경에서도 반란이 일어났다.

만적의 난

제20대 신종 때인 1198년 전국에서 일종의 노비 해방운동이 일어났다. 그 가운데서도 규모가 가장 컸고 목적이 뚜렷했던 시위가 만적의 난이었다.

● 만적의 난 (개성 고려 박물관 벽화)
무신의 난으로 당시 하극상의 풍조가 유행하였고 노비들의 고통도 그 어느 때보다 심했다. 이에 최충헌의 사노였던 만적은 농민과 노비들을 규합하여 난을 모의하였다. 그러나 이 계획은 밀고자의 신고로 거사 전에 발각되었다. 이리하여 만적을 비롯한 수백 명의 노예들이 체포되어 모두 강물에 던져져 죽음을 당하였다. 만적의 난이 비록 실패하였으나, 당시와 같이 신분 계급이 엄격한 시대에 그들이 품었던 생각, 즉 계급을 타파하고 새로운 질서를 구현하려 했던 그 구상과 그들이 나타낸 투쟁 의욕은 높이 평가된다.

신분 해방은 물론 더 나아가서 정권 탈취를 위해 계획된 반란이었다. 만적은 당시 집권 세력인 최충헌의 개인 노비였다. 그는 동료 노비 6명과 함께 개경 북산으로 올라가 노비들을 모아 놓고 반란을 모의하였다.

그는 정중부의 난 이후에 그의 노비가 벼락출세를 한 사실을 예로 들고, "왕후장상의 신분이 본래부터 정해진 것이 아니라 때가 오면 누구든지 할 수 있다. 우리들도 언제까지나 노비로 있을 것인가?"라고 호소하였다.

그들은 노비 문서를 모아 불사르고 동지들을 모아 개경 흥국사에서 봉기하기로 약속했다. 그런데 한충유의 노비가 밀고하여 100여 명이 최충헌 병력에게 모두 체포되었다.

만적의 난을 밀고한 노비는 상을 받고 양민으로 풀려났고 한충유는 벼슬이 높아졌다. 그러나 반란군의 외침은 그 후 정부 시책에도 반영되었다. 만적의 반란은 고려의 신분 질서를 바로 세우라는 요구였다.

이 반란은 잘못된 유산을 청산하라는 사회적인 움직임으로서 그 의의가 컸다.

■ 몽골과 대결

일곱 차례 항쟁

13세기 초 중국 대륙의 정세는 급박하게 변화하였다.

오랫동안 부족 단위로 유목 생활을 하던 몽골족이 통일된 국가를 형성하면서 금나라를 공격하여 중국 북부 지역을 점령하였다.

금나라 예하에 있던 거란족의 일부가 몽골에 쫓겨 고려로 침입해 왔다. 고려는 이들을 반격하여 강동성에서 포위하였고, 거란족을 추격해온 몽골과 두만강 유역에 있던 동진국의 군대와 연합하여 거란족을 토벌하였다. 그 뒤 몽골은 자신들이 거란족을 몰아내준 은인이라고 내세우면서 지나친 공물을 요구해 왔다.

13세기 초 강성해진 몽골족이 고려에 지나친 공물을 요구했으나 이를 거절하였다. 그때 고려에 왔던 몽골 사신 저고여가 일행과 함께 돌아가던 길에 국경 지대에서 거란족에게 피살되는 사건이 일어났다. 이를 구실로 몽골군이 1231년 침입해 왔다. 이것이 고려·몽골 전쟁의 시작이다. 그로부터 7차례에 걸쳐 몽골의 침공을 받았다. 장기간의 전쟁으로 국토는 황폐해지고 수 많은 문화재가 불에 타고 무너졌다.

▶ 대몽항쟁 승전기념상

무신정권의 강화천도

그때 집권자인 무신정권의 최우는 몽골의 무리한 조공 요구와 간섭에 반발하여 강화도로 도읍을 옮기는 일을 획책했다. 이때 문신인 유승단 혼자 반대하였으나 최우는 장기 항전을 이유로 도읍을 옮겼다. 이것이 강화천도이다.

몽골군이 다시 침입해 왔으나 처인성 전투에서 장수 살리타가 김윤후가 이끄는 민병과 승병에 의해 사살되자 몽골 군대들이 스스로 물러갔다. 그 뒤 고려는 7차에 걸친 몽골 침략을 끈질기게 막아내며, 약 30년간의 장기 항전에 들어갔다. 1270년 최씨 무신정권이 몰락하고 고려는 비로소 개경으로 환도하고 더불어 몽골과 강화를 맺어 전쟁은 끝났다.

팔만대장경의 위력

강화도로 옮겨온 고려 조정은 주민들을 동원해 산성을 쌓고 몽골에 대한 항전과 외교를 병행하면서 저항하였다. 지배층들은 부처의

● 처인성 전투도
몽골의 제2차 침입 때 처인성에서 승장 김윤후가 적장 살리타를 사살한 전투.

힘으로 몽골군을 물리치고 외적을 방어하겠다는 마음으로 팔만대장경을 간행하였다. 팔만대장경은 8만 4,000개의 불교 법문을 16년에 걸쳐 8만 1,258판에 한 자 한 자씩 새겨 판각한 것이다.

강화도의 고려 조정은 뱃길로 조세를 거두어 들여 명맥을 유지할 수 있었으나 장기간의 전쟁으로 국토는 황폐해지고 백성들은 도탄에 빠지게 되었다. 그때 원나라로 이름을 바꾼 몽골은 더욱 강력한 힘을 바탕으로 경주까지 침공하고 황룡사 9층 목탑을 비롯한 수많은 문화재를 불태워 버렸다.

삼별초의 항쟁

고려 조정이 개경 환도를 결정하자 대몽 항쟁에 앞장섰던 삼별초는 배중손의 지휘 아래 반기를 들었다. 삼별초는 본래 귀족 계급들의 야간 순찰대였다. 우별초와 좌별초, 그리고 몽골에 포로가 끌려갔다가 돌아온 신의군을 일컫는 말이다.

● 팔만대장경
국보 제32호인 팔만대장경판은 유네스코 세계문화유산으로 등재되어 있다.

1270년 음력 6월 초, 고려 제24대 원종이 몽골과 화의를 하고 개경 환도를 단행하면서 항몽 세력의 근거를 없애기 위해 삼별초 해산 명령을 내리고 그 병적을 압수하였다. 이에 배중손은 고려 조정의 개경 환도와 삼별초 해산 명령에 따르지 않고 야별초 지휘자 노영희 등과 함께 왕족 승화후 온을 왕으로 추대하여 관부를 설치하고 관리를 임명했다. 그러나 이탈자가 나오면서 단속이 어렵게 되자 1,000여 선박을 징발하여, 고려 정부의 재화와 백성을 다수 싣고 강화를 떠나 남쪽으로 이동하여 전남 앞바다의 진도 섬에 도착하여 대몽 항전을 계속하였다.

삼별초는 1273년 고려 · 몽골 연합군에게 진압되었다.

진도가 함락될 때 살아남은 삼별초는 다시 제주도로 가서 김통정의 지휘 아래 계속 항쟁하였다.

몽골과 싸운 배중손

배중손은 고려의 무신이며 삼별초의 지도자였다. 삼별초를 이끌고

● 고려 항쟁 충혼탑
몽골에 저항한 삼별초가 강화도에서 내려와 진도 용장산성에 주둔한 곳으로 그를 기리기 위해 충혼탑을 세웠다.

강화에서 진도로 내려온 뒤 용장산성을 행궁으로 삼은 후 승화후 온왕을 받들면서 고려의 유일한 정통 정부임을 주장했다. 일본과 외교도 펼쳤다.

남해 연안과 각 도서·나주·전주에까지 진출하여 관군을 격파하고 위세를 떨쳤다. 그해 음력 11월에는 제주도까지 점령하였다. 이듬해인 1271년 음력 5월, 상장군 김방경과 몽골의 흔도가 거느린 고려·몽골 연합군이 결성되어 세 방향에서 진도를 향해 공격해 들어갔다.

삼별초는 진도의 관문인 벽파진에서 대항하였으나 그사이에 좌군과 우군의 공격을 좌우에서 받으면서 위기에 몰렸다. 남도석성으로 옮기면서 계속 고려-몽골 연합군의 공격에 대항하였다.

삼별초는 진도 굴포리에서 항전하다가 여·몽 연합군의 공격에 견디지 못하고 9개월 만에 무너졌다. 배중손은 장렬한 전사로 생을 마감하였다.

그때 제주도로 건너간 일부 삼별초 군사들도 계속 버티며 항쟁을 벌이다가 1273년 평정되었다. 이로써 삼별초는 3년여 만에 역사 속으로 사라졌다.

● 배중손과 삼별초
삼별초의 유력한 지휘관으로 대몽 항쟁에 앞장서서 지휘를 하였다.

몽골 공주를 왕비로

고려 왕실은 원 황실과의 결혼정책을 통해 왕권을 강화하려 했으나 몽골의 풍속이 많이 들어오면서 또 다른 분란이 일어났다.

원나라는 몽골족이 중국 금나라와 남송을 멸망시킨 뒤 세운 나라이다. 고려의 왕은 제25대 충렬왕 이후 제31대 공민왕까지 일곱 명의 왕들이 원나라 공주와 결혼하여 원나라 황제의 사위가 되었고, 충선왕, 충숙왕, 충목왕 등 3명은 원나라 왕비들의 아들이었다.

왕실의 호칭과 격이 자주국가에서 제후국으로 격하되었다. 고려는 국왕에게 황제의 칭호인 태조, 혜종, 광종, 의종, 신종, 희종, 강종과 같은 조와 종의 호칭을 붙일 수 없었다. 더구나 여섯 명의 왕들은 몽골에 충성한다는 의미로 '충(忠)'자를 붙여 충렬왕, 충선왕, 충숙왕, 충혜왕, 충목왕, 충정왕으로 불리게 되었다.

쓰시마 정벌

고려 조정의 문신들은 점차 그 세력을 만회하기 시작하면서 몽골과의 강화를 다시 주장하였다. 이는 문신들이 외세를 이용하여 무인세력을 견제하려고 한 것이다.

▲쿠빌라이 칸의 초상

● 충렬왕과 쿠빌라이 칸
고려의 원종(元宗)은 몽골제국의 패권을 놓고 이루어진 쿠빌라이 칸과 아리크 부케와의 대결에서 쿠빌라이의 편을 들었고, 이후 쿠빌라이 칸이 세계의 지배자가 되면서 고려는 명줄을 연명할 수 있었다. 그러나 원나라의 영향력은 한반도에 깊은 그림자를 드리우게 되었다. 이후 고려의 왕이 된 충렬왕은 쿠빌라이 칸의 딸인 제국대장공주와 혼인하여 쿠빌라이 칸의 사위가 되었다.

그 결과로 몽골과 강화를 맺으려는 주화파가 일부 무신과 결탁하여 최씨 정권을 무너뜨렸다. 김준, 임연 등 무인들의 반대가 있었지만 1270년 개경 환도와 더불어 고려는 몽골과 강화를 맺었다.

몽골과의 항전을 주도하던 최씨 무신정권은 붕괴되고 왕정이 복고되었지만, 고려는 몽골의 지배에서 벗어나지 못하였다. 고려는 원나라와 강화를 맺은 뒤 많은 시련을 겪어야 했다. 특히 1274년과 1281년 두 차례에 걸쳐 고려-몽골 연합군의 일본 쓰시마 섬 정벌로 고려는 막대한 피해를 입었다.

몽골은 일본 공략을 목적으로 설치한 정동행성을 통하여 고려를 직접 또는 간접적으로 지배를 하면서 정치에 간섭하려 했으며, 고려의 영토 일부를 직속령으로 하였다. 화주에 쌍성총관부를 설치하여 철령 이북의 땅과 자비령 이북의 땅을 직속령으로 편입하고, 서경에 동녕부를 설치하였다.

몽골의 경제적 요구도 고려의 농민에게 커다란 부담을 주었다. 남만주 일대를 관할하기 위해 충선왕을 심양왕에 봉하고 후에 그의 후계자를 이용하여 고려를 견제하는 정책을 쓰기도 했다. 그러나 고려는 이러한 몽골의 지배에도 끝내 왕조를 유지하였다. 고려는 그 뒤에

● 여몽 연합군의 일본 정벌
삼별초가 진압된 뒤 고려는 원나라의 요구에 의해 1274년(충렬왕 즉위)과 1281년(충렬왕 7년) 두 차례에 걸쳐 연합군을 이루어 일본 정벌에 나섰으나 폭풍우를 만나 많은 희생자를 내고 돌아왔다.

도 일본 쓰시마 섬을 정벌하였다.

1377년 우왕 3년, 최무선의 노력으로 화통도감이 설치되어 화포가 제작되었다. 1380년에는 금강 입구에 침입해 온 왜구 500여 척에 화포 공격을 퍼부어 배를 모두 불태워 버렸다. 이성계는 육지로 올라온 왜구들을 토벌하여 완전 소탕시켰다. 이로써 왜구들은 기세가 꺾이기 시작하였다.

대마도는 부산과 일본 규슈 중간 대한해협의 섬으로 쓰시마 섬이라고 한다. 왜구들은 이 섬을 근거지로 우리나라 남해안 지역과 중국 연안까지 노략질을 일삼아 왔다.

고려와 조선에서 수차례 정벌을 했다. 1389년 제33대 창왕 원년에는 박위가 이끄는 고려군이 병선 100여 척을 동원하여 왜구의 소굴인 쓰시마 섬을 정복하고 왜선 300여 척을 불질러 버리고 포로로 끌려가 있던 고려인 100여 명을 구출했다. 조선 태조, 태종, 세종 때에도 정벌했다.

● 이종무의 쓰시마 정벌
세종 원년 1419년, 이종무가 삼군도체찰사 (三軍都體察使)가 되어 군함 227척을 거느리고 왜구의 소굴인 쓰시마 섬을 정복하였다.

■ 어지러운 말기

사대부들의 욕심

고려는 후기로 접어들면서 원나라의 지배를 받는 가운데서도 농업 생산력이 발전하고, 독자적인 의술이 발달하였다. 이를 바탕으로 인구가 증가하고 집약적 농업이 가능해졌다.

일찍부터 존재해 온 귀족들의 개인 토지의 지배 질서가 문란해지고 전시과의 붕괴를 가져오면서 개인 토지가 더욱 성행하였다. 이를 농장이라고 하였다.

농장의 경작은 전호나 노비가 담당하였다. 따라서 이들 경작자는 농노와 성격이 비슷하였다. 농장의 증대는 국가 재정을 고갈시켰고 그 결과로 관리의 녹봉이 폐지되었다. 이에 농장을 가지지 못한 신진 사대부 관리들은 권문세가에 대한 불만이 쌓여만 갔다.

무인정권으로 말미암아 귀족정치가 붕괴된 이후에 새로운 관료층이 등장하였다. 그들은 학문적인 교양을 갖추었으며 정치 실무에도 능한 사대부들이었다. 이들의 사회적 진출로 고려는 정치적 대세를 바꾸는 계기를 맞았다.

14세기 후반 중국에서는 원나라가 점차 쇠퇴하여 북방으로 쫓겨가고 주원장의 명나라가 건국되었다. 정권 교체기에 즉위한 제31대 공민왕은 반원 정치와 권문세가의 억압이라는 두 가지 개혁정책을 내세웠다. 반원 운동을 일으켜 원나라의 간섭에서 벗어나는 데 성공하였다.

공민왕은 신돈을 기용하여 국정을 관할하게 하였다. 신돈은 이공

수 등 권문 출신을 축출하고, 문벌이 변변하지 못한 자를 등용하였다. 전민변정도감을 설치하여 권문세가의 경제적 기반을 박탈하였다. 권문세가들이 부당하게 빼앗은 토지나 재산을 본래의 주인에게 돌려주고, 억울하게 노비로 전락한 사람들을 양민으로 해방시켜 주었다.

원나라의 세력을 배경으로 하는 권문세족들의 반대에 부딪혀 신돈이 제거되고, 공민왕까지 시해되면서 권문세족이 다시 등장하여 정치권력을 독점하면서 개혁은 중단되고 말았다.

1374년 권신 이인임이 열 살 된 어린 우왕을 옹립한 뒤 권력은 다시 권문세가의 손에 들어갔다. 이인임 일파는 신흥 사대부들을 억압하고 노골적으로 토지겸병을 자행하였다. 토지겸병은 여러 토지를 하나로 묶어 차지하는 일이었다.

반원 정책도 수정되어, 원나라와 명나라에 대한 등거리 외교가 전개되었다.

위화도에서 회군해 권력을 잡은 이성계 일파는 신흥 사대부들과 권문세가나 사원이 보유한 농장 등을 몰수하고 새로운 토지제도를 실시하기 위해 개인 토지인 사전의 개혁을 추진하였다.

●주원장 영정
1368년 명 태조 주원장은 망해가는 원나라 시기에 민족혁명의 기치를 내걸고 응천부(지금의 난징)를 수도로 명(明)나라를 세웠고, 그 해에 대도를 함락하고 원나라의 마지막 황제 순제를 북쪽으로 축출하였다.

권문세가들의 세력은 크게 약화되었으나 반발도 적지 않았다. 이성계는 우왕을 폐위하고 그의 아들을 제33대 창왕으로 삼았다. 1년 뒤인 1389년 이성계 일파는 창왕마저 폐위하고 제34대 공양왕을 옹립하고 정치권력을 완전 장악하였다.

사전 개혁도 본격화하여 전국 토지에 대한 측량을 시작하여 2년 만에 완료하고, 종래의 공사전 토지문서를 모두 불태워 폐기하고 새로운 토지제도를 수립하는 개인 토지 개혁을 단행하였다. 신흥 사대부들은 정치와 사상 등 모든 면에서도 새로운 질서를 추구하며 개혁을 확대하였다.

최영과 이성계의 갈등

1388년 우왕 14년 음력 1월에는 토지겸병으로 악명높은 권문세가인 이인임 일당이 대대적으로 숙청되었다. 이 숙청은 권문세가 출신이지만 청렴하고 강직하기로 이름난 최영이 우왕과 상의하여 집행하였다. 이로써 권문세가의 기세가 꺾이고 신흥 사대부들이 본격적인 정치활동을 시작하게 되었다.

그러나 미온적인 정책을 추진하던 최영과 적극적인 개혁을 원하는 신흥 사대부 간에는 틈이 생겼다. 같은 해에 명나라가 철령위를 설치하겠다며, 쌍성총관부 지역을 내놓으라고 강압적인 통보를 해오자, 최영은 북으로 밀려난 원나라에 명나라를 협공할 것을 제의하고 명나라의 동북 방면 전진기

● 최영 장군 흉상
고려 말의 장수로서 수 차례의 홍건적과 왜구의 침입을 막고 원나라 원병과 내란 평정 등 혁혁한 공을 세워 고려를 수호한 인물.

지인 요동 정벌을 추진하였다. 이에 대해 이성계는 군사적으로 어려움을 들어 반대하였으나 받아들여지지 않았다. 배극렴, 조민수와 함께 원정군 4만 명을 이끌고 출병한 이성계는 마침 장마가 시작되자 압록강 가운데에 있는 위화도에 머물면서 작전을 구상하고 있었다.

이때 장수들이 여러 가지로 이롭지 않다며 돌아갈 것을 제안하였다. 작은 나라 고려가 큰 나라 명나라를 섬겨야 안전하고, 장마철에 전쟁을 하는 것은 불리하다는 것이다. 지휘권을 장악한 이성계는 1388년 군사를 개경으로 되돌려 내려와 최영을 제거하고 정권을 장악하였다. 이를 위화도 회군이라고 한다.

최영은 위화도에서 회군한 이성계 일파와 맞서 싸우다가 체포되어 유배당한 뒤 처형되었다. 이로써 고려왕조는 끝났다.

왜구와 홍건적

제31대 공민왕이 시해되고 어린 왕 우왕이 등극한 뒤 정치기강이 문란해졌다. 그 틈에 바다에서는 왜구가 노략질을 하고 육지에서는 홍건적이 침공하여 고려 사회는 더욱 어려워졌다. 우왕 초기의 가장 심각한 문제는 14세기에 들어와 급격히 창궐하게 된 왜구를 격퇴하는 문제였다.

왜구는 도처에서 잔혹하게 노략질을 하여 세곡 수송선을 마비시킬 정도였다. 고려 조정

◀ 이성계 기마상

은 일본 막부에 왜구의 노략질을 근절해 달라고 요구하였으나, 내란에 처한 바쿠후가 지방을 통제하지 못해 별 성과가 없었다.

제31대 공민왕은 처음부터 내우외환에 시달렸다. 벼슬이 높은 권문세가들은 하급 군인들의 경작권을 빼앗았고 군량미 지급을 위해 마련한 둔전의 양곡을 마음대로 나눠가졌다. 그뿐만이 아니라 남의 노비나 양민을 빼앗아 자신의 농장에서 일을 시켰다.

사찰도 많은 토지를 차지하고 탈세를 일삼았다. 부호들은 이권을 거머쥐고 백성들 위에 군림했다. 공전이 축소되어 나라의 창고는 텅텅 비었으며 백성들은 굶주림에 빠졌다. 외부의 침입은 더욱 나라를 어지럽게 했다. 중국 남쪽에서는 주원장이 원나라에 반기를 들고 일어났다. 황하에서는 노동자들이 폭동을 일으켰다. 이들이 홍건적이다.

자주의식이 투철한 공민왕은 실리외교를 펼쳤다. 먼저 온갖 횡포를 부리는 원의 세력을 몰아내고 원나라가 인사권에 개입하는 정방 기구를 없애 버렸다. 중국 남쪽 세력과도 외교 관계를 트고 미래의 사태에 대비했다. 이때 세력이 커진 홍건적이 1361년 개경을 침공해 왔다.

● 황산대첩
고려 후기인 1380년 9월 이성계가 전라북도 남원시 운봉면의 황산에서 왜구와 싸워 크게 승리한 전투.

요사스런 신돈

공민왕은 홍건적을 피해 경상도 안동으로 피했다. 그때 만난 중이 바로 편조(신돈)이다. 그는 여자 종의 몸에서 태어나 스님이 되었다. 공민왕을 만나 왕의 신임을 얻어 정치와 종교의 대권을 장악한 인물이다.

개경으로 돌아온 공민왕은 편조를 궁중으로 불러들여 설법을 듣고 국정을 자문하기도 했다. 공민왕은 내부의 개혁을 단행하지 않으면 외부의 환난에 대처할 수 없다고 판단했다. 권문세가와 신진 관료, 유생들을 믿지 않았다. 모두 기득권을 지키려는 세력 또는 영합하는 부류로 보았다.

왕은 마침내 편조에게 모든 개혁의 짐을 맡겼다. 공민왕과 편조 두 사람은 부처님과 하늘에 맹세하는 결의를 다졌다. 그 뒤 편조는 스님이면서도 머리를 길렀다. 조정에 나올 때마다 관복을 입었다. 사람들은 속세를 떠난 스님이 아니라고 했다. 그래서 이름을 신돈으로 바꾸었다.

신돈은 개혁에 저항하는 기득권 세력들인 권문세가, 고위 벼슬아치와 유생 출신 관료들을 몰아냈다.

1366년 신돈은 마침내 전민변정도감을 설치했다. 농장에 부당하게 탈취당한 토지와 노비를 본

● 기황후

원나라에서 해마다 고려의 공녀를 차출해 갔다. 기황후는 원으로 간 공녀 가운데 한 명으로 원나라 황제인 혜종의 눈에 띠어 황후가 된다. 기황후는 친정인 기씨 일족을 통해 고려 왕실에 영향력을 행사하였으나 자주의식이 투철한 공민왕은 기황후의 오빠인 기철을 죽이며 새로운 대안으로 신돈을 요직에 앉힌다.

주인에게 되돌려 주고 부정한 방법으로 농장에 소속된 일꾼을 양인으로 환원하여 국가의 부역을 지우겠다는 것이다. 사전의 탈세를 막고 고리대를 제한하며 양민을 농노로 예속하는 사태를 방지하려는 것이었다.

신돈은 시행령을 반포하고, 서울은 15일, 지방은 40일을 기한으로 정해 자진 신고하도록 하였다.

"잘못을 스스로 고치는 자는 불문에 부쳐 용서할 것이나, 기일을 어겨 발각되면 법으로 엄중히 다스리겠다. 망령되이 이의를 제기하는 자는 반역자로 처벌한다."

이에 따라 농장주들은 토지와 노비를 본래 주인에게 되돌려 주었고, 강제로 농노가 되었던 양인들은 자신의 신분을 찾았다.

신돈이 거처하는 집의 문은 활짝 열려 있었다. 많은 천민과 노비들이 신돈에게 직접 찾아와 양인이 되게 해달라고 간청했다. 신돈은 이들의 요구를 거의 들어주었다. 그리하여 많은 노비들이 낮은 무관의 자리에 진출하기도 했다. 억울한 일을 당한 부녀자들 역시 마찬가지였다. 개성 연복사에서 법회를 열 때의 일이다. 신돈은 설법을 하다가 부녀자들이 법당 밖에서 설법을 듣는 모습을 새삼스레 주목했다.

그는 공민왕에게 "부녀자들에게 법당 안으로 들어와 설법을 듣게 해 주십시오."라고 말했다. 오랜 관습을 깨뜨리는 요청이었다. 신

● 개성 연복사 종
신돈이 설법을 벌인 연복사의 종으로 고려 충목왕과 덕녕 공주의 요청에 의하여 주조된 종이다.

돈은 부녀자들에게 떡과 과일을 나누어 주었다. 그러자 부녀자들은 "첨의께서는 문수보살의 후신이시다!", "큰 스님이 나타나셨다."라고 하며 신돈을 치켜세웠다. 그 말에 노비들과 양인들도 따랐다.

신돈은 공민왕의 반원정책에도 동조했다. 유교 세력의 동조를 얻기 위해 신진 유학자를 발탁하는 데에도 힘썼다. 이때 등장한 인물이 이색·정몽주·이숭인 등이었다. 그러자 기득권 세력을 옹호하는 원나라 조정은 공민왕과 신돈의 개혁을 갖가지로 방해했다.

종래 파벌을 조성하는 유생 출신의 관료들을 '나라에 가득 찬 도둑'이라고 배척했다. 또 과거제의 특혜를 없애고 오직 정식 과거를 통해서만 벼슬길에 나오게 했다. 과거제 개정은 기득권 세력의 팔다리를 자르는 조치였다. 이 제도를 도입해 종래 어진 이를 요직에 맡긴다는 명분으로 순서를 뛰어넘어 승진시켜 온 관례를 막았다. 기득권 세력은 이 제도를 악용하여 자신들의 동료나 자제들을 끌어 주었던 것이다.

훼방꾼들은 '옥과 돌이 섞이고 향기와 구린내의 분별이 사라졌다' 고 비난했다.

6년에 걸친 개혁 작업은 엄청난 변화를 가져왔다. 그의 비리를 공격하는 탄핵 상소가 잇달았다. 공민왕의 강력한 비호로 번번이 무마되었다.

신돈을 비난하는 글은 토지·노비와 과거제 등 개혁 조치는 별로 언급하지 않고 개인의 비리에

● 목은 이색의 초상
고려 말기의 문신이자 정치가이며 유학자·시인이다. 성리학을 고려에 소개·확산시키는 역할을 하였으며, 성리학을 새로운 사회의 개혁·지향점으로 지목하였다.

초점을 맞추었다. 신돈을 비방하는 구실은 스님이 아내를 두고 아이를 낳았다는 것, 뇌물을 받아 호사스런 생활을 했다는 것, 역적모의를 했다는 것 따위였다. 공민왕은 신돈을 처음에는 수원으로 유배를 보냈다가 역모를 구실 삼아 그의 세력 20여 명과 함께 처형했다.

제국대장공주와 공민왕

고려 제31대 공민왕과 제국대장공주의 사랑 이야기는 지금까지도 많은 사람들에게 회자되고 있다. 본래 제국대장공주는 중국 원나라의 황족인 위왕의 딸이었다. 공민왕과는 원나라에서 만나 1349년 결혼하고 1351년 12월에 두 사람은 함께 고려로 귀국하였다. 그러나 두 사람은 아이가 없었다. 열심히 불공을 드린 끝에 1365년 아이를 갖지만 난산으로 인하여 제국대장공주가 죽었다. 이에 제국대장공주를 너무나 사랑한 공민왕은 국사도 제대로 돌보지 아니하고 시름에 빠져 살았다. 공민왕은 손수 제국대장공주의 초상화를 그려 밤낮으로 바라보며 울었다.

공민왕은 슬픔을 잊고자 요승 신돈의 집에 자주 드나들었다. 공민왕은 영원한 사랑인 제국대장공주가 아이를 낳다가 죽은 뒤 여자를

● 공민왕 신당
공민왕 신당은 고려 제 31대 공민왕과 왕비인 제국대장공주의 영정을 모신 사당으로 종묘 안에 지어져 있다.

멀리했다. 신하들이 왕비를 새로 들였으나 잠자리를 같이 하지 않았다. 후궁들도 거들떠보지 않았다. 그런 탓인지 아들을 두지 못했다.

신돈은 자신의 시종이자 어여쁜 반야를 '씨받이'로 선택하여 공민왕의 잠자리를 돌보게 했다. 그때 만난 반야와 사랑을 나누었고 그 반야가 아들을 낳았다. 공민왕은 아들 이름을 '모니노'라 하면서 애지중지했다. 그가 공민왕의 다음 왕인 제32대 우왕이다.

공민왕의 비참한 최후

공민왕은 모니노를 원자로 책정했다. 이때까지도 별탈을 잡히지 않았다. 어느 날 김흥경이 임금에게 말했다. 높은 벼슬아치의 자제들

● 공민왕과 제국대장공주
공민왕 신당에 그려져 있는 공민왕과 제국대장공주의 영정으로 공민왕은 복두를 쓰고 둥근 깃에 소매가 넓은 단령포 차림이다. 제국대장공주는 화려한 관과 웅장한 소매 폭, 길게 늘어뜨린 치마 등에서 왕비의 위엄이 나타난다.

가운데 미소년들을 뽑아 궁중에서 살게 하라는 것이었다. 공민왕은 자제위라는 기구를 만들어 여자 궁녀 대신에 잘생긴 소년들을 궁중에 출입하게 했다. 자제위 소년들에게는 상과 벌도 마음대로 내렸다. 소년들은 왕의 신임과 사랑을 독차지하려고 서로 싸움을 벌이고 질투했으며 폭행을 당하고 휴가를 얻지 못해 불만도 쌓였다.

공민왕은 어느 날 술에 취해 침실에 누워 있었다. 자제위 소속 청소년 예닐곱 명이 들어와 공민왕을 칼로 난자했다. 왕은 개혁의 뜻을 이루지 못한 채 허무하게도 45세의 장년으로 죽었다. 공민왕은 개혁 노력을 기울였으나 헛수고에 그쳤다. 공민왕은 모처럼의 기회를 놓치고 나서 남색을 탐하는 등 타락한 생활을 하다가 남색패들에게 죽임을 당한 것이다.

비극적인 최후를 맞이한 그의 사후는 더욱 비참했다. 위화도 회군 이후 권력을 잡은 이성계 일파는 공민왕이 비참하게 죽음을 당한 뒤 그의 아들 모니노를 열 살 어린 나이로 왕위에 올려 제32대 우왕으로 왕좌에 앉혔다. 그리고 최영·정몽주 등을 몰아내고 공민왕의 사업을 모조리 뒤집는 역사 왜곡 작업을 벌였다.

● 공민왕릉
공민왕릉은 개풍군 해선리에 있는 봉명산의 무선봉 중턱에 자리한 2기의 무덤으로, 서쪽 것이 고려 31대 공민왕의 무덤인 현릉(玄陵)이며, 동쪽 것이 왕비 제국대장공주의 무덤인 정릉(正陵)이다.

그와 함께 우왕이 요사스런 중 신돈의 자식이라는 조작을 만들어 냈다. 신돈이 반야를 간통하여 자식을 낳고 공민왕의 아들로 만들었 다는 것이다. 이들은 우왕을 왕씨 혈통이 아니라 중의 아들이라면서 마침내 쫓아냈다. 이어 우왕의 아들 창왕이 새 임금으로 추대되었다. 이때에도 신씨 혈통이라는 논란이 일어났다. 그렇지만 명망 있는 이 색·조민수 등의 강력한 주장으로 추대되었다.

창왕도 재위 9년 만에 쫓겨났다. 공민왕과 그 뒤의 왕들은 하나같 이 철저하게 이미지가 구겨진 조작의 이용물이 되고 말았던 것이다.

정몽주의 단심가

정몽주(鄭夢周)는 고려 말기의 대표적인 문신·외교관·정치가·교 육자·유학자였다. 1338년 1월 13일 출생인데 음력으로는 1337년 12 월 22일이라 불과 열흘 사이에 두 살을 먹은 사람으로 유명했다. 호 는 포은, 시호는 문충이다. 야은 길재, 목은 이색과 더불어 고려 말의 3은으로 불렸다.

1360년 문과에 장원으로 급제한 뒤, 예문관 검열로 관직에 나아가 여러 벼슬을 거쳤다. 성균관 대사성, 예의판서, 예문관 제학, 수원군 등을

● 고려 왕궁의 옥좌
공민왕 이후 고려의 왕들은 조작된 혈통이 라는 논란의 중심이 되면서 474년 간의 고 려왕조는 몰락의 길을 걷게 된다.

지내며 친명파 신진 사대부로 활동하였다.

그러나 이성계의 역성혁명과 고려 개혁을 놓고 갈등이 벌어졌을 때 온건 개혁을 선택하였으며, 명나라에 외교관으로 다녀오기도 했다. 관직은 수문하시중과 익양군충의백에 이르렀다. 역성혁명파의 조선 건국에 반대하다가 1392년 공양왕 2년 4월 이성계를 문병하고 귀가하던 길에 개성 선죽교에서 이성계의 아들 이방원 일파에 의해 살해되었다.

그의 제자들 가운데 길재는 사림파의 우두머리가 되었고, 권우는 세종대왕의 스승이었다. 그의 손녀는 정종의 서자 선성군의 부인 오천군부인이 되고, 서손녀는 한명회의 첩이 되었다.

삼봉 정도전의 오랜 친구였으나 역성혁명과 온건 개혁을 놓고 갈등하던 중 정적으로 돌아선 것이다. 정몽주는 자신의 문하생과 함께 공부한 이색의 문하생들로 하여금 이성계, 정도전 등에 대한 탄핵을 계속하게 했다.

1392년 봄 이성계 일파가 역성혁명을 준비하고 있음을 알아낸 그는 이성계가 병으로 은신한 것에 의문을 품고 사람을 보내 이성계의 주변을 살폈다. 이성계가 병을 이유로 물러나자 정몽주 역시 병을 핑계로 조용히 있다가 그해 4월 이성계가 병을 빙

● 포은 정몽주의 영정
고려말의 정치가이자 학자. 왜구와 여진족 토벌등에 공을 세우고, 명(明)나라와 일본에 대한 외교 활동에도 공헌을 하였다.

자한 것이 사실인지 아닌지를 확인하려고 이성계의 동태를 살폈다.

1392년 공양왕 4년 명나라에서 돌아오는 세자를 마중 나갔던 이성계가 사냥하다가 말에서 떨어지는 바람에 황주에서 드러눕게 되자 그 기회에 이성계 일파를 제거하려고 했다.

그러나 이를 눈치 챈 이성계의 아들 이방원이 이성계를 그날 밤 개성으로 돌아오게 함으로써 실패하였다. 그 뒤 이성계는 이방원에게 정몽주를 자기 세력으로 끌어들일 것을 지시했다. 이에 이방원은 정몽주를 자택으로 초대하였다.

1392년 4월 26일 새벽 그는 꿈을 꾸었는데, 그 꿈에 자신이 죽을 수도 있음을 예상하였다. 그날 아침 조상들의 제단 앞에 절하고 부인과 두 아들을 불러놓고 새 조정에서 주는 벼슬을 거절하지 말라는 말과 함께 유언을 남겼다.

"충효를 숭상하는 것이 우리 집의 가문이니 조금도 낙심 마라."

이 유언을 남긴 뒤 정몽주는 이성계의 정세를 엿보려고 병문안 길에 나섰다. 그러나 이성계는 만나지 못하고 이방원의 환대를 받았다. 그때 정몽주와 이방원이 주고받은 시조가 바로 《단심가》와 《하여가》이다. 이방원은 하여가를 통해 정몽주를 이성계의 세력으로 다시 끌어들이고자 하였으나, 정몽주는 단심가로 충절을 분명히 밝힌 것이다.

● 공양왕릉 (강원도 삼척)
고려의 마지막 왕으로 이성계 등에 의해 왕으로 옹립된 후 신진 사대부의 세력 확장에 이용되는 등 불운하게 생을 마쳤다.

▶ 이방원의 《하여가》

이런들 어떠하며 저런들 어떠하리

만수산 드렁 칡이 얽어진들 그 어떠리

우리도 이같이 얽어져 백 년까지 누리리라.

▶ 정몽주의 《단심가》

이 몸이 죽고 죽어 일백 번 고쳐 죽어

백골이 진토되어 넋이라도 있고 없고

임 향한 일편단심이야 가실 줄이 있으랴.

정몽주의 마음을 돌이킬 수 없다고 판단한 이방원은 그를 제거하기로 결심한 것을 그날 밤에 실행하기로 하였다. 그날 저녁 정몽주는 이방원의 태도와 정황을 살피고 귀가 하던 중, 개성 선죽교에서 이방원의 문객 조영규와 그 일파에게 암살당했다. 일부 전해 오는 이야기는 그가 이성계 집을 방문하도록 이방원이 계략을 써서 그를 초청한 것이라고도 한다. 이때 이미 이방원은 심복 부하 조영규를 시켜 "쇠뭉치를 들고 선죽교 다리 밑에 숨었다가 정몽주가 지나갈 때 쳐서 죽여버려라." 하고 지시하였다.

정몽주는 변중량을 통해 이 정보를 입수했다고 전한다. 조영규와 무사들이 나타나자 그는 분위기가 이상함을 눈치채고 말을 타고 이성계의 자택을 떠났으나, 돌아오면서 친구 집에 들러 술을 마신 후 말을 거꾸로 타고 마부에게 끌라고 일렀다. 마부는 정몽주가 술에 취해 그러는 것이 아닌가 하고 의아한 눈치로 물었다.

그러나 정몽주는 의연하게 대답하였다.

"부모님으로부터 물려받은 몸이라 맑은 정신으로 죽을 수 없어 술을 마셨고, 흉악한 자들이 앞에서 흉기로 때리는 것이 끔찍하여 몸을 돌려 말을 탄 것이다."

마부는 말을 끌려고 하지 않았으나 정몽주는 길을 재촉하였다. 선죽교 중간에 이르렀을 때, 고여·조평 등 10여 명의 괴한이 나타났다. 정몽주는 이들이 비열하게 숨어서 사람을 공격함을 질책하였으나, 정몽주를 몽둥이와 철편으로 공격하여 죽였다.

이때 그가 조영규, 고여, 조평 등의 철퇴에 맞고 흘린 피가 개성 선죽교의 교각에 일부 묻었다. 비가 내려도 핏자국이 없어지지 않고 대나무까지 솟아났다고 하여 본래 이름인 선지교 다리를 선죽교로 바꾸어 불렀다. 후일 김구는 《백범일지》에서 1945년까지도 그의 핏자국 혼적이 있었다고 전했다.

1392년 4월 정몽주는 역적으로 단죄되고, 시신은 바로 이방원의 수하들에 의해 베어져 개경의 저잣거리에 매달려졌다. 그의 시신은 역적으로 몰려 방치되다가 우현보와 송악산 스님들에 의해 수습되어

승려들이 염습한 뒤 개경 풍덕에 가매장되었다가 후일 경기도 용인 능원리로 이장 되었다.

그의 죽음을 놓고 이성계가 이방원을 꾸짖었다는 일화도 전한다. 이성계는 이방원에게 "우리 집안은 충효로 세상에 알려졌거늘, 네가 대신을 죽

● 선죽교 표지석
조선의 명필 한석봉의 글씨이다.

● 선죽교

선죽교는 정몽주가 이성계를 문병하고 오다가 이성계의 아들인 방원이 보낸 조영규 등의 철퇴에 맞아 피살된 곳으로 유명하다.

였으니 백성들이 무엇이라 여기겠는가? 부모가 자식에게 경서를 가르친 것은 그 자식이 충성하고 효도하기를 원한 것인데 네가 불효한 짓을 하였으니 사약이라도 먹고 죽고 싶은 심정이다."라며 책망하였다고 전한다.

그의 문하생 중 길재와 이숭인은 많은 문하생을 길러냈는데, 이들은 지방의 유력 인사로 성장하여 후일 사림파의 기원이 되었다.

정몽주는 역성혁명에 반대하고 이성계·정도전 일파를 제거하려고 하다가 오히려 이방원 일파에게 피살되었으며 암살 직후 역적으로 단죄되었으나, 후에 1401년 태종의 손에 대광보국숭록대부 영의정 부사에 추증되고 익양 부원군으로 추봉되었다.

두문동 72현의 충절

두문동 72현 사건은 1392년 7월 자신들이 받들던 고려를 멸망시킨 이성계에게 따를 수 없다며 경기도 개풍군 광덕산 서쪽으로 들어간 맹호성, 서중보, 신순, 조의생 등 충신열사 72명이 불에 타 죽은 사건이다.

이들은 망국의 한을 억누르지 못하고 부조현에서 관복과 조복, 관모를 벗어 나뭇가지에 걸어 놓고 헌옷으로 갈아입은 입은 뒤 산속으로 들어갔다.

이성계는 신하를 보내 이들이 돌아오기를 권했으나 나오지 않자 이들을 포위한 뒤 계속 설득했다. 그런데도 이들은 불사이군(不事二君)이라 두 임금을 섬길 수 없다며 거절하고 나오지 않았다. 그래서 이들을 나오게 하려고고 불을 질렀으나 그들은 모두 불에 타 죽었다.

● 정몽주 묘
경기도 용인시 처인구 모현면 능원리에 있는 고려 후기 문신 정몽주의 묘.

고려의 망국과 함께 은거한 두문동의 인물들에 대한 이야기는 이성계에게 큰 부담으로 돌아왔다. 두문동 72현은 1740년 조선 제21대 영조의 개성 방문을 통해 재발견되었다. 이는 고려 충신의 자취를 찾겠다는 국왕의 의도와 관련된 것으로 풀이되었다.

　제22대 정조는 그 자리에 표절사 사당을 세워 72현의 충절을 기렸다. 이에 따라 국왕이 12명의 신하와 함께 두문동의 충신들을 기리는 시를 읊고 비석을 세우며 제사를 지내게 하는 일이 이루어졌다.

● 개성의 두문동 비
고려 말 72명의 충절을 기리는 비로 '두문불출'의 사자성어를 낳은 사건이기도 하다.

■ 코리아의 명성

코리아로 국위 떨쳐

고려는 전시과 제도를 만드는 등 토지 제도를 정비하여 통치 체제의 토대를 확립하였다. 문란해진 재정을 안정적으로 운영하기 위하여 토지와 인구를 파악하는 양안사업을 실시하고 호적을 작성하였다. 이것을 근거로 조세, 공물, 부역 등을 부과하였다.

국가가 주도하여 산업을 재편하면서 경작지를 확대하고, 상업과 수공업의 체제를 확립하여 안정된 경제 기반을 확보하였다. 개경의 외항인 벽란도에는 중국, 일본, 아라비아, 페르시아 등지의 상인들이 와서 활발하게 무역하여 인삼, 농기구, 도자기 등을 수출하고 유리 공예품, 서적, 비단 등을 수입했다.

고려의 수출품으로는 금·은·구리·인삼·잣·모피등의 원산품과 능라 비단·저마포·금은 동기·부채·금은 장도, 그밖에 종이·붓·먹 등 가공품이 많았다. 활발한 무역을 통해 고려를 영어식 발음의 코리아로 불렀다. 코리아라는 명칭은 이렇게 생겨났다.

통치의 묘력

고려는 새로운 통일 왕조로서 커다란 역사적 의의를 지닌다. 고려는 고대 사회에서 중세 사회로 넘어오는 역사적 발전을 의미하기 때문이다. 외세의 도움

● 청자 어룡형 주전자
고려 자기는 고려뿐만 아니라 중국과 일본, 페르시아 등지에서 인기가 높았다.

없이 한민족이 단결하여 세운 최초의 진정한 통일 국가였다.

고려는 신라 말기의 6두품 출신 지식인과 호족 출신을 중심으로 세운 나라였다. 골품 위주의 신라 사회보다는 더 개방적이었고, 통치 체제도 과거제를 실시하는 등 효율성과 합리성이 강화되는 방향으로 정비되었다. 사상적으로 유교의 정치 이념을 수용하여 고대 사회로부터 벗어날 수 있었다.

태조 왕건과 제4대 광종은 연호를 세워 대외적으로도 국위를 드높였다. 다른 고려의 왕들도 스스로를 짐, 수도를 황성, 군주의 존칭을 폐하, 다음 임금에 오를 후계자를 정윤 또는 태자라 하고, 군주의 어머니를 태후, 군주의 명령을 조와 칙으로 부르는 등 제국의 제도를 사용해왔다.

고려 시대는 외적의 침입이 유달리 많았던 시기였다. 그러나 고려인들은 줄기찬 항쟁으로 이를 극복하였다. 12세기 후반 무신들이 일으킨 무신정변은 종전의 문신 귀족 중심의 사회를 변화시키는 계기가 되어, 신분이 낮은 사람도 정치적으로 진출할 수 있는 길을 열었다.

무신 집권기와 원나라 지배기를 지나 고려 후기에는 새롭게 성장한 신진 사대부를 중심으로 성리학이 수용되어 합리적이고 민본적인 정치이념이 성립되었고 사회 개혁도 진행되었다.

고려 태조 왕건은 태봉과 신라의 제도를 아울러 사용하였다. 이것은 신라 시대의 골품제를 청산하고 왕권이 확립될 때까지의 과도기적 조치에 지나지 않았다. 나라의 기반이 튼튼해지고 왕권이 확립된 제6대 성종에서 제11대 문종에 이르는 기간에 당, 송나라의 제도를 수입하여 관제를 정비 완성하였다. 임금의 최고 고문으로 태사, 태

● 숭의전

경기도 연천군 미산면에 있다. 조선시대에 고려 태조를 비롯한 7왕의 위패를 모시고 제사 지내던 사당이다.

부, 태보 삼사(三師)와 삼공(三公)을 두었다. 이는 국가 최고의 영예직일 뿐 실무는 맡지 않았다.

중앙 행정의 최고 기관으로는 삼성과 육부를 두었다. 삼성은 문하, 중서, 상서의 세 성으로 당나라의 제도를 모방한 것이다. 문하성은 임금의 명령을 전달하고, 신하들의 건의를 받아들이는 사무를 관장하고, 중서성은 조칙에 관한 사무를 관장하며, 상서성은 실지로 나라의 정치를 맡아보는 집행 기관이며, 그 밑에 6부가 있었다.

문하성의 장관을 시중이라 하여 수상 격이었고, 중서성의 장관은 중서령, 상서성의 장관은 상서령이라 하였다. 이 성의 고관을 재신이라 불렀다.

상서성의 지휘를 받는 육부는 이부·병부·호부·형부·예부·공부였다. 이부는 관리의 임면과 상벌을 맡았다. 병부는 무관의 임면, 군무의·의장, 우역을 담당했다. 호부는 호구, 부역, 전량을 맡았다. 형부는 법령, 소송, 형벌을 관장했다. 예부는 예의, 제사, 조회, 교빙, 학교, 과거시험을 전담했다. 공부는 산택, 공장, 영조를 맡았다.

삼성과 거의 같은 자격을 가진 사헌부, 사간원, 홍문관을 두어 국가 재정을 통일하였다. 군국의 기밀과 숙위를 맡은 기관을 중추원이라 하고 그 장관을 판원사라 하였다. 중추원은 삼성과 더불어 국가의 최고 기관으로, 그 고관을 추신이라 불렀다.

특수 기관으로 국가의 주요한 격식을 결정하는 식목도감, 감찰을 맡은 사헌대, 왕의 명령을 받드는 한림원, 모든 시정방침을 기록하는 사관, 대학으로 국자감이 따로 있었다. 보문각은 경연과 장서를 맡았고, 어서원은 왕실 도서관이었고, 비서성은 경서와 상소문을 맡았다.

재주 있는 문신을 뽑아 임금을 모시게 한 홍문관, 조회와 의식을 맡은 합문, 제사와 시호를 내리는 태상시, 감옥을 맡은 대리시, 외국 사절을 맞이하는 예빈시, 시장을 단속하는 경시서, 왕실과 종친의 족보를 맡은 전중성, 왕실의 의약과 질병 치료 등을 맡은 태의감, 왕의 출장과 어가 등을 맡은 공역서 등이 있었다.

고려의 지방제도는 건국 초기에는 미처 중앙의 행정력이 지방에까지 미칠 수가 없어서 지방행정은 호족들에게 맡긴 상태였다.

983년 제6대 성종 때에 12목을 두어 중앙

● 고려의 성균관 명륜당
유교 경전을 가르치는 고려 시대의 국립 대학.

의 관원을 파견한 것이 지방관제의 시초였다. 성종 14년에 경기 이외의 전국을 10도와 12주로 나누고 절도사를 두고 그 아래로 단련사, 자사, 방어사 등 외관을 설치하였다. 그 뒤에 전국을 5도 양계와 경기로 크게 구분하고, 그 안에 3경, 4도호부, 8목과 군·현·진 등을 두었다.

문화의 융성

고려의 기술적 발전을 대표하는 인쇄술과 고려청자는 귀족문화의 소산이었다. 역사학이 발달하여 많은 서적이 편찬되었다. 새로운 형식의 시가인 경기체가와 장가가 나타났다.

금속활자의 사용은 서양보다 약 200여 년 앞선 것으로 세계에서 가장 오래된 금속활자를 사용한 것이다. 중세의 예술은 귀족 중심의 우아하고 세련된 특징을 드러내고 있다.

천문학 및 천체 관측이 특히 발달하였다. 관측 기록은 독자적이고 정확한 것으로 정평이 나와 있다. 고려 말에는 화약을 제조하였고, 배를 만드는 조선 기술이 뛰어났다.

특히 군사용 병선 제조 기술이 뛰어났다.

지리적으로 중국 중심에서 벗어나 동양 중세의 불교적 세계관을 바탕

● 직지
이 책은 고려 말의 승려 경한이 편찬한 것으로 상하 2권으로 구성되었다.

● 직지

고려 주자본 중 유일하게 전래되고 있는 금속 활
자본으로 우리나라뿐만 아니라 세계적으로 가장
오래된 귀중한 문화유산이 되는 점에서 그 가치
가 사뭇 높이 평가된다.

으로 인도와 중앙아시아까지 넓은 지역과 교역하였다. 아라비아와 중동 지역의 지리적 지식도 가지고 있었다. 고려의 의학은 958년에 시작된 과거제도에 의학 부문이 포함되고, 중국과 고려의 의학 서적을 간행하였다.

건축과 조각에서는 고대의 성격을 벗어나 중세적 양식을 창출하였으며, 청자와 인쇄술은 세계적인 수준을 자랑하고 있다. 그림과 문학에서도 중세의 높은 품격을 보여주었다.

고려 초기에 실시한 과거제와 함께 한문학이 크게 발달하였고, 성종 이후부터는 문치주의가 성행함에 따라 필수 교양으로 발전하였다.

● 최무선과 화통
고려 말과 조선 초의 무신, 과학자, 화약 발명가로 한국에서 처음으로 화약에 쓰는 염초 개발법을 익혔으며, 화약과 화약을 이용한 무기를 제조했고, 새로운 발사기구를 발명하였다.

● 부석사 무량수전
한국에서 가장 오래된 목조 건축물이다. 정확한 건조 연대는 알 수 없으나 고려 중기 후반경의 건축물로 추측된다.

고려청자의 신비

고려 사람들은 사치 생활을 충족하기 위하여 다양한 예술 작품들을 만들어 즐겼다. 그 중에서도 가장 돋보이는 분야는 공예와 고려청자이다. 공예는 생활 도구와 불교 의식에 사용되는 도구를 중심으로 발전하였고, 특히 자기 공예가 뛰어났다.

고려 후기의 문화는 조계종의 융성과 주자학의 전래가 특징적이다. 불교에는 백운, 태고, 나옹, 무학 등 고승들이 나타났다. 주자학은 충렬왕 이후 유교의 진흥으로 중국에서 전래되어 점차 발달하면서 불교를 배척하는 기운을 보였다. 미술에 있어서도 많은 작품을 남겼다. 한국에서는 가장 오래된 목조건물인 영주 부석사의 무량수전을 비롯하여 많은 건축물들이 당대의 모습을 보여주고 있다.

석탑, 석부도 등도 당시의 예술을 말해준다. 또 회화도 점점 발달하였다. 무엇보다 특기할 것으로는 목화씨의 전래와 화약의 제조이다.

● 고려청자
고려 시대에 만들어진 청자를 통틀어 일컫는 말. 그 모양이 아름답고 정교하며 색깔이 독특하다. 파르스름한 진한 옥색을 은은하게 띠고 있는데, 특히 상감 청자는 독특한 무늬를 새겨 넣은 기법으로 유명하다.

▼ 상감 운학문 매병

▼ 비색 청자 투각 칠보 무늬 향로

▼ 기린 유개향로

생활과 명절

불교가 성행함에 따라 사람이 죽으면 화장하는 풍습이 생겼고, 부모상에는 대개 100일 동안 복상하였다. 삼 년 동안 복상하는 습관은 말기의 정몽주 등 유학자들로부터 비롯된 것이다.

무속은 주로 무당들이 일으켰다. 산신을 비롯하여 기타 여러 귀신들이 많이 등장했다. 설·정월 보름·한식·단오·추석·동지·팔관회 및 성상절(임금의 생일)을 명절로 지냈다. 이 밖에 인일(음력 1월 7일)·입춘·2월 연등·3월 삼짇날(음력 3월 3일)·사월 초파일·유두(음력 6월 15일)·우란분회(음력 7월 15일)·중양절(음력 9월 9일)도 기념하였다.

설에는 차례를 지내고 관청에서도 전후 7일의 휴가를 주었다. 보름에는 다리 밟기, 입춘에는 첩자를 써 붙였고, 한식에는 성묘와 그네, 삼짇날에는 들놀이에 쑥떡을 먹었다. 사월 초파일에는 집집이 연등을 달았고, 단오에는 공치기·석전·그네·성묘, 유두에는 머리를 감아 액을 씻었고, 우란분회에는 절에 가서 공양했고, 추석과 중양절에도 성묘와 놀이, 동지에는 팥죽을 먹었다.

● 고려인의 복식
고려는 건국 초기부터 사회 전반에 걸쳐 남아 있던 신라의 구제도를 따랐기에 복식에서도 통일신라적인 우리 고유 복식과 중국 복식의 2중 구조가 공존하였다.

읽고 바로 써먹는

쓸모 있는 한국사

조선

● 일월오봉도

조선의 왕권을 상징하는 일월오봉도는 용상 뒤에 설치 되었고 백성들의 태평성대를 염원하는 의도에서 제작된 것이다. 일월오봉도에는 다섯 개의 산봉우리와 해, 달, 소나무, 물이 일정한 구도로 배치되어 있다.

■ 새로운 왕조

태조 이성계

이성계는 왜구와 홍건적을 진압하면서 새로운 무인세력으로 등장하였다. 이성계는 정도전을 비롯한 신흥 사대부들과 결합하였고, 이들은 점차 권문세족을 압박하는 개혁을 확대하여 정치 경제적인 기반을 확보하였다.

마침내 조준, 정도전 등 급진적 개혁을 추구하는 역성혁명파가 온건한 개량을 주장하는 이색, 정몽주 등의 반대파를 꺾고 이성계를 왕으로 옹립함으로써 고려에서 조선(朝鮮)으로 왕조가 바뀌게 되었다.

고려에서 조선으로 왕조가 바뀜에 따라 국가 사회로서는 연속성을 가졌던 반면에 기존 국가사회 자체가 멸망하여 영토와 국민이 크게 변동하였던 앞의 시대인 삼국시대, 통일신라, 발해의 변화나, 남북국 시대에서 후삼국을 거쳐 고려에 이르는 왕조의 변화와는 아주 다른 성격을 가지게 되었다. 이를 역성혁명(易姓革命)이라고 한다.

고려에서 조선으로의 변화는 왕실과 왕조로서는 종말과 동시에 새로운 개국이었으나, 영토와 국민은 그대로였다.

고려 말 당시 국가체제 안에 포괄된 지배층 내에서 정권교체라는 성격을 강하게 갖는 것이었다. 정권교체의 이면에서는 고려 후기

● 정도전 영정
조선 개국의 핵심 주역으로 고려 말기의 사회모순을 해결하고 이를 실천하기 위하여 새로운 왕조를 모색하여 개혁을 단행한 사상적 정치가이다.

이후 광범한 사회변동 속에서 어림으로 추측하는 암중모색의 개혁이 확고한 방향을 잡고 새로운 체제를 구체화시키는 결실을 보게되었다.

국호 변경과 한양 천도

1388년 고려 무신이었던 이성계는 위화도 회군으로 군사정변을 일으켜 창왕과 공양왕을 왕위에 올렸다가 폐위시키면서 정권과 군권을 장악하고 전제 개혁을 단행하였다. 경제적인 실권까지 장악한 뒤, 1392년 8월 5일, 개경 수창궁에서 이성계가 스스로 왕위에 올랐다. 이로써 고려는 역사 속으로 사라지고 새로운 나라 조선이 건국된 것이다.

▼ 홍룡포의 태조 이성계

이성계는 건국 후 1년이 지난 뒤에야 국호를 바꾸었다. 또 1년 뒤인 1394년에 한양을 도읍으로 정하고 여러 개혁을 단행했다. 태조는 고려 때에 큰 폐단이 되었던 불교 대신에 유교를 존중하여 이를 정치·교육의 근본 이념으로 삼으니, 불교는 점점 쇠퇴하여 천대를 받고, 유교는 극진한 대우를 받게 되었다. 이를 조선의 억불숭유정책이라고 한다.

● 태조 이성계의 청룡포
역대 임금들의 어진은 모두 홍룡포 차림인데 유독 경기전의 태조 어진만 청룡포를 입고 있다. 이러한 점은 조선 숙종 때도 이 문제에 의문을 가져 신하들과 논의했는데 우리나라를 의미했던 청색은 고려 시대에 숭배되어 왔다. 개국 초기였던 태조 때에도 용포에 사용했던 것으로 추정되고 있다.

제3대 태종은 왕권을 강화하고 임금 중심의 통치 체제를 정비하기 위해 관료 제도를 정비하였다.

제4대 세종은 한글인 훈민정음을 창제한 것을 비롯해 학문·군사·과학·문화 등 모든 면에서 큰 업적을 이룩하였다. 이 당시에 과학이 크게 발전했다.

세조는 태종처럼 신권을 제한하여 왕권을 강화하였고,《동국통감》,《국조보감》등을 만들기도 했다. 성종은 개국 이후의 문물제도를 정비했다. 15세기 말부터 지방의 사림 세력이 정계에서 세력을 키우기 시작했다.

태조를 다스린 무학

고려 말, 조선 초기의 승려이다. 성명은 박자초이며, 법명은 무학이다. 조선 태조에 의해 왕사가 되었으며 한양 천도를 도왔다. 1327년 경상도 합천에서 태어났다. 무학의 부모는 왜구에게 끌려갔다가 돌아온 하층민으로 갈대로 삿갓을 만들어 팔았다. 이러한 사정으로 무학의 어렸을 적 기록은 남아 있지 않다.

18세 때 송광사에 들어가 소지 선사 밑에서 승려가 되었다. 용문산 혜명 국사로부터 불법을 전수받고 묘향산 금강굴에서 수도하였다. 1353년 원나라 연경에 유학하여 인

● 무학대사 부도
양주군 회천면 회암리에 있는 무학대사 부도는 조선 시대 부도 가운데 가장 우아하고 아름다운 작품으로 꼽힌다.

도의 지공 선사에게 가르침을 받았다. 1356년에 고려로 돌아왔다.

1364년 나옹은 회암사를 중건하고 무학을 불러 수좌승으로 삼았다. 나옹이 사망한 뒤에 무학은 전국을 돌며 수행하였는데, 이때 이성계와 처음 만난 것으로 알려졌다. 무학은 이성계의 꿈을 해몽하여 석왕사를 짓게 해준 인연으로 이성계의 특별 대우를 받았다.

1392년 조선 개국 후 왕사가 되고 묘엄존자 호를 받았으며 회암사에 있었다. 개국 직후부터 태조는 도읍지를 옮기려 했다. 수도를 옮기려는 태조 이성계를 따라 계룡산과 한양을 돌아다니며 땅의 모양을 보고 도읍을 정하는 것에 의견을 내었다.

계룡산을 둘러본 뒤 한양을 도읍지로 권하였다. 무학은 삼각산에 이어 목멱산(지금의 서울 남산)에 올랐다. 이곳이 적당하다고 쾌재를 부르는 순간, 한 노인이 소를 타고 지나가다가 소리를 질렀다고 한다.

"이놈의 소! 미련하기가 무학과 똑같구나. 바른 길을 버리고 굽은 길을 찾아가다니, 이랴!"

● 한성의 주요 건축물들
무학대사와 정도전은 새로운 왕조의 수도를 한성(서울)으로 정하고 기간 시설을 갖추어 조선왕조 500년의 터를 닦는다.

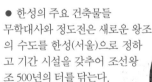

 ▲ 남대문

◀ 한양 성곽   ▶ 사직단

무학은 깜짝 놀라서 노인을 쫓아가 좋은 터를 알려 달라고 간청했다. 노인은 "여기서 서쪽으로 십리를 더 가면 알리라." 하고 사라졌다.

삼각산을 거쳐 백악산 밑에 도착한 무학은 인왕산을 주산으로 삼고 백악과 남산으로 좌우 용호로 삼아 궁궐터로 정하고 태조에게 아뢰어 궁궐터로 정하도록 한 것이다.

그런데 정도전이 반대하고 나섰다.

"예로부터 제왕은 모두 남향을 향하여 나라를 다스려왔고, 동향했다는 말은 한 번도 들어보지 못했습니다."

정도전의 건의에 따라 다시 잡은 자리가 북악산 밑 경복궁 자리이다. 본래 무학이 잡은 자리는 종로의 필운동 근처였는데 그 방향을 조금 남쪽으로 틀어 경복궁으로 정했다고 한다.

1394년 8월 태조는 마침내 천도를 명령하고, 10월 태조는 문무백관을 거느리고 개경을 출발하여 한양으로 들어왔다. 새 수도의 이름을 한성부로 고친 뒤 12월부터 본격적인 대궐 공사에 들어갔다.

▲ 경복궁 근정전

▶ 종묘

▲ 무학대사 영정

함흥차사

조선 태조 이성계는 다섯째 아들 태종이 왕자의 난을 일으켜 형제들을 죽이고 스스로 왕위에 오르자 한양을 버리고 고향인 함흥으로 내려갔다.

태종이 문안 사자를 보내면 태조가 죽여 버리는지라, 문안 가려는 사람이 아무도 없었다. 이때 판중추부사를 지낸 박순이 스스로 나섰다. 박순은 사자의 수레를 타지 않고 새끼가 딸린 어미 말을 타고 함흥으로 갔다.

함흥 근처 행재소가 보이자 박순은 말에서 내려 망아지를 길가에 매어 놓고, 어미 말만 끌고 태조 앞으로 나아갔다. 그러자 어미 말과 망아지는 서로를 바라보면서 애처롭게 우는 것이었다. 이 광경을 바라보고 있던 태조는 박순에게 물었다.

"저 말이 왜 저리 슬피 우는가?"

"비록 동물이지만 모자의 정이 지극하여 그러는 모양입니다."

태조는 박순의 대답을 듣고 가슴 한구석이 찔리는 데가 있었는지 불쾌한 심기를 드러냈다.

"내가 짐승만도 못하단 말인가?"

하루는 박순이 태조와 바둑을 두는데 천정에서 쥐 한 마리가 새끼를 물고 떨어졌다. 그 쥐를 잡는데, 어미 쥐는 자기가 죽게 될 지경에 이르렀는데도 끝까지 새끼를 놓지 않았다.

● 함흥용성도
함흥은 조선 왕조의 발상지이다.

● 함흥본궁 (북한 함흥 소재)
태조 이성계가 왕이 되기 전에 살던 집.

● 건원릉(경기 구리 소재)
태조 이성계의 릉으로 함흥의 억새
풀을 가져다가 봉분을 입혔다.

이것을 보고 있던 박순은 바둑판을 밀어 놓고 태조 앞에 엎드려 울며 간곡히 아뢰었다.

"한낱 미물들도 저렇거늘 전하께서는 어찌 이렇게 떨어져 지내신단 말씀입니까?"

박순의 간절한 말에 태조의 굳었던 마음이 움직였다.

"서울로 돌아가겠노라."

태조는 마침내 약속하였다. 박순이 하직하고 한양으로 돌아가는데, 태조를 모시고 있던 신하들이 박순을 살려 보내는 데 반발하여 그를 죽여야 한다고 청하는 것이었다.

"그렇다면 그를 추격하되 그가 용흥강을 이미 건넜으면 그냥 돌아오고, 건너지 못했으면 죽여 없애라."

태조는 나름대로 시간을 계산해 보았다. 태조는 뒤쫓는 신하가 용흥강에 닿았을 때는 박순이 이미 강을 건넜을 것으로 믿고, 이렇게 마지못해 분부했던 것이다. 그러나 불행히도 박순은 막 배에 오르려는 찰나 허리에 칼을 맞고 쓰러졌다.

태조는 통곡하며 말했다.

"박순은 좋은 친구였는데 내가 그를 죽였구나! 그와의 약속을 결코 저버리지 않으리라."

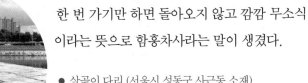

한 번 가기만 하면 돌아오지 않고 깜깜 무소식이라는 뜻으로 함흥차사라는 말이 생겼다.

● 살곶이 다리 (서울시 성동구 사근동 소재)
살곶이 다리는 조선시대 한양과 동남쪽 지역을 잇는 석조 다리로 함흥에서 돌아온 이성계는 이곳에 마중 나온 태종 이방원에게 활을 쏘았다는 일화가 있다. 1970년대 초에 복원되었다.

■ 새 역사 500년

시대적 특성

조선 시대는 고려 이후 근세에 해당되는데, 건국 이후 멸망할 때까지를 시대적 특징을 기준으로 초기·전기·중기·후기·근대로 구분한다.

◆ 초기

태조 이후 제3대 태종 때까지이다. 1388년 고려의 무신으로서 우군 도통사를 맡았던 이성계가 위화도에서 회군하여 정권을 잡고 우왕·창왕·공양왕 등을 왕위에 올렸다가 폐위시키는 등 정권과 군권을 장악한 시기이다.

혁명파 신진 사대부의 경제적 기반이 되는 과전법을 단행하여 경제적인 실권까지 장악하였다. 이성계의 아들 이방원이 반대 세력인 정몽주를 죽이고 1392년 7월 이성계가 새 왕조를 세웠다.

1393년 나라 이름을 조선이라 고치고 태조가 된 이성계는 1394년 한양으로 천도한 뒤 개혁을 단행하였다. 태조는 신덕왕후 강씨의 아들 방석을 세자로 세웠다. 그러자 이를 불쾌히 여긴 이방원이 두 차례에 걸쳐 왕자의 난(1398년, 1400년)을 일으켰다.

왕자의 난에서 승리한 이방원은 제3대 태종으로 등극하였다. 태종은 왕권을 강화하고 임금 중심의 통치 체제를 정비하기 위해 육조 직계제와 관제 개정 등 관료 제도를 정비하였다. 특히 사병을 없애고, 억울하게 노비가 된 이들을 양민으로 복귀시키고, 서자(첩의 아들)의 관리 등용을 막는 적서차별제도 등을 시행하였다.

제9대 성종 때는 재혼 여성의 자손 금고령을 정착시켰다. 이런 제도는 제21대 영조 때까지 이어지면서 규제수단으로 작용하여 사회적 차별을 일으켰다.

◆ 전기

제4대 세종대왕 이후 제13대 명종 때까지이다. 안정을 기반으로 등극한 세종은 학문·군사·과학·문화 등 모든 면에서 큰 업적을 이룩하고 정치를 안정시켰다. 국방을 안정시킬 목적으로 북방 지역에 4군 6진을 개척하여 국경선을 압록강-두만강으로 확정하였다. 화포 제작과 조선 기술 개발 등을 통해 왜구의 약탈을 방지하였다.

궁중 안에 정책 연구기관인 집현전을 설치하여 학문을 진흥시켰다. 훈민정음을 창제하고 측우기와 금속활자를 개량하였으며 아악을 정리하였다.

제7대 세조는 태종처럼 신하의 권력을 제한하고, 왕권을 강화하기 위해 호패법을 복원하고,《동국통감》,《국조보감》등을 만들었다.

제9대 성종은 개국 이후의 문물제도를 정비하였다. 세종 때부터 이어온 법전 편찬사업인《경국대전》을 완성하고 국가의 의례서인

《국조오례의》를 편찬하였다. 온건파 신진 사대부의 후예들인 영남의 사림파를 등용하여 공신 세력인 훈구파를 견제하였다. 이로써 조선왕조의 통치 체제가 확립되었다.

● 측우기
1442년(세종 24)부터 20세기 초 근대적 기상관측이 시작될 때까지 조선 왕조의 공식적인 우량 관측기구로 사용된 도구로, 현대의 우량계에 해당한다.

　제10대 연산군의 거듭된 실정에 견디지 못해 사림파를 중심으로
일어난 중종반정을 통해 중앙 정계에 대거 진출한 사림파는 제13대
명종 때 비로소 훈구파를 몰아내고 조정의 실권을 잡았다. 이때부터
사림은 동인과 서인으로 나뉘어 붕당정치가 시작되었다.

◆ 중기

　제14대 선조 이후 제20대 경종 때까지이다.
김종직 등 세조 때에 중앙 정계에 진출한 이들
은 학맥상으로 고려 말기 정몽주의 후예들이었
던 사림들이다. 김종직은 《조의제문》을 지어 세
조의 찬탈을 비난했다.

무오사화, 을묘왜변, 중종반정, 기묘사화, 그리

● 김종직의 조의제문
조선 전기의 학자 김종직(金宗直)이 수양대군(세조)의 왕
위 찬탈(簒奪)을 풍자하여 비난한 글로 이후 연산군 때에
무오사화가 벌어져 김종직은 부관참시를 당한다.

고 임진 왜란 등을 당하여 벼슬을 버리고 지방에 내려가 학문에만 열중하던 사림들이 선조 때 등용되면서 마침내 사류들이 승리를 거둔 셈이었다. 그러나 사림들 사이에 다시 대립이 생겨 자기 일파만이 정권을 장악하기 위하여 대대로 서로 싸웠다. 이것이 당쟁의 뿌리이다.

◆ 후기

제21대 영조 이후 제25대 철종 때까지이다. 붕당을 중심으로 형성되었던 정치 체제는 마침내 서인이 17세기 중반의 예송 논쟁에서 남인에게 권력을 빼앗겼다.

1680년의 경신환국으로 서인이 권력을 다시 잡은 뒤 균형이 무너져, 서인은 남인을 철저히 탄압하였다. 그러나 서인은 노론과 소론으로 쪼개져 대립하였다.

영조는 당쟁을 타파하기 위해 노론과 소론의 온건파를 기용하고, 통치 이념으로 탕평론을 채택하였다. 영조의 강력한 탕평정치로 인해 왕권이 강화되고 붕당정치의 힘은 약화되었다.

제22대 정조는 탕평정치를 더욱 강화 발전시켜 나갔다. 규장각을 붕당의 비대화를 막고 임금의 권력과 정책을 뒷받침할 수 있는 강력한 정치기구로 육성하였다. 신진 인물이나 하급 관리들을 재교육시키는 초계 문신제를 시행하였다.

● 영조의 탕평정치
영조는 집권 초기 왕권을 강화하고 정치를 안정시키고자 탕평교서를 발표하고 탕평비를 건립하며 탕평에 대한 의지를 강하게 드러냈다.

1800년 정조가 갑작스럽게 서거하고 그의 어린 아들 순조가 즉위하자, 순조의 장인 김조순이 정권을 장악하여 안동 김씨 집안의 세도정치가 시작되었다. 그 뒤 순조·헌종·철종 3대에 걸친 안동 김씨와 풍양 조씨 등 외척 세력의 세도정치가 60여 년 동안 계속되었다. 세도정치는 온갖 부정부패의 원천이 되었다. 전정·군정·환곡 등 삼정의 문란이 극도에 이르렀다.

세도정치에 반대하는 민란이 여러 차례 일어났다. 가장 대표적인 것이 제23대 순조 때의 홍경래의 난, 제25대 철종 때의 진주민란이다. 이때를 전후하여 천주교가 전래되었고, 최제우가 동학을 창시하였으나 모두 엄청난 박해를 당하였다.

◆ 근대

한국사에서의 근대는 일반적으로 1863년 제26대 고종의 즉위와 홍선 대원군 집권부터 1945년 광복까지의 시기로 분류된다.

철종의 뒤를 이어 홍선 대원군의 어린 둘째 아들 고종이 즉위하였다. 홍선 대원군은 고종 뒤에서 섭정을 하면서 세도정권을 무너뜨리고 민중들의 원망을 사고 있던 조세제도를 개정하였다.

전국의 서원을 철폐하고 의정부와 삼군부의 기능을 회복시켜 왕권 강화를 도모하였다. 홍선대원군은 왕실의 권위를 높인다면서 임진왜

● 홍선 대원군의 쇄국정치
대원군은 중대한 민족적 과업을 인식하지 못하고 오로지 쇄국하는 길만이 왕조를 수호하는 것으로 알고 쇄국정책에만 완고하게 매달려 국제적 위기를 더욱 심화시켰다.

란 때 불타 소실된 경복궁을 중건하는 데 재정을 투입하였다.

경복궁을 다시 짓는 일로 수많은 백성들이 세금과 강제 노동, 당백전으로 인한 엄청난 고통을 겪었다. 프랑스와 미국의 통상 강요를 물리치고 쇄국정책을 단행하였다.

1873년 흥선대원군이 쫓겨나고 고종 왕비의 친정인 여흥 민씨 정권이 들어서면서 대외 개방 정책을 시행하였다.

1876년 2월 27일 일본과 강화도 조약을 체결하여 문호를 개방하였고, 그 뒤 미국 등 서구 열강들과도 외교 관계를 맺었다.

1882년에는 구식 군인 차별대우로 임오군란이 일어났다. 1884년에는 김옥균을 중심으로 하는 급진 개화파가 중심이 되어 개화정권을 수립하는 갑신정변이 일어났으나 청나라의 개입으로 3일 만에 무너졌다.

농민층의 불안과 불만이 커지고 지식인과 농민들 사이에 사회 변혁의 욕구가 높아졌다. 인간 평등과 사회 개혁을 주장하는 동학운동이 일어났다.

전봉준을 중심으로 고부에서 일어난 동학 농민군은 전라도 지역을 장악하고 집강소를 설치하며 개혁을 실천해 나갔다. 조정의 개혁이

◀ 경복궁 근정전

부진하고 일본의 침략과 내정 간섭이 강화되자 농민군은 외세를 몰아낼 목적으로 다시 봉기하여 서울로 북상하였다.

우금치에서 근대 무기로 무장한 관군과 일본군에게 패하고 지도부가 체포되면서 동학 농민 운동은 좌절되었다.

일본은 조선에 파병된 청나라 군대를 공격하여 청일전쟁을 일으켰고, 무력으로 경복궁을 점령하여 고종을 협박하여 친일적 개혁을 단행하였다. 이것이 갑오개혁이다. 청일전쟁에서 승리한 일본은 대륙 진출의 발판을 마련하였다. 불안을 느낀 러시아는 독일과 프랑스를 끌어들여 일본에 대한 삼국간섭을 시도하였다. 고종은 반일정책을 구체화하였다.

위기감을 느낀 일본 공사 미우라 고로는 일본군 수비대와 낭인 등을 한밤중에 경복궁에 난입시켜 명성황후를 시해하는 을미사변을 일으켰다.

1895년 음력 8월 일본의 강요에 따라 김홍집을 내각수반으로 하는 새로운 내각이 구성되었다. 김홍집 내각은 개혁정책 중 하나로 단발령을 선포하고 머리를 강제로 삭발하여 전국 유생들과 백성들의 거센 반발을 불러 일으켰다.

명성황후 시해사건으로 반일 감정이 극도로 높아졌고, 위정척사를 주장하는 선비들의 주도 아래 전국적으로 의병이 일어났다. 이를 을미의병이라고 한다.

● 김홍집 내각
개화 교류사상의 확고한 신념과 이상을 가진 조선 마지막 영의정 김홍집은 을미사변 이후 일본에 의해 내각의 수반이 된다. 그러나 의병들의 규탄을 받고 붕괴되었으며, 그는 살해되었다.

왕자의 난

왕자의 난은 태조의 아들 이방원이 일으킨 사건이다. 태조는 여러 아들 중에 여덟 번째이자 막내 왕자인 의안대군 방석을 왕세자로 삼았다. 개국 당시부터 공이 컸던 다섯 번째 왕자 정안대군 이방원은 여기에 불만을 품고 제1차 왕자의 난을 일으켰다.

1398년 이방원은 사병을 동원해 난을 일으켜 왕세자 방석과 일곱 번째 왕자 무안대군 방번, 그리고 왕세자를 지지했던 정도전과 그의 일파를 살해했다. 그리고 당시 생존해 있던 태조의 아들 중 가장 위인 두 번째 왕자 영안대군 이방과에게 왕세자 자리를 양보하여 그해 음력 9월 태조는 왕위를 이방과에게 물려주었고, 이방과는 제 2대 정종이 되었다.

그러나 넷째 왕자 회안대군 방간은 제1차 왕자의 난에서 불만을 품은 박포와 공모하여 제2차 왕자의 난을 일으켰다. 이방원의 군사와 개경에서 맞붙어 패했으므로 방간은 유배되고 박포는 처형되었다.

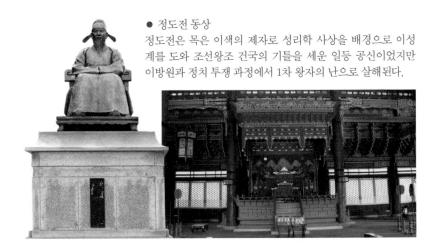

● 정도전 동상
정도전은 목은 이색의 제자로 성리학 사상을 배경으로 이성계를 도와 조선왕조 건국의 기틀을 세운 일등 공신이었지만 이방원과 정치 투쟁 과정에서 1차 왕자의 난으로 살해된다.

이 사건을 계기로 정종은 이방원을 왕세제로 삼고 음력 11월에 양위하여 태종이 제3대 왕으로 등극하였다.

사대교린 정책

조선은 1392년부터 1910년까지 512년 동안 27명의 왕들이 한반도와 그 부속 도서를 통치하였던 왕조이다. 공식 명칭으로 조선국이라 하였으며, 때로는 '대조선국'이란 명칭을 왕의 옥쇄인 어보(御寶)로 쓰고, 국가 주요 문서 등에 사용하였다. 흔히 조선왕조라고 부르며, 일제강점기에는 이씨조선이라고도 불렀다. 그러나 1897년부터는 고종이 대한제국을 선포하여 조선이라는 국호는 더 이상 사용되지 않게 되었다. 따라서 조선의 통치 역사는 사실상 1392년부터 1897년까지 505년 동안이다.

조선은 유교에 의한 통치 이념을 기본으로 임금과 신하 사이의 도리를 중요시했다. 조선이 통치하는 동안 한반도에서는 한글의 창제와 과학 기술 및 농업 기술의 발달 등이 이루어졌다. 임진왜란을 비롯한 여러 외침을 극복하고, 현재의 한민족과 한국 문화의 직접적 전통의 기반이 되는 문화를 형성한 시기이기도 하다.

조선은 외교적인 면에서 사대교린 정책을 취했다. 사대교린은 큰 나라를 받들어 섬기고 이웃 나라와는 화평하게 지내는 것이다.

● 문정왕후의 어보
어보(御寶)는 국가와 왕권을 상징하는 예물로 일반적으로 왕·왕비·왕세자 등 왕실의 의례용 도장을 통칭한다. 어보는 존호나 시호를 올릴 때나 가례, 길례 등 각종 궁중 의식에서 사용되었다.

이 정책은 조선의 근본 정책으로서 계속 계승되었다. 특히 국호를 정하는 일도 내부적으로 국호를 정하고도 명과의 관계를 고려하여 명나라에 '화령'과 '조선' 두 가지 국명 중에서 선택을 요청하여 승인을 받았다. 이런 과정을 통해 서로 사신의 내왕이 잦았으며, 조공이나 회사 형식의 국가 간의 무역이 행해졌다.

1400년 이후 정식 국왕으로 책봉된 이후로도 조선의 역대 국왕들은 즉위 직후 명나라에 책봉 고명사를 파견하여 책봉 승인을 받아왔다. 왕의 재위 중 왕후의 사망과 계비를 맞이할 때, 세자를 책봉할 때, 세자빈을 간택·책봉할 때 등에도 명나라에 책봉 고명사를 보내 승인을 받아왔다.

조선에서는 매년 명나라에 진하사·문안사·동지사 등을 보냈고, 태종 때부터 선조 때까지는 종계 변무사를 파견했다. 개국 초기 정도 전의 요동정벌 문제로 명나라는 조선의 국왕을 인정하지 않았다. 따라서 조선 국왕 책봉 고명사신이 도착하면 권지고려국사 또는 권지 조선국사라는 임명장을 내려주었다. 조선 국왕을 정식 국왕으로 승인한 것은 1401년 제3대 태종 1년 때였다.

● 건천궁 내부
명나라 황제가 정사를 돌보던 자금성 내의 건천궁 모습. 조선에서는 매년 사신을 파견하는 사대교린 정책을 추구하였다.

세종의 위업

태종은 두 차례에 걸친 왕자의 난에서 승리한 뒤 왕위에 올라 왕권을 강화하고 임금 중심의 통치 체제를 정비하기 위해 관료 제도를 정비했다. 사병을 없애고 양전 사업과 호구를 조사하여 조세 제도와 호적 제도를 개혁했다. 도평의사사를 폐지하고 의정부를 설치했다.

언론 기관인 사간원을 독립시켜 신하들을 견제하고, 왕실 외척과 공신 세력을 대대적으로 숙청해서 그들의 정치적 영향력을 약화시켜 정치를 안정시켰다.

전국을 경기, 강원, 충청, 경상, 전라, 황해, 평안, 함경도의 8도 정책도 세웠다. 이것이 오늘날 8도 체제로 자리 잡은 것이다.

제4대 세종은 학문·군사·과학·문화 등 모든 면에서 큰 업적을 이룩하며 황금기를 이루었다. 이 시기에 주자학이 국가 이데올로기로 정착했으며, 국방을 안정시킬 목적으로 화포 제작과 조선 기술을 발전시켰다.

● 앙부일구와 자격루
세종대왕은 장영실을 통해 물시계인 자격루와 해시계인 앙부일구를 만들게 하여 백성들이 시간을 아는 데 도움을 주었다.

북방 지역에 4군과 6진을 개척해서 압록강과 두만강으로 국경선을 확정지었다. 남으로는 대마도를 정벌하여 왜구의 약탈을 방지했다. 궁중 안에 정책 연구 기관인 집현전을 설치하여 학문을 진흥했다. 가장 두드러진 업적은 한글인 훈민정음을 창제한 것이다. 그리고 측우기와 금속활자를 개량하였으며 아악을 정리했다. 개량된 금속활자로 여러 가지 책을 간행하기도 하였으며, 의서인 《향약집성방》을 간행하여 의료 분야에서도 개선을 이룩했다.

4군과 6진

▶ 4군 ; 세종 25년 압록강 주변의 여진족을 몰아내고 설치한 곳으로, 자성군, 여연군, 무창군, 우예군이다.

▶ 6진 ; 1439년부터 세종 31년까지 10년 동안 김종서로 하여금 두만강 남쪽의 여진족을 몰아내고 개척한 곳이다. 개척한 차례대로 회령부, 경원부, 경흥부, 종성부, 온성부, 부령부 등 6개 진이다.

단종애사

세종의 맏아들 문종이 임금이 된 지 3년째 되던 해에 일찍 서거하자 문종의 외아들 단종이 불과 12살 어린 나이에 임금이 되어 김종서의 섭정을 받아 국사를 펼쳤다.

그러나 단종은 임금이 된 지 1년 만에 계유정난을 맞았다. 병권을 장악한 세종의 둘째 아들이자 숙부인 수양대군이 난을 일으켜 친동생인 안평대군과 충신 김종서, 영의정 황보인 등 수십 명을 죽인 것이다.

그로부터 2년 뒤인 1455년 수양대군은 단종을 수강궁(지금의 창경궁)으로 쫓아내고 스스로 왕이 되니 제7대 세조이다. 이 사건을 단종애사라 한다. 이 과정에서 단종을 임금으로 다시 모시려는 움직임을 몇몇 충신들이 비밀리에 추진하고 있었다.

이 사실이 밀고로 들통난면서 엄청난 파장을 불

● 김종서 흉상
지략이 뛰어나고 강직하였기 때문에 대호(大虎)라는 별명으로도 불렸다. 그러나 수양대군의 왕위 찬탈 야욕의 희생자가 된다.

러왔다. 단종 복위 음모를 꾸미고 있다는 밀고를 전해들은 세조는 그들을 모두 잡아 심한 고문을 자행하고 죽이는 한편, 단종을 따르던 많은 신하들까지 숙청하고 학자들을 양성하던 집현전을 폐지했다.

이때 잡혀 죽은 여섯 신하를 사육신이라 하고, 살아남았으나 벼슬을 버리고 시골에 은둔한 여섯 신하를 생육신이라고 한다.

사육신은 성삼문, 박팽년, 이개, 하위지, 유응부, 류성원이고, 생육신은 김시습, 남효온, 원호, 이맹전, 조여, 성담수이다. 어떤 이는 남효은 대신에 권절을 생육신에 포함하기도 한다.

세조는 왕위를 찬탈하는 과정에서 어린 조카 단종을 영월로 귀양 보내고 사약까지 내려 죽이고, 많은 충신들을 죽였다. 그래서 왕자의 난에 이어 숙부의 난이라는 비난을 받았다. 세조는 단종의 일곱 숙부 가운데 한 사람인 수양대군이다.

세조는 세종이 채택한 의정부 서사제를 폐지하고, 태종이 주창한 육조 직계제를 부활시켜 왕권을 강화했으며 태종처럼 신하의 권력을 제한하고, 호패법을 다시 복원하고, 《동국통감》, 《국조보감》 등을 만들기도 했다. 단종애사를 자행한 임금으로 기록되었지만, 조선 초기 혼란을 가라앉히고 나라의 기틀을 잡았다는 평가도 있다.

● 김시습 초상
생육신 중 한 사람인 김시습은 '금오신화'로 유명하다. 그는 작은 키에 뚱뚱한 편이었고 성격이 괴팍하고 날카로워 세상 사람들로부터 광인처럼 여겨지기도 하였으나 배운 바를 실천으로 옮긴 지성인이었다.

● 성삼문 초상
사육신 중 한 사람으로 세종대왕을 도
와 집현전에서 《훈민정음》 창제에 참여
하였고, 단종 복위 운동을 추진하였다.

● 박팽년 초상
사육신 중 한 사람으로 문과에 급제하여
집현전의 학사로 활동했고, 관직은 형조
참판에 이르렀다. 단종 복위 운동을 추
진하였다.

● 사육신 묘
현재 서울특별시 동작구 노량진동에 있다

사림들의 횡포

제9대 성종은 세조의 손자이다. 성종은 개국 이후의 문물제도를 정비하여 조선 왕조의 통치 체제를 확립하였다. 성리학을 기반으로 유학을 장려하고 홍문관을 설치하여 사라진 집현전의 기능을 담당하게 하면서 수많은 역사책을 편찬했다.

성종은 세조 때부터 이어온 법전 편찬 사업이었던 《경국대전》의 편찬도 완성했다. 《경국대전》을 간행하여 반포함으로써 조선 사회의 기본 통치 방향과 이념을 제시했다. 영남의 사림파를 등용하여 공신 세력인 훈구파를 견제했다. 기존 대신인 훈구와 신진 관료 세력인 사림이 대립하면서 정치는 혼란해졌으며, 이에 따라 전반적으로 사회가 어지럽고 혼탁하였다.

제14대 선조 때에는 마침내 사림들이 정치를 장악하게 되었다. 사림들은 계파 간에 대립하면서 결과적으로 붕당을 형성하여 국론 통합에 큰 걸림돌로 등장하였다.

16~17세기에는 주변국인 일본과 임진왜란, 청과는 병자호란을 치러 국토는 황폐해지고 국가 재정은 거의 바닥이 났으며 백성은 비참한 생활을 강요당하였다.

● 성종의 어진과 경국대전
조선 시대에 나라를 다스리는 기준이 된 최고의 법전. 세조 때 최항, 노사신, 강희맹 등이 집필을 시작하여 성종 7년(1476년)에 완성하고, 16년(1485년)에 펴냈음

조선 후기의 정치는 붕당을 중심으로 형성되었는데, 1680년의 경신환국으로 서인이 권력을 잡은 뒤 균형이 무너져, 서인은 남인을 철저히 탄압했다. 이어 서인에서 분열된 노론과 소론이 대립했다.

제21대 영조와 제22대 정조는 당파의 균형을 고려한 인재 기용으로 탕평책을 실시했다. 19세기의 순조, 헌종, 철종 3대에 걸친 안동 김씨와 풍양 조씨 등 외척 세력의 세도 정치가 60여 년 동안 계속되었다.

제26대 고종 때는 고종의 아버지 흥선 대원군이 섭정하면서 막강한 권력을 행사했다. 프랑스와 미국의 통상 강요를 물리치고 통상 수교를 거부하며 쇄국정책을 고수하였다.

1873년 흥선 대원군이 밀려나고 민씨 정권이 들어서면서 대외 정책을 개방하였다. 1880년대에는 구식 군인을 차별 대우한 데 따른 저항으로 임오군란이 일어났고, 개화정권을 수립하려는 갑신정변이 일어나기도 했다.

치열한 당파 싸움

15세기 말부터 지방의 사림 세력이 중앙 정계에서 세력을 키웠다. 제10대 연산군 때의 무오사화, 갑자사화로 대량 숙청되었지만 사림

● 흥선 대원군
고종의 친아버지인 그는 어린 고종을 대신하여 국정을 이끌었으며, 안으로는 유교의 위민정치를 내세워 전제왕권의 재확립을 위한 정책을 과단성 있게 추진하였고 밖으로는 개항을 요구하는 서구 열강의 침략적 자세에 대하여 척왜강경정책으로 대응하였다.

파를 중심으로 일어난 중종반정을 통해 중앙 정계에 대거 진출했다. 그러나 기묘사화 때에 또 대부분이 숙청되었고 제12대 인종 때에 잠시 등용되었다. 하지만 제13대 명종 때 을사사화가 일어나고 훈구파 외척 세력들이 권력을 장악하면서 큰 타격을 받았다. 그 뒤 제14대 선조 때 비로소 사림들이 훈구파를 몰아내고 조정의 실권을 잡았다.

이때부터 사림은 동인과 서인으로 쪼개지면서 붕당정치가 시작되었다. 신진 사림들은 여러 번에 걸쳐 사화라는 참극 속에서 화를 당하여 벼슬을 그만두고 지방에 내려가 학문에만 열중하는 경향이 있었다. 그러나 선조 때에 이들을 다시 등용하여 마침내 사림이 승리를 거둔 셈이었다.

그러나 이번에는 사림들 사이에서 다시 대립이 생겨 자기 일파만이 정권을 장악하기 위하여 대대로 서로 싸우게 되었다. 이것이 고질적인 당파싸움이다.

1506년 중종반정이 일어났다. 중종반정은 연산군의 폭정에 반발하여 성희안, 박원종, 유순정 등이 일으킨 사건이다. 중종반정에 의해 연산군이 귀양을 가고, 왕으로 추대된 제11대 중종은 왕권 강화보다는 왕권의 안정을 이루는 데 주력하였다.

그 방책으로 조광조 등 갑자사화로 밀려났던 사림파를 중심으로 철저한 유교적 개혁정치를

● 조광조의 개혁정치
성균관 유생들을 중심으로 한 사림파(士林派)의 절대적 지지를 바탕으로 도학정치(道學政治)의 실현을 위해 적극적으로 활동하였으나 기득권 층인 훈구파의 반발로 유배당해 죽임을 당했다.

단행하였다. 그러나 너무 급진적이고 과격한 조광조의 개혁 정책은 보수적인 기득권층인 훈구파의 엄청난 반발을 불러일으켰다. 더구나 그를 절대적으로 신임하고 지지하던 중종까지도 싫증을 내기 시작하면서 1519년 조광조를 비롯한 다수 사림들이 죽음을 당하고 말았다. 이를 기묘사화라고 한다.

그 뒤에 외척 세력이 새로 등장하여 중종과 잇달아 갈등을 일으키면서 정국이 편안할 날이 없었다. 1545년, 명종이 제13대 왕으로 등극하자 어머니 문정왕후가 대왕대비로 수렴청정을 시작했다. 이에 명종을 지지하는 소윤파가 인종을 지지했던 대윤파를 공격하면서 을사사화가 벌어졌다. 그로부터 12년의 섭정 기간 동안 정국은 상당히 문란해졌다.

1567년 왕위에 오른 제14대 선조는 이황, 이이 등 사림을 대거 중용하였다. 선조는 사림을 통해 취약한 자기 권력 기반을 강화하고자 하였다. 기묘사화 때 당쟁으로 억울하게 희생된 조광조를 비롯한 수많은 유학자들이 복권되었다. 훈구 대신인 남곤, 윤원형 등을 대역죄로 단죄하여 관직을 없애고 민심을 안정시켰다.

그 뒤에 사림이 두 갈래로 갈라졌다. 김효원을 지지하는 동인과 심의겸을 중심으로 한 서인으로 분리되어 붕당이 생긴 것이다.

당쟁의 발단은 심의겸과 김효원 두 파의 감투싸움에서 비롯되었다. 선조

● 퇴계 이황과 율곡 이이
조선의 세계적인 성리학자인 이황과 이이는 조선 중기의 문신이자 유학자로 주자의 사상을 깊게 연구하여 조선 성리학 발달의 기초를 형성했다.

는 어느 한 쪽의 세력이 커지는 것을 두려워하였고, 이에 따라 정국이 수시로 뒤바뀌는 일이 잦았다. 사림들은 서원과 향약을 토대로 발전하면서 당쟁을 벌였다.

금삼의 피

조선 제9대 성종의 윤비는 1474년에 연산군을 낳고, 폐비가 되어 1482년에 사약을 받았다. 그때 피 묻은 적삼을 친정 어머니에게 주며 훗날 연산에게 전하라고 말했다. 연산군은 왕이 된 뒤 임사홍을 통해 피 묻은 적삼을 전해 받고 어머니가 쫓겨나 죽음을 당한 사실을 알았다. 어머니의 원수를 갚는다면서 1498년에 무오사화를, 1504년에 갑자사화를 일으켜 많은 신하를 포함하여 성종의 후비들과 그 친족을 죽이고 귀양 보냈다.

성종 후궁인 엄, 정 두 숙의와 그들의 아들들도 태형을 쳐서 때려 죽였다. 윤비 폐위 사건에 찬성한 신하 10여 명도 처형시켰고, 이미

● 무오사화
1498년(연산군 4년) 김일손 등 신진 사류가 유자광 중심의 훈구파에게 화를 입은 사건이다. 사초가 발단이 되어 일어난 사화로 조선시대 4대 사화 가운데 첫 번째 사화이다.

▼ 연산군의 묘

죽은 한명회, 남효온 등 8명은 무덤 속의 시신을 파헤쳐 뿌리는 부관
참시를 저지르고 기생과 사대부 여인들을 능욕했다. 이를 나무라는
할머니 인수대비마저 매를 쳐서 죽였다. 뒷날 박종화가 《금삼의 피》
라는 제목으로 소설을 썼다.

의로운 도적, 임꺽정

조선 제13대 명종 때 황해도 지방의 백정 출신 도적이다. 홍길동,
장길산과 함께 조선 3대 도적 가운데 한 사람으로 임거정, 임거질정,
임꺽정 등으로도 불렸다.

1559년 명종 14년 때부터 황해도와 경기도 일대를 중심으로 관아
를 습격하고 탐관오리를 살해하는 한편 창고를 털고 빈민에게 양곡
을 나누어 주었다. 관군이 토벌하려 했으나 백성들이 숨겨줘서 위기
를 피했다.

1560년부터 점차 세력이 약해졌고, 1562년 음력 1월 관군의 대대
적인 토벌 작전으로 황해도 구월산으로 들어가 항전하다가 잡혀서
사형당했다. 자신의 이익만을 추구하며 가렴주구를 일삼는 위정자
에 대한 농민의 저항이자 신분 해방의 부르짖음이 담긴 의로운 도적
이라는 평가도 있다.

● 의적 임꺽정
조선 중기 황해도 함경도 등지에서
활동하던 도둑으로 천민인 백정 출신
이며 곡식을 백성들에게 나누어 줘
의적이라고 불렸다.

● 삼도수군통제사 이순신
한국사의 영웅으로 칭송되는 이순신은 임진왜란에서 삼
도수군통제사로 수군을 이끌고 전투마다 승리를 거두어
왜군을 물리치는데 큰 공을 세웠다.

■ 임진왜란

비참한 7년 전쟁

　임진왜란은 1592년부터 1598년까지 일본이 2차에 걸쳐 조선을 침략한 전쟁이다. 특히 제2차 침략을 정유재란이라고 한다.

　때는 조선 제14대 선조 25년부터 선조 31년 사이였다. 지배계급들이 당을 만들어 붕당정치를 하면서 당파 싸움으로 시끄러웠고 정치와 사회는 문란해지고 국방정책이 제대로 서지 않고 무너진 상태였다. 이에 앞서 율곡 이이는 10만 명의 병사를 훈련시켜야 한다는 10만 양병설을 주장하였으나 오히려 배척당하고 말았다.

　그때 한반도 남쪽 바닷가에는 왜구들의 노략질이 잦았다. 다만 전라좌수사 이순신만이 홀로 거북선을 만들면서 대비하고 있었다. 일본은 이런 가운데 서양의 새로운 문물과 제도를 받아들여 상업과 공업을 일으켜 새롭게 발전하기 시작하였다.

　도요토미 히데요시가 일본을 다스리면서 나라를 안정시키고 신식무기로 무장한 군대를 양성하여 쓰시마 섬 도주를 앞세워 조선과의 통상을 요구하였다.

● 도요토미 히데요시
일본의 무장이자 정치가로 일본 통일을 이룩했으며 1592년 조선을 침공하여 임진왜란을 일으켰다. 나고야에 지휘소를 차린 그는 출정군을 9개로 나누어 20만 명이 넘는 수군과 육군을 선두로 부산포를 공격하였고 서울에서 평양까지 파죽지세로 몰아부쳤다.

말이 통상일 뿐 조선은 일본과 수호조약을 맺고 중국 명나라를 공격하자는 것인데, 수호조약 문구에 정명가도(征明假道)라는 단어가 들어 있었던 것이다. 이 문구는 일본이 명나라를 침략할 수 있도록 한반도에 길을 열어 놓으라는 것이었다.

　　조선이 이를 거부하자 도요토미는 1952년 4월 14일 고니시를 대장으로 한 제1진 1만 8,000명의 왜군을 350척에 태워 부산 항구로 침입해 들어왔다. 활과 칼을 든 조선 군대는 유럽식 소총(조총: 화승총)을 쏘아대며 물밀듯이 들어오는 일본 군대를 감당할 수 없었다. 그날로 부산이 점령당하고 이튿날 동래도 빼앗겼다. 일본 군대는 불과 보름 만에 한강까지 치밀고 올라왔다.

　　다급해진 선조는 신하들을 이끌고 한양(서울)을 떠나 평북 의주로 피신하면서 명나라에 구원병을 요청하였다. 손쉽게 한양을 점령한 왜군은 계속 북으로 밀고 올라가 한반도가 거의 왜군에게 짓밟혔다.

　　왜군은 육지에서 약탈과 방화를 마구 저지르고 무고한 사람들을 살상하는 야만적 만행을 거듭하였다. 그때 육지에서는 곽재우 등 의

● 동래보국충정도
동래부사 송상현은 왜적이 성 안으로 침범하여 피하라고 권유하여도 피하지 않은 채 태연히 북향재배를 마친 후 부친에게 하직의 시를 남기고 의연한 자세로 순국했다.

쓸모 있는 **한국사**

병이 일어나 곳곳에서 왜군과 전쟁을 벌였고, 바다에서는 이순신이 거북선을 앞세워 왜군을 무찌르며 승리를 거듭했다.

최대의 위기

조선 중기 때의 가장 큰 위기는 임진왜란과 정묘호란, 병자호란이다. 1592년 일본을 통일한 도요토미 히데요시는 조선을 침략해 임진왜란을 일으킨 이래 모두 20만 병력을 파견하면서 한반도를 초토화시켜 버렸다.

선조의 뒤를 이은 제15대 광해군은 일본과 두 차례의 전쟁을 치른 후 피폐해진 국토를 정비하기 위해 왕권을 강화하였다. 실리 외교를 펼쳐, 새롭게 떠오르는 청나라와 망해가는 명나라 사이에서 중립 외교를 내세웠다.

제16대 인조는 명나라와 친선 정책을 펼쳤고, 이에 자극받은 청나라는 1627년 정묘호란과 1636년 병자호란을 일으켜 조선을 침공하였다. 조선은 이 전쟁에서 패하여 항복을 선언하고 청나라를 섬기게 되었다.

전란으로 국토는 황폐해지고, 국가 재정은 고갈되었으며, 백성들은

● 홍의 장군 곽재우
임진왜란을 극복하는 데 중요하게 공헌한 장수의 한 사람이다. 수십인으로 출발한 의병은 2,000인에 이르는 큰 병력을 휘하에 가질 수 있었으며, 그 병력을 바탕으로 많은 전공을 세웠다.

비참한 생활을 강요당하였다. 청나라에게 더는 끌려가지 말자는 북벌론이 대두되었으나, 실천하지 못했고 청나라를 본받자는 북학론이 일어났다.

구국의 성웅 이순신

임진왜란이 일어나기 전, 선조 16년에 이율곡은 일본의 침략에 대비하여 10만 양병설을 주장했다. 새로운 병력 10만 명을 양성하여 서울과 각 지방에 배치하자는 것이었다.

선조 24년인 1591년 일본이 쳐들어올 것이라는 소문이 전해졌다. 그러나 조정에서는 김성일을 포함한 동인들이 아무 걱정할 필요가 없다면서 큰소리쳤다. 이듬해 1592년 일본을 통일한 도요토미 히데요시가 20만 병력을 파견하여 조선을 침략했다. 조선은 초반 방어체제가 제대로 발휘되지 못하고 왜군의 신무기인 조총에 크게 당하고 말았다.

부산진의 정발과 동래성의 송상현이 삽시간 만에 왜군에게 무너지고, 상주의 이일과 충주 탄금대에서 진을 치고 있던 신립도 무너졌

● 신립의 배수의 진
신립 장군은 북방에 침입한 이탕개를 격퇴하고 두만강을 건너가 야인의 소굴을 소탕했다. 1592년 임진왜란이 일어나자 삼도도순변사로 임명되어 충주 탄금대에 배수진을 치고 북상해오는 적군과 대결했으나 힘이 미치지 못하여 패배, 부하 장수인 김여물과 함께 강물에 투신 자결하였다.

다. 상황이 이렇게 되자, 선조는 한양을 버리고 의주까지 피난을 가야 했다.

왜군은 싸움을 건 지 보름여 만에 한강에 이르렀고 20일 뒤에 한양까지 들어왔다. 임진강 방어선도 간단히 뚫은 채 평양까지 손쉽게 점령했다.

이때 전라좌수사 이순신이 거북선을 앞세워 옥포, 사천, 한산도 해전에서 일본 수군을 격파하여 일본에서 들어오는 군사 보급로를 거의 끊어 버렸다. 이와 함께 여러 지역에서 의병이 일어나고 관군은 명나라의 지원군에 힘입어 왜군을 반격하기 시작했다.

이에 일본 육군은 일본으로부터 들어와야 하는 보급이 막혀 더는 북진할 힘을 잃었다. 그러는 사이에 의병과 관군의 반격이 계속되면서 싸움은 지루하게 이어졌다.

1597년 1월 왜군이 경상도 해안에서 육지로 다시 올라오며 공격을 시작했다. 이를 정유재란이라고 한다.

1598년 히데요시가 죽으면서 왜군에게 철수 명령이 떨어졌고, 이순신의 노량대첩을 끝으로 7년의 임진왜란도 막을 내렸다.

● 이순신의 해전
삼도수군통제사 이순신은 해전을 통해 일본군을 크게 무찌르고 일본군의 보급로를 끊어버렸다. 이로 인해 왜란의 전세는 역전 되었으며 히데요시가 죽자 그들은 철수하였다.

이순신은 노량 해전을 승리로 이끌면서 막판에 전사하였다.

임진왜란 3대 대첩

한산도대첩 : 임진년(1592) 7월, 이순신 장군이 이끄는 연합함대는 한산도 앞바다에서 왜선 60척을 전멸시켜 왜의 수군에 큰 타격을 주고 해상권을 잡았다.

행주대첩 : 1593년 2월 전라 순찰사 권율이 한양 수복을 위해 북상하다가 경기도 행주산성에서 왜적을 크게 쳐부수어 승리한 싸움을 말한다. 이때 동원된 부녀자들이 앞치마로 돌을 날라 석전을 벌인 것이 유명하다.

진주성대첩 : 1차 혈전은 1592년 10월, 3만 명의 왜군 연합 부대가 공격해 왔으나 진주 목사 김시민이 끝까지 이를 고수하였으며, 이때 의병 곽재우가 합세하여 화약물과 돌로 왜군을 물리쳤다. 2차 혈전은 1593년 6월, 1차전의 패전을 설욕하고자 일본이 대군으로 공격, 의병인 고종후, 강희열 등이 참가하여 항전하다 전원이 전사하였다.

▼ 김시민과 곽재우의 진주성대첩

▲ 이순신의 한산도대첩

▲ 권율의 행주대첩

엄청난 피해

선조의 뒤를 이어 즉위한 제15대 광해군은 일본과 두 차례의 전쟁을 치른 후 피해 복구 사업에 노력하였다. 성곽과 무기를 수리하고, 군사들을 매일 훈련해 국방을 강화하였고, 호적을 다시 정비했다.

임진왜란 초기 도성이 함락되어 노비문서와 군적 등이 불에 탄 이후에도 전란 중에 노비, 호적 등의 문서를 소각하여 많은 수의 도망 노비와 유랑민이 생겨났다. 이는 조선 후기 신분제가 붕괴되는 원인이 되었다. 임진왜란 직후에 조정에 곡식과 금전 등을 내고 관직을 사는 공명첩과 선무군관 등의 임명장 발행으로 조정의 재정을 충당하였고, 전란 중에 호적 자료의 소실로 일부 부유한 상인들과 농민들은 가난한 양반의 족보를 사들이거나 위조하는 일까지 나타났다.

임진왜란 직후 전쟁 중 세운 공로로 벼슬을 받거나 노비에서 면제된 이들을 다시 노비로 환원시켜 불만이 일자, 광해군은 임진왜란 전후의 사료를 보강하고 공이 있는 노비와 양인에게는 부역을 면제시키거나 관직을 제수하였다.

전쟁 기간에 불에 탄 사고(史庫)를 재정비했다. 사고는 정부의 주요 문서 기록이나 역사 서적을 보관한 건물이다. 실리를 중시한 외교를 펼쳐, 새롭게 떠오르는 청나라와 망해 가는 명나라 사이에서 중립 외교를 내세웠다.

● 조선왕조실록 태백산 사고본
광해군 일기와 선조, 명종 실록이다. 광해군은 혼란을 수습하고 사고를 재정비하였다.

■ 혼란 시대

신하에게 쫓겨난 왕

서인 일파가 광해군과 북인들을 무력으로 몰아내고 능양군을 왕으로 옹립하였다. 이를 인조반정이라고 한다. 능양군은 제16대 왕 인조이다. 인조는 대북파의 무고로 친형 임해군이 처형당하고, 칠서의 변 책임을 물어 이복동생인 영창대군의 죽음과 계모인 인목대비를 서궁으로 몰아 유폐시킨 폐모론 등의 옥사를 근거 삼아 광해군을 패륜으로 규정하고 1623년 3월 반정을 일으켜 성공했다. 그러나 반정 공신 내부에서 논공행상이 제대로 이루어지지 않아 1624년에는 이괄의 난이 발생하기도 하였다.

사림파의 지지를 받고 즉위한 인조는 다시 명나라와 친선 정책을 펼쳤다. 이에 자극받은 청나라는 1627년 정묘호란과 1636년 병자호란을 일으켜 두 차례에 걸쳐 조선을 침입하였다.

조선은 이 전쟁에서 패하여 청나라에 항복을 선언하고 그 속국이 되었다. 이를 삼전도의 굴욕이라고 한다. 인조반정으로 정권을 잡은

서인들의 정치력은 근본적으로 지주제에 바탕을 두었다. 서인 정권의 개혁안은 일정한 한계를 지녔기 때문에 기존 사회의 움직임에 미봉적으로 대처할 수밖에 없었다. 서인 정권의 위기는 겉으로는 남인들의 도전으로부터 비롯되었다.

● 제주도로 유배되는 광해군
광해군은 조선의 역대 왕 중 연산군과 함께 왕위에서 쫓겨난 인물이었지만, 그는 혼란한 임진왜란 이후 많은 업적을 남기기도 했다.

● 삼전도의 굴욕

조선 시대 때 삼전도는 지금의 서울 송파구 삼전동의 한강 나루로 한양과 남한산성을 연결하는 곳으로 인조가 병자호란 때에 남한산성에서 청나라에 대항하다가 더 버티지 못하게 되자 남한산성에서 나와 청나라 태종에게 항복한 장소이다. 여기에 청나라는 청 태종의 승전비를 세웠다. 소현세자와 봉림대군 두 왕자가 인질로 청나라에 끌려가고 홍익한, 윤집, 오달제 3학사가 참형을 당했다.

▲ 남한산성

▲ 삼전도 굴욕비

서인이 주도하는 정국에서도 남인은 꾸준히 진출하였다. 제18대 현종의 스승이었던 윤선도가 남인 계열로서, 오랫동안 야당적 입장에 머물러온 남인의 지위를 끌어올리는 역할을 맡았다.

남인들은 서인 정권이 추구한 개혁의 부당성과 북벌운동의 무모함을 지적하면서 예송논쟁을 일으켜 서인들과 정치적으로 대립하였다. 이로써 두 정파 간에 심각한 갈등을 자아냈다.

예송논쟁은 효종이 승하하자 어머니 자의 대비가 아들 효종의 상복을 입어야 하느냐 마느냐 하는 언쟁이 벌어졌고, 이와 함께 둘째 아들로 왕통을 이은 효종을 적통으로 보느냐, 마느냐 하는 시비까지 일어났다.

서인의 주장은 임금도 임금 이전에 사대부로서의 예를 지켜야 한다는 의미이고, 남인의 주장은 임금은 사대부의 예가 아닌 다른 예가 가능하다는 주장이었다.

● 서인의 지도자 송시열의 초상
송시열은 병자호란 이후 청나라를 공격하자는 북벌론을 주장하였다. 그는 서인의 지도자로서 효종이 죽은 뒤에 일어난 예송논쟁에서 남인과 대립하였고 천하에 적용되는 예가 동일하다는 예론을 옹호하였다.

● 남인의 지도자 허목의 초상
허목은 오랫동안 재야의 학자로 있으면서 깊이 있는 학문적 업적을 쌓았다. 이후 현종 대에 중앙 정계에 진출하여 남인의 지도자로서 서인과 예송논쟁에 참여하였다. 허목은 왕의 예가 사대부와 다르다는 예론을 주장하였다.

1659년 현종 원년 1차 논쟁에서는 서인의 주장이, 1674년 숙종 원년의 2차 논쟁에서는 남인의 주장이 받아들여졌다. 이로써 남인의 정치적 지위가 높아지고 입김이 거세졌다.

불붙은 세도정치

제21대 영조가 즉위했을 때, 조정은 정권을 장악하고 있던 노론과 그들을 몰아내고 다시 집권하려는 소론이 서로 죽고 죽이는 극한 상황으로 치달았다.

● 영조의 어진
영조는 당쟁을 없애기 위해 계파를 불문하고 인재를 고루 등용하였다.

영조는 당쟁을 타파하기 위해 노론과 소론의 온건파를 기용하는 한편, 통치 이념으로 탕평책을 채택하였다. 영조는 노론을 한 사람 기용하면 상대 자리에는 소론을 기용하는 방법으로 탕평책을 실천했다.

영조의 이러한 노력으로 탕평 정치는 그의 손자인 정조에게로 이어졌다. 아버지 사도세자의 죽음과 이를 둘러싼 시파와 벽파 간의 갈등을 경험한 정조는 영조의 탕평 정치 의지를 받들어 더욱 발전시켜 나갔다.

이는 당시 대간을 이용하여 상대 당의 수뇌를 공격하는 파당의 전통적인 관행을 없애기 위한 조치였다. 그때 붕당 조성의 주요 통로였던 인사권에 임금이 직접 개입함으로써 조정에서 당파

● 정조의 어진
개혁의 군주인 정조는 영조에 이어 탕평정책을 발전시켰다.

의 영향력을 줄이고 임금과 정승들이 조정의 주도권을 확보해 나갔다. 정조가 나라를 다스리는 동안에는 노론, 소론, 남인, 소북의 사색 당파가 보편화되었다.

1800년 정조가 갑작스럽게 서거하고 그의 어린 아들 순조가 제23대 왕으로 즉위하자, 순조의 장인인 김조순이 정권을 장악하여 안동 김씨 집안의 세도정치가 시작되었다. 이후 순조, 헌종, 철종 3대에 걸친 안동 김씨와 풍양 조씨 등 외척 세력의 세도정치가 60여 년 동안 계속되었다.

영조와 정조의 탕평책으로 한때 사라졌던 당쟁과 일당독재 체제는 정조 이후 어린 임금들이 연달아 등극함에 따라 특정 가문이 권력을 독점하는 세도정치의 형태로 변질된 것이다.

세도정치의 영향으로 왕권은 한없이 나약해져서 백성은 물론 왕족들마저도 안동 김씨의 눈치를 봐야 하는 처지로 전락하고 말았다. 기형적인 정치 형태인 세도정치는 온갖 부정부패를 일으켰다.

외척들의 세도정치로 인한 사회적 혼란이 계속되자 민란이 여러 차례 일어났다. 그 가운데 대표적인 것이 순조 때의 홍경래 난, 철종 때의 진주민란 등이다.

● 화성행차도
정조는 아버지 사도세자의 묘를 화성(지금의 수원)에 옮겨 놓고 성묘하러 다녔는데, 화성 행차 때에는 일반 백성들과 접촉하는 기회를 확대하여 이들의 의견을 정치에 반영하였다.

사도세자

영조는 1762년 둘째 아들 사도세자를 뒤주 속에 가두어 굶어 죽게 만들었다. 왕은 정성왕후와 계비인 정순왕후에게 소생이 없고, 영빈 이씨의 몸에서 두 아들을 두었다. 큰아들은 효장세자로 일찍 죽고, 둘째 아들인 장헌세자는 학문을 게을리 하며 궁녀나 내시를 함부로 죽이고 기녀와 여승을 희롱한다 하여 계비가 왕에게 고자질하여 세자의 비행을 감시하게 하였다.

이를 악용한 반대파에서 세자를 유혹해 관서지방 기생놀이를 주선하고 세자는 몰래 관서지방을 유람하고 돌아왔다. 그러한 세자 행동이 왕세자의 품행에 어긋난다고 윤재겸 등이 상소를 올렸다. 분노한 왕은 세자와 영빈의 간청을 듣지 않고 1762년 5월 13일 서민으로 강등시켜 뒤주에 가두어 굶어 죽게 만들었다. 영조는 뒤에 이 일을 크게 후회하고 세자에게 사도(思悼)라는 시호를 내렸다.

● 한중록
조선 정조의 생모이며 사도세자의 빈 혜경궁 홍씨의 자전적인 회고록으로 사도세자의 죽음에 대한 회한이 잘 나타나고 있다.

▲ 사도세자의 어진

◀ 사도세자의 능 융릉

새 세상 외친 홍경래

조선 제23대 순조 때 평안도 농민 반란군의 지도자이다. 평안도 용강군 다미면에서 몰락 양반의 아들로 태어났는데, 유교, 병법, 풍수지리 등을 익히고 서당에서 아이들을 가르치기도 한 지식인이었다.

1797년 평양 향시에 합격했으나 이듬해 사마시에 실패하고 집을 나가 방랑하면서 거사를 꿈꾸었다. 1811년 조선 정부에 대항하는 농민군을 이끌고 반란을 일으켜 방어하기에 매우 좋은 정주를 비롯하여 서북 지방 상당수를 지배했다. 이를 홍경래의 난이라고 한다. 1812년 5월 29일 관군에게 정주성이 함락되면서 총에 맞아 전사하였다.

홍경래가 '새 세상'을 외치며 1811년 평안도에서 난을 일으켰을 때, 그의 반란군에는 몰락한 농민들과 영세농들이 몰려들었다. 이들은 한때 청천강에서 의주에 이르는 넓은 지역을 장악했으나 4개월 만에 관군에 의해 평정되었다.

무능하고 부패한 정권에 정면으로 대항한 대규모 농민 항쟁 운동

● 홍경래의 난
난의 이념은 세상을 구원할 정진인(鄭眞人)을 받들어 사업을 벌인다는 참위설이 가장 중요한 몫을 하였다. 또한 토호 관속을 향해서는 지역 차별과 정치적 모순을 바로잡아야 한다는 점을 강조하며 난을 주도하였다.

◀ 정주성 공위도

으로, 조선 시대에 일어났던 민란 가운데 가장 큰 민란이다.

홍경래의 난과 김삿갓

방랑시인 김삿갓, 그의 이름은 김병언이었다. 그가 전국을 방랑하게 된 것은 홍경래 난과 관련이 있다. 그의 조부는 김익순이다. 김익순은 선천부사라는 높은 관직에 있었는데, 그 무렵 홍경래의 난이 창궐하여 나라가 어수선하였다.

홍경래의 난은 조정에 극도의 불만을 품고 있던 민심을 이용하여 대규모의 반란군을 구성하였고, 엄청난 기세로 지역의 성들을 장악해 나갔다. 그 와중에 가산도 포함이 되었으며, 가산 군수 정시는 반란군을 역적이라 외치며 끝까지 맞서 싸우다가 장렬하게 전사했다. 반란군은 마침내 군사적 요지인 선천까지 쳐들어오게 되었다.

어느 추운 겨울날 밤, 시름을 잊으려 술을 마시고 잠이 든 김익순에게 홍경래의 반란군이 들이닥쳤다 잠결에 꼼짝없이 붙잡히고 만 김익순은 아예 저항할 생각도 하지 않고 홍경래의 반란군에 순순히 무릎을 꿇었다. 이 일이 김익순의 가문에는 크나큰 치욕이 되고 말았다. 이후 김병언은 조상이 부끄럽다며 넓은 삿갓을 쓰고 얼굴을 가린 채 전국을 방랑하였다.

▶ 김삿갓의 영정

옹고집 대원군

홍선 대원군은 조선 말기의 정치가, 화가이며 대한제국의 황족이다. 이름은 이하응이고 대한제국 고종황제의 아버지이다.

1863년 어린 고종을 대신하여 국정을 이끌었으며, 안으로는 유교의 위민정치를 내세워 전제 왕권의 재확립을 위한 정책을 과단성 있게 추진하였고, 밖으로는 개항을 요구하는 서구 열강의 침략적 자세에 강경 정책으로 대응하였다.

양반, 기득권 토호들의 민폐와 노론의 일당 독재를 막고 남인과 북인을 두루 채용하였으며, 동학과 천주교를 탄압하였다. 며느리로 명성황후를 간택하였으나, 도리어 명성황후에 의해 권좌에서 쫓겨난 뒤 며느리와 권력투쟁을 벌였고, 일본과 결탁하여 명성황후의 암살을 기도하기도 했다. 쇄국정책과 천주교인 대량 학살, 무리한 경복궁 중건 등으로 비판의 대상이 되었다.

명성황후가 원자를 낳았으나 생후 수일 만에 죽자, 명성황후는 임신 중에 대원군이 보낸 산삼을 너무 많이 달여 먹었기 때문에 어린 원자가 죽었다고 할 정도로 사이가 나빴다고 전한다.

대원군은 각 지방에 있는 700여 개의 서원 가운데 47개만 남겨 놓고 모두 문을 닫

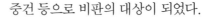

● 홍선 대원군의 난 그림
홍선 대원군은 정치가이기 이전에 예술가로 난을 잘 그렸다. 그는 아들의 왕위 옹립을 위해 정신이 모자란 듯한 행동을 하고 한편으로 난을 그려 필요한 사람에게 주어 세력을 도모하였다.

으라는 철폐 명령을 내렸다. 서원은 일종의 사학 기관인데 면학 수업보다는 패거리를 만들어 사회를 어지럽게 만든다는 여론이 빗발쳤기 때문이다. 서원 철폐령이 떨어지자 이를 취소하라는 전국 유림들의 집단 집회가 일어났다. 일부는 한양으로 들어와 서원 철폐 반대 집회를 열었다. 이때마다 대원군은 유림들의 집회를 강제로 진압하고, 유림들을 한강 건너 노량진 밖으로 내쫓았다. 흥선 대원군은 이런 말을 하면서 더욱 강력하게 시행하였다.

"공자가 다시 살아나서 나를 위협한다 해도 이 정책은 끝까지 밀고 나갈 것이니, 그리 알라!"

이로 인해 유학자들의 반발이 더욱 거세졌다. 대원군을 지지하던 이항로 등도 이때부터 대원군에게 등을 돌리기 시작했다. 이항로의 문인 최익현은 민씨정권과 손잡고 대원군을 탄핵하기에 이르렀다.

● 최익현의 상소문
강화도조약이 체결되자 도끼를 메고 광화문에 나아가 올린 개항5불가의 '병자척화소'를 올린 뒤부터는 개항반대와 위정척사 운동을 전개했고, 을사보호조약 이후로는 항일 의병 활동을 전개하였다.

▲ 최익현의 초상

▶ 흥선 대원군

한편으로는 보수적 유학자들을 앞세운 명성황후와 고종이 대원군을 견제하였다. 이로써 대원군은 실각하고, 아들 고종이 직접 통치를 시작하였다. 홍선 대원군이 출입하는 대궐 전용 출입문이 따로 있었는데 이것마저도 폐쇄시켜 버렸다. 아예 대궐 출입을 못하게 한 것이다.

홍선 대원군은 한동안 운현궁을 떠나 양주에서 은둔하였다. 그의 실각 이후 조선은 쇄국정책을 버리고 1876년 강화도조약을 계기로 외국에 문호를 개방하였다. 그 뒤 대원군은 다시 집권을 노렸으나 실패하고 청나라로 환송되어 4년간 유폐된 가운데 원세개와 결탁하여 고종을 폐위시키려고 하였으나 이것마저도 실패하였다.

그러나 동학혁명이 일어난 뒤, 일본 공사 미우라와 결탁하여 1894년 재집권에 성공하였고, 1895년 을미사변 이후 정권을 장악하였다.

새로 짓는 경복궁

경복궁의 중건은 헌종 때 수리 계획을 세웠으나 재정이 모자라 그만두었다. 대원군은 선왕의 뜻을 계승한다는 구실을 내걸고 간언을 듣지 않고 공사를 서둘렀다. 필요한 기금을 마련하고자 원납전을 강

● 운현궁(서울시 종로 소재)
궁궐은 아니었으나 궁궐보다 더 큰 위세를 누렸던 집이다. 홍선 대원군의 사저로 고종이 출생하고 자란 곳이기도 하다.

제로 징수하였고 세금을 인상하였으며, 결두세라는 특별 세금을 부과하고 장정들을 징집하여 매일 수만 명을 작업에 동원했다. 결두세는 지금의 부가세와 같은 것이다.

또 춤꾼과 기녀를 동원하여 경복궁 공사 현장에서 인부들을 위한 위문 공연을 열었다. 그런데 경복궁을 중건하던 중에 방화로 추정되는 불이 나서 경복궁 중건에 쓸 재목이 모두 타버리는 일이 발생하였다. 그러자 사람들이 놀라 공사를 중지하자고 건의하였으나 대원군은 털끝만큼도 움직이지 않고 더욱 독촉했다. 각 지역 왕릉 주변과 종친 무덤가의 나무까지 벌채하고, 도성 4대문을 통과하는 사람들을 대상으로 통행료인 문세를 받았다.

▼경복궁 전경과 경회루

● 경복궁과 경회루
흥선 대원군은 왕권 확립을 위해 경복궁을 새로 중축했으며 특히 왕이 연회를 베푸는 장소인 경회루를 크게 증축하여 왕의 위엄을 상징하였다.

통상거절 척화비

통상수교 거부 정책도 강경했다. 영국 상선과 독일 상인 오페르트 등이 충청도 연안에 와서 각기 통상을 요구하기도 하였다. 그렇지만 대원군은 한마디로 거절하였다.

오페르트는 그 뒤 흥선 대원군의 아버지인 덕산에 있는 남연군의 무덤을 도굴하여 부장품을 훔쳐 가려는 만행까지 저질렀다. 이는 대원군을 더욱 분노케 하여 천주교 박해와 쇄국정책을 강화하는 원인이 되었다.

대원군의 통상 거부 의지는 너무나 강경해졌다. 통상하자고 말하는 서양 사람들을 오랑캐라 하고 배척하면서 한성부의 종로 네거리를 비롯한 전국 주요 도시에 척화비를 세우고 결사항전을 선언했다.

척화비 내용은 다음과 같이 간결한 문장이었다.

"서양 오랑캐가 침범함에 싸우지 않음은 곧 화의하는 것이고, 화의를 주장하는 것은 나라를 파는 것이다."

열강들의 위협

흥선 대원군은 천주교를 탄압하면서 프랑스인 성직자들을 처형하는 사건을

● 흥선 대원군의 천주교도 탄압
흥선 대원군은 쇄국정책을 위해 척화비를 전국 도처에 세우고 서양 종교인 천주교를 박해하여 많은 천주교도들이 순교를 당했다.

◀ 척화비

일으켰다. 프랑스가 이를 구실 삼아 1866년 군대를 파견해 강화도를 공격하였다.

프랑스는 조선에 사과와 손해 배상, 그리고 통상을 요구하면서 강화도를 점령하고 서울로 진격하려 하였다. 조선군은 여러 곳에서 프랑스군을 물리쳤다. 이를 병인양요라 한다.

미국이 조선을 침략하였다. 미국은 1866년 미국 상인이 대동강에서 행패를 부리다가 배가 불에 탄 사건을 추궁하면서 사과와 통상 교섭을 요구하여 왔다.

흥선 대원군은 이들의 주장도 받아들이지 않았다. 그 결과 미군은 강화도를 공격하였으나 조선군의 끈질긴 저항에 못 이겨 스스로 물러가고 말았다.

이를 신미양요라 한다. 미국과의 전쟁을 끝낸 후 '서양 오랑캐가 쳐들어 왔는데, 싸우지 않으면 그들의 주장을 받아들여 화친하는 것이며, 화친을 주장하는 것은 나라를 팔아넘기는 것'이라는 척화비가 전국 각지에 세워졌다.

● 신미양요
1871년(고종 8) 미국이 1866년의 제너럴서면호(號) 사건을 빌미로 군함 2척을 앞세우고 육상 전투대원 644명을 강화도의 초지진에 상륙시켜 무력으로 조선을 개항시키려고 침략한 사건.

▲ 강화 초지진

1873년 음력 11월, 고종이 직접 정치를 선포하면서 10년간 정권을 쥐고 있던 흥선 대원군이 실각하고 명성황후를 필두로 한 여흥 민씨 정권이 들어섰다. 이에 따라 외국과의 통상 개화론자들이 고개를 들면서 대외 정책은 조금씩 변하기 시작했다.

이런 상황에서 평화적인 교섭을 포기한 일본은 1875년 고종 12년 10월 18일 통상조약 체결을 위해 일본 군함 운요호가 불법으로 강화도에 들어와 측량을 구실로 정부 동태를 살피다 강화도 수비대와 교전을 벌였다. 이것이 운요호 사건인데, 일본은 이를 구실로 삼아 조선에 개항을 강요하였다. 이에 대해 조선에서는 찬반양론이 엇갈렸으나 개항 찬성론자들의 손을 들어 주었다. 1876년 2월 27일 일본과 강화도조약을 체결하여 문호를 개방하였다.

이로써 통상수교 거부 정책을 써오던 조선은 부산, 인천, 원산항을 개항하였다. 이 조약을 체결한 뒤부터 일본 세력은 점차 국내에 침투하여 협박과 간사한 계책을 일삼다가 1910년 한국의 주권을 강탈하기에 이르렀다.

고종은 부국강병을 목표로 일본 수신사 김홍집 등 개화파 인물을 등용하여 개화 정책을 추진하였다. 일본에 신사유람단을, 청나라에 영선사를 파견하였다. 개화정책을 전담하는 통리기무아문을 두었고,

● 강화도 조약
1876년(고종 13년) 2월 강화도에서 조선과 일본이 체결한 조약. 일본의 군사력을 동원한 강압에 의해 체결된 불평등 조약이다.

◀ 일본 군함 운요호

군사제도를 개혁하여 신식 군대인 별기군을 창설하였다. 1880년 11월 13일 미국과 국교를 열었으며, 뒤이어 영국, 독일, 러시아, 프랑스 등 서구 열강들과 외교 관계를 맺었다.

　1882년 음력 8월 강화도조약 체결 이후 일본의 후원으로 조직한 신식 군대인 별기군과 구식 군인에 대한 정부의 차별대우, 봉급으로 주는 미곡을 연체하고 그나마 변질된 불량미를 지급하는 사태가 발생하였다. 이에 불만을 품고 분노하는 훈련도감 소속의 구식 군인들이 항쟁을 일으켰다. 처음에는 우발적이었으나, 나중에는 대원군의 지시를 받아 민씨 정권에 대항하면서 일본 세력의 배척 운동으로 확대되었다. 이것이 임오군란이다.

● 별기군
1880년대 개화 정책에 의해 설치한 신식 군대. 1881년 5군영으로부터 80명을 선발하여 별기군을 창설하였다. 그러나 구식 군인과의 차별로 인해 임오군란이 발생하였다.

◀ 별기군의 훈련 모습

1873년 이래 대궐은 저축해 둔 쌀이 거의 바닥나 경관의 월급도 제대로 지급하지 못했으며 5영 군사들도 자주 급식을 받지 못했다. 개화정책으로 쫓겨난 노약자들은 갈 곳이 없었다. 그래서 이들은 무력으로 난을 일으킬 것을 모의하였다. 10년간 월급이 체불되었고 나중에는 군대에서 쫓겨나게 되자 사람들의 분노와 불만은 극에 달해 있었고, 열악한 재정 상황과 동시에 전임 선혜청 당상인 김보현과 당시 선혜청 당상인 민겸호, 선혜청 창고지기인 민겸호 댁 하인의 착복과 축재 사실이 병사들에게 드러나면서 이들이 난을 일으켰다.

이 과정에서 민겸호, 김보현, 홍인군까지 살해되었다. 전란 초반에는 우발적이었으나 조정이 민겸호 등을 옹호하면서 병사들의 감정은 격화되었다. 나중에는 홍선 대원군의 지시를 받아 민씨 정권에 대항하면서 일본 세력에 대한 배척 운동으로 확대되었다.

3일천하로 끝난 갑신정변

갑신정변은 1884년 12월 4일 김옥균, 박영효, 서재필, 윤치호, 홍영식 등이 우정국 낙성식을 계기로 청나라에 의존하려는 수구당을 몰아내고, 개화 정권을 내걸면서 정변을 일으켰다. 이를 갑신정변이라 한다.

● 김옥균의 3일천하
갑신정변은 1884년(고종 21)에 김옥균을 비롯한 급진 개화파가 개화사상을 바탕으로 조선의 자주 독립과 근대화를 목표로 일으킨 정변이지만, 성공한 지 3일 만에 막을 내려 '3일 천하'라는 말을 회자시키고 역사의 그늘 속으로 사라져 간 사건이다.

◀ 갑신정변의 주역 김옥균

바로 개화파는 군사를 동원해 낙성식에 참여한 대신들은 물론 불참한 수구파 대신들을 처형하고 집권하였다.

　　이 정변은 청나라의 개입으로 3일 만에 무너졌으며, 지나치게 대일 의존도가 높다는 점에서 비판을 받았다. 정변 주도자 가운데 홍영식과 박영교 등은 처형되었고, 박영효, 서재필, 윤치호, 김옥균 등은 해외로 망명하였으며 이들의 가족 친척들에게는 연좌제가 적용되었다.

　　1899년 대한제국은 청나라와 통상조약을 맺었다. 이는 청나라와 대등한 주권 국가로서 대한제국이 청나라와 맺은 근대적 조약이다. 이 조약을 통해 대한제국은 간도와 독도가 대한제국의 영토임을 주장하였다. 고종은 청나라의 영토인 간도에 대한 영유권을 주장하고 간도 관리사를 설치하여 1902년 이범윤을 간도 관리사로 파견하기도 했다.

　　독도는 대한제국 선포 이전 1884년에 울릉도 개척령을 내려 울도군으로 승격시켜 독도를 담당하게 하였다.

● 홍영식과 우정국
우정국은 우체국으로 홍영식이 최초 우정국의 수장이 되었다. 홍영식은 김옥균과 더불어 갑신정변을 일으켰지만 정변의 실패로 처형되고 말았다.

▼ 우정국(서울시 종로구 인사동 소재)

▲ 홍영식

대궐 안의 귀신 집

희빈 장씨는 조선 제19대 숙종의 빈이자 제20대 경종의 어머니이며 본명은 장옥정이다. 보통 장희빈으로 불렸다. 아버지는 역관 출신인 장형이며, 어머니는 장형의 후처인 윤씨이다. 조선 왕조 역사상 유일하게 궁녀 출신으로 왕비까지 오른 입지전적인 여인이다.

1701년 음력 8월 14일, 오랜 지병을 앓던 인현왕후가 사망하였다. 조정은 인현왕후를 위한 국상을 준비하는 동시에 조정 한편에선 희빈 장씨를 다시 왕비로 복위시키는 움직임을 전개하였다. 이는 당연한 움직임이었으나 노론과 숙빈 최씨에게 치명적인 상황이었으며 숙종에게도 좋지 않은 상황이었다.

1701년 9월, 인현왕후와 함께 노론에 있던 숙종의 후궁 숙빈 최씨는 숙종에게 희빈 장씨가 취선당 서쪽에 신당을 설치하고 인현왕후의 초상화를 걸어놓고 화살로 명중시키며 날마다 저주의 굿판을 벌였다고 왕에게 알려주었다. 그래서 인현왕후는 병이 아닌 희빈 장씨의 저주에 의해 시해당한 것이라는 주장이었다.

실제로 희빈 장씨는 그녀의 처소인 취선당 한편에 신당을 지었고 굿을 하였다. 하지만 희빈 장씨의 측근은 1699년 세자 윤이 두창에 걸리자 쾌유를 기원하기 위함이었다고 주장했다.

세자의 두창은 완쾌되었지만 세자가 후유증으로 안질을 앓았고, 병이 나았다고 하여 신증, 곧 떡을 신에게 바치는 것을 그만 두면 귀신의 분노를 산다는 무당의 말에 철거하지 못하였다는 것이다.

숙종은 숙빈 최씨가 거론한 신당의 존재를 조정 대신들에게 공식화하며 장씨가 몰래 신당을 차려 인현왕후를 시해하는 저주 굿판을 하였다고 발표한 것이다. 숙종은 태자방의 가족들을 궁으로 데려와 증언을 받아낸 후 이 증언을 바탕으로 굿을 했던 무녀 오례를 압송해 수일에 걸쳐 심문과 고문을 가하며 범죄를 인정하는 자백을 받아낸다. 이 사건을 무고의 옥이라 한다.

1701년 10월 7일, 숙종은 임금의 첩이 후비 곧 정실로 승격되는 일을 금지하는 법을 만들었고, 이튿날 10월 8일에 승정원을 통해 공식적으로 장씨에게 자결하라는 명을 내렸다. 10월 10일, 숙종은 희빈 장씨가 자결하였음을 공표하였다.

아들 경종이 사망하고, 숙빈 최씨의 아들인 영조가 즉위하자, 인현왕후의 오빠 민진원을 비롯한 노론은 인현왕후의 폐위와 죽음의 범인이자 3대 환국(기사환국, 갑술환국, 신임사화)의 원흉으로 희빈 장씨를 지정하여 비난하였다.

이 시기에 집필되어 민간으로 보급된 《인현왕후전》, 《수문록》 등의 한글 소설과 야사집은 현대에 이르러서도 역사 서적과 드라마 등에 중요 사료로 활용되고 있다.

동학농민운동

동학(東學)운동 또는 동학농민전쟁이라고 한다. 1894년 동학 지도자들과 동학교도 및 농민들에 의해 일어난 민중의 무장 봉기를 가리킨다. 1894년 음력 1월의 고부 봉기를 제1차라 하고, 음력 4월의 전주성 봉기를 제2차, 음력 9월의 전주·광주 궐기를 제3차라고 부른다.

조선 양반 관리들의 탐학과 부패, 사회 혼란에 대한 불만이 쌓이다가, 1882년 전라도 고부군에 부임한 조병갑의 비리와 남형이 도화선이 되어 일어났다.

부패 척결과 내정 개혁, 동학 교조 신원 등의 기치로 일어선 동학
농민군 가운데 일부는 흥선 대원군, 이준용 등과도 결탁했다. 전봉준
은 대원군을 반신반의하면서도 명성황후와 민씨 세력의 축출을 위해
대원군과 손을 잡았다.

대원군 역시 명성황후를 제거하기 위한 무력 집단이 필요했고, 동
학농민군과 제휴하게 된다.

동학농민군 가운데 일부는 탐관오리 처벌과 개혁 외에 대원군의
섭정까지도 반란의 명분으로 삼았다. 초기에는 동학난, 동비의 난으
로 불리다가 1910년 대한제국 멸망 이후 농민운동, 농민혁명으로 격
상되었다.

갑오년에 일어났다 하여 갑오농민운동, 갑오농민전쟁이라고도 일
컫는다. 동학농민군을 진압하기 위해 민씨 정권에서는 청나라 군대

● 전봉준과 동학농민운동
1894년(고종 31) 전라도 고부의 동학 접주 전봉준(全琫準) 등을 지도자로 동학 교도
와 농민들이 합세하여 일으킨 농민운동.

▲ 동학농민운동을 지휘하
는 전봉준(민족기록화)

와 일본 군대를 번갈아 끌어들여, 결국 농민운동을 진압했지만 청·일 전쟁의 직접적인 원인이 되었다.

　본래 동학은 최제우가 일으킨 일종의 민족 종교로 서학(西學)인 천주교에 대칭되는 개념이었다.

● 녹두장군 전봉준
몸이 왜소하였기 때문에 흔히 녹두(綠豆)라 불렸고, 뒷날
녹두장군이란 별명이 생겼다.

◀ 서울로 압송되는 전봉준

▼ 전봉준

▼ 동학농민운동 기념탑

을미사변과 아관파천

청·일 전쟁에서 승리한 일본은 청나라가 조선을 간섭하지 못하게 막고, 요동 반도를 다스리는 권리를 따내고 만주 침략의 거점을 마련하였다. 이것이 시모노세키 조약이다. 이에 불안을 느낀 러시아는 독일과 프랑스를 끌어들여 일본에 대한 삼국 간섭을 시도하였다. 고종 역시 일본의 영향력이 커지는 것을 막고자 미국, 러시아 등과 가까운 김윤식, 이범진 등으로 새로운 내각을 구성하고 반일 정책을 구체화하였다.

삼국 간섭을 받은 일본은 요동 반도를 내주었다. 러시아는 조선에 큰 영향력을 지니게 되었다. 위기감을 느낀 일본 공사 미우라 고로는 흥선 대원군을 옹립하여 조선에 친일 정권을 세우고자 일본군 수비대와 낭인들을 집합시켜 밤중에 경복궁에 난입시켜 명성황후를 시해

● 청·일 전쟁
1894~1895년 조선의 지배를 둘러싸고 중국(청)과 일본 간에 벌어진 전쟁으로 일본의 승리로 조선은 중국에 대한 뿌리 깊은 사대주의를 청산하게 되었으나 일본의 침략적 야욕 앞에 속절없이 무너져 갔다.

▼ 청·일 전쟁 당시 인천에 상륙중인 일본군

하는 을미사변을 일으켰다. 1895년 친일파 김홍집 내각이 들어서고 개혁 정책의 하나로 전국적으로 단발령을 강제하여 유생과 백성들의 거센 반발을 불러 일으켰다.

비명의 명성황후

조선 제26대 왕이자 대한제국 초대 황제인 고종의 왕비이다. 인현왕후의 아버지 민유중의 후손으로 아버지는 사도시 첨정으로 사후 증 의정부 영의정, 여성 부원군에 추봉된 민치록이고, 어머니는 감고당 한산 이씨이다. 아명은 자영, 흔히 민비라고 한다. 고향인 경기도 여주 나들목 인근에 생가 공원이 있다.

고종의 정비로 1871년 첫 왕자를 낳은 지 5일 만에 잃고, 최익현 등과 손잡고 흥선 대원군의 간섭을 물리치고 고종이 직접 통치하도록 이끌었다. 민씨 친인척을 기용함으로써 세도정권을 부활시켰다.

1882년 임오군란이 끝난 뒤 일본의 견제를 위해 청나라의 지원에 의존하다가 1894년 청·일 전쟁에서 청나라가 패한 뒤에는 러시아를 끌어들여 일본을 견제했다.

명성황후는 점진적인 개화 시책을 통해 급진 개화파의 개화정책에 제동을 걸었다. 새로 부임한 일본 공사 미우라를 견제하고 친 러시아 정책을 썼다. 그러자 미우라는 명성황후를 살해하는 음모를 꾸미고 1895년 10월 8일 새벽 낭인들을 동원

● 명성황후
16세에 흥선 대원군의 부인 부대부인 민씨의 추천으로 고종 비에 간택되었다.

해 건청궁의 명성황후 침실인 옥호루에 난입해 명성황후를 난자하여 시해하였다.

명성황후의 시신은 홑이불에 싸인 채 경복궁 안의 소나무 숲으로 옮겨져 석유를 뿌리고 불을 질러 한줌의 재로 사라지고 말았다.

대원군은 명성황후가 시해된 뒤 고종의 형이자 자신의 장남 이재면을 궁내부 대신에 앉히고 다시 정권을 장악하였다. 명성황후 시해 사건은 한성부에 있던 프랑스와 청나라 공사관의 외교관과 외교관 부인, 언론인들의 입을 통해 외국에 알려졌다.

그때 러시아 황제 니콜라이 2세는 웨베르 보고서를 직접 읽은 뒤에 겉표지에 친필로 다음과 같이 쓴 뒤 즉각 비상 대기령을 내렸다.

"이런 일이 실제로 일어났단 말인가? 정말 놀라운 일이다!"

프랑스 공사관에서는 명성황후를 암살한 배후로 홍선 대원군을 지목하면서 의심했다. 홍선 대원군은 1898년 5월 18일 죽고, 5월 25일 국장으로 장례를 치렀는데, 고종은 아버지 대원군의 장례식에 참석하지 않았다. 명성황후는 사후 대한제국이 성립되면서 황후로 추봉되었다. 명성태황후로 불린다.

● 을미사변
일본이 조선을 침략하는 데 가장 큰 걸림돌이 되었던 명성황후를 경복궁에서 조선 주재 일본 공사 미우라 고로가 지휘하는 일본 낭인들에게 시해된 사건을 말한다.

◀ 명성황후 여주 생가

읽고 바로 써먹는

쓸모 있는 한국사

대한제국

● 환구단

환구단은 천자가 하늘에 제사를 드리는 제천단으로 조선을 대한제국이라
하고 고종이 황제로 즉위하여 천자가 제천의식(祭天儀式)을 봉행할 수 있게
되면서부터 다시 설치되었다.

■ 민주 국가의 발판

새로운 개혁

고종은 일본이 명성황후를 시해한 뒤 1896년 2월 11일 경복궁에서 러시아 공사관으로 피신하는 아관파천을 단행하였다.

그 뒤 1897년 덕수궁으로 환궁하여 대한제국을 선포하고, 조선이란 국호는 공식적으로 사용하지 않았다. 이로써 조선이라는 국호는 역사 속으로 사라졌다.

대한제국(大韓帝國)은 1897년 광무 원년 10월 12일부터 1910년 융희 4년 8월 29일까지 존속한 나라이다. 대한제국은 대한민국의 시작을 알리는 근대 국가이다.

대한제국의 공식 약칭은 대한 또는 한국이다. 때때로 대한민국과 구별하고자 구한국이라는 표현을 쓰기도 한다. 대한제국 성립을 전후하여 독립협회의 입헌군주제 추진 운동과 민권 운동이 활발했으며, 정부 주도의 근대적 개혁인 광무개혁이 실시되었다.

이러한 개혁정책은 근본적인 개혁이 아니라 점진적인 개혁으로 집권층의 보수적 성향과 열강들의 간섭을 받아 큰 성과를 거두지는 못하였다. 독립협회도 수구파의 거센 저항을 받아 해체되었다. 이 시기에 서구의 문물과 사상이 더욱 쏟아져 들어왔다.

● 고종황제와 대한제국
열강의 소용돌이 속에서 주권을 지켜 내려는 고종은 조선에서 대한제국으로 국호를 개명하고 개혁을 단행한다.

대한제국은 자주성과 독립성을 한층 강하게 표방하고자 사용된 의례상, 의전상 국호로, 대한제국의 국명은 '대한'이다. 이것은 '삼한'에서 유래한 것으로 삼한인 고구려, 백제, 신라를 하나로 아울렀으므로 대한이라 하였다.

여기에 국호를 변경하면서 제국이라고 더 붙여 대한제국이 되었다. '대한'이라는 국호는 '대한민국 임시정부'를 거쳐 '대한민국'으로 이어져 현재까지도 사용하고 있다.

대한제국이라고 표기한 데에는, 민족의 자긍심을 참작한 측면도 일부 있다. 왕국이었던 조선 시대와 달리 나라의 위상이 제국으로 높아진 것이었다. 그 뒤에도 조선은 여전히 부활 논의가 많았으며 지속적으로 대한제국 국민들은 대한제국의 독립을 위해 싸웠고 마침내 독립에 성공하였으나 그 과정에서 대한민국 민주국가로 변경함에 따라 대한제국은 완전히 없어졌다.

제국의 성립

을미사변과 아관파천을 거치면서 외세로 말미암아 열강 세력의 이권 침탈을 비롯한 국가의 자주성이 크게 위협받자 자주성을 띤 국가 수립을 염원하는 백성들의 목소리가 점차 높아졌다.

1897년 광무 원년 고종은 경운궁(덕수궁)으로

● 고종황제의 단발령
고종은 '단발령'과 '문무 관복제 개정령'을 내렸으며 대한제국 선포 한 해 전 1896년 1월 13일은 고종이 친히 황제복을 입은 날로서 양복인들은 이 날을 '양복의 날'로 기리는 날이다.

환궁하여 그해 8월 17일 광무라는 연호를 쓰기 시작하고, 10월 3일 황제 칭호 건의를 수락하였다.

고종은 자주 의지를 대내외에 널리 표명하고 땅에 떨어진 국가의 위신을 다시 일으켜 세우려면 반드시 제국이 되어야 한다고 판단하였다.

그해 10월 12일 고려 때부터 하늘에 제사를 지내던 원구단에서 하늘의 상제에게 천제를 올리고 국호를 대한제국이라 고치고 황제를 자칭하면서 즉위하였다.

대한제국이 선포되자, 각국은 대한제국을 직접 또는 간접으로 승인하였다. 그 가운데 제정 러시아와 프랑스는 국가 원수가 직접 승인하고 축하하였으며, 영국, 미국, 독일도 간접으로 승인하는 의사를 표시하였다.

● 개혁의 상징 독립문

조선은 청나라와의 사대주의로 청의 사신이 오면 영은문에 마중 가고 모화관에 영접을 했다. 고종 황제는 개혁의 일환으로 영은문과 모화관을 허물고 그곳에 독립문을 건립하였다. 국민 모금 행사를 통해 모인 기금으로 만들어진 15m 높이의 문은 파리 개선문을 본뜬 모습이다.

▲ 청의 사신을 영접했던 영은문

▲ 대한제국의 상징인 독립문

고종은 대한제국을 선포한 직후인 11월 12일 미루었던 명성황후의 국장을 치렀다. 과거 청나라에 사대하던 관계를 상징하던 영은문을 허물고 그 자리에 독립문을 건립하는 일을 추진하여 11월 20일에 완공하였다.

이처럼 대한제국의 대외 정책은 자주적 중립 외교를 추진하고자 하였다. 그러나 내부적으로 친일파와 친러파 관료들의 대립과 열강 세력들의 압박 등으로 제대로 실효를 보지 못하였다.

1904년 러·일 전쟁이 터지기 직전에 대한제국은 중립국을 선포하였다. 그러나 일본은 이를 무시하고 한·일의정서를 체결함으로써 대한제국의 중립 선언을 무용지물로 만들어 버렸다. 일본 제국은 이어서 1904년 11월에 독도에 망루를 설치하였고, 1905년 2월에 일본 제국 시마네 현에 일방적으로 편입시켰다.

대한제국의 외교권은 1905년 일본과 제2차 한·일 협약을 맺게 됨으로써 박탈당했고, 일본 제국의 보호국 신세로 전락했다.

대한제국이 성립하기까지는 서로 연합하였던 독립협회와 수구파 사이에 정부 형태 문제로 대립하여 갈등을 빚었다. 독립협회는 영국식 입헌군주제를 주장한 반면 수구파는 전제군주제를 주장했다.

독립협회는 민중 대회인 만민공동회를 열어 백성의 참정권을 주장했고 국회의 설치로 국민 대표자를 뽑자고 요구했다. 그러나 수구파와 위정척사파는 독립협회와 만민공동회의 참정권 주장과 국회 설치 주장을 반역으로 규정했다.

독립협회와 수구파 세력 간의 대립이 격화하는 상황에서 독립협회는 입헌군주제를 계속 추진하여 1898년 광무 2년 11월 중추원 관제 개편을 공포했다.

그러나 수구파는 이에 익명서 사건을 명분 삼아 경무청과 친위대를 동원해 독립협회 간부들을 체포하고 만민공동회를 탄압하고, 조병식을 중심으로 수구파 행정부를 수립하였다. 다양한 의견을 수렴하는 동안 순탄치 못한 과정을 거쳤다.

● 만민공동회
서재필을 중심으로 독립협회가 행한 정치 활동. 시민 · 단체 회원 · 정부 관료 등이 참여한 대중 집회이다. 1898년 정부의 친러적 정책과 비자주적 외교에 반대하여 일어난 집회로 자주 외교와 국정 개혁을 주장하는 등 성과를 보였으나, 보수세력의 거짓 모함으로 독립협회가 해산되는 등 탄압을 받게 되었다.

◀ 종로 만민공동회에 모인 사람들

● 서재필
김옥균, 박영효, 홍영식, 서광범 등 개화파의 일원으로 갑신정변을 일으켰으나 실패하자 일본을 거쳐 미국으로 망명하여 의사가 되었다. 미국으로 귀화하였으나, 일시 귀국하여 《독립신문》을 발간하고 독립협회(獨立協會)를 결성하여 독립문을 만들었다. 일제 강점기에도 독립운동에 여러 방향으로 도움을 주었고, 광복 후에는 미군정청 고문으로 일하다가 미국에서 눈을 감았다.

헤이그 특사

고종은 비밀리에 밀서를 작성해 열강 세력에 을사늑약의 불법적 체결과 무효임을 알리고자 하였다. 1907년 고종이 제2회 헤이그 만국평화회의에 밀사를 특파하였다.

일본의 강제 침탈을 만국 대표들에게 호소하기 위해 특사를 파견한 것이다. 특사는 이준, 이상설, 이위종 3인이었다.

"제2차 한일협약은 일본이 강압적 협박으로 체결된 것이며 대한제국 황제의 자주적 입장에서 승낙한 것이 아니므로 마땅히 무효가 되어야 한다."

이를 헤이그 특사사건이라고 한다.

● 헤이그 밀사 사건
이준·이상설·이위종 등이 고종의 밀서를 가지고 헤이그의 만국평화 회의에 참석하여 을사조약 체결이 일본의 강압으로 이루어진 것을 폭로하고 이를 파기하려 했다. 그러나 일본의 끈질긴 방해에 뜻을 이루지 못하자 이준 열사는 그 자리에서 분사하여 서양의 이목을 집중시킨 사건이다.

● 이준·이상설·이위종 헤이그 밀사

일본은 1907년 4월 헤이그 특사 사건을 구실로 삼아 고종을 7월 강제 퇴위시켰다. 순종이 제27대 왕으로 즉위하여 연호를 융희로 정하였다. 일본은 순종이 즉위한 직후 한·일 신협약을 7월 24일 강제로 체결하여 대한제국 정부의 각 부처에 일본인 차관을 두어 대한제국의 내정에 노골적으로 간섭하였다. 이를 차관 정치라고 한다.

통감부의 권한을 더욱 강화하기 위해 한·일 신협약을 강제로 체결한 일본은 대한제국 군대를 강제로 해산시켜버렸다. 이에 반발한 군인들이 의병과 가담하여 전국적인 의병전쟁으로 확대되었다.

식민통치의 족쇄

일제는 1907년 8월부터 한 달 사이에 군대를 강제로 해산키고, 1909년 7월 12일에는 기유각서를 통해 대한제국의 사법권과 경찰권, 교도 행정에 관한 업무를 빼앗았다. 이로써 대한제국은 이름뿐인 나라가 되고 말았다.

● 이준 열사
오랫동안 이준이 할복자살한 것으로 잘못 알려져 왔으나, 이는 당시 일제의 억압에 대한 반일적 분위기 속에서 자연스럽게 이준이 영웅화되면서 할복자살설이 떠돈 것으로 추정된다. 이준은 헤이그의 숙소에서 사망하였다. 당시 네덜란드 유력 일간지 《헤트·화데란트》는 다음과 같이 보도하였다.

한국에 대한 일본의 잔인한 탄압에 항거하기 위해 이상설, 이위종과 같이 온 차석대표 이준 씨가 어제 숨을 거두었다. 일본의 영향으로, 그는 이미 지난 수일 동안 병환 중에 있다가 바겐슈트라트에 있는 호텔에서 죽었다. 《헤트·화데란트》

전국에서 의병이 일어나며 저항하자 일본은 대토벌 작전 명령을 내리고 무력으로 진압하였다. 마침내 일본은 1910년 8월 22일 한·일 병합조약을 체결하고, 8월 29일 이를 공포함으로써 대한제국의 국권을 모두 강탈하였다. 이 조약 체결과 동시에 한반도는 땅은 있으되 나라는 없어지고 말았다. 이것을 경술국치라고 한다.

대한제국은 역사 속으로 사라지고 한반도에서 약 4,000년간 지속하던 우리나라라는 명칭도 막을 내렸다. 그러나 왕의 칭호는 1945년까지 존재하였다. 이로써 일본은 한국을 식민통치 지역으로 편입하였다. 그 이후 대한제국은 대한민국으로 전환되었다.

● 경술국치
경술국치(庚戌國恥) 한일 합방(韓日合邦)이라고도 한다. 1910년 8월 29일에 일본이 이른바 한일 합방 조약을 강압적으로 맺게 하여 대한제국의 통치권을 빼앗은 일을 말한다.

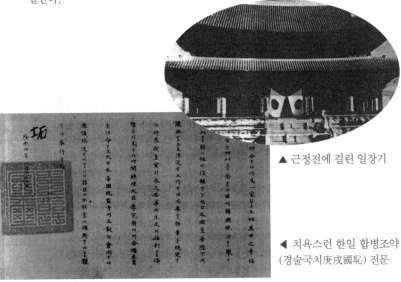

▲ 근정전에 걸린 일장기

◀ 치욕스런 한일 합병조약
(경술국치庚戌國恥) 전문

쓸모 있는 **한국사**

■ 근대화 작업

광무개혁

1899년 광무 3년 오늘날의 헌법과 같은《대한국 국제》를 반포하여 황권의 절대성을 명시하였다. 이어서 고종황제는 국정의 주요 권한을 황제에게 집중시켜 전제군주제를 강화하고자 했으며, 갑오개혁 때 23부로 개편한 행정을 13도로 다시 고쳤다.

토지개혁을 이루고자 양전 사업을 시행하고 지계를 발급하여 근대의 특징이 될 만한 토지 소유 제도를 마련하였고 상공업 진흥책을 추진하였다. 이를 광무개혁이라고 한다. 대한천일은행과 한성은행을 비롯한 여러 은행을 설립하였고, 교육 진흥책을 추진하여 기술학교와 사범학교, 그리고 관립학교를 설립하였다. 교통, 통신, 전기, 의료를 위시한 근대 시설을 도입하였다.

러시아와 대립하던 일본은 1904년 2월 한반도와 만주의 지배권을 둘러싸고 한반도에서 러·일 전쟁을 일으켰다. 러·일 전쟁은 다음해인 1905년 일본이 승리하고 포츠머스 조약을 체결하는 것으로 매듭지었다. 포츠머스 조약을 통해 일본이 전략적인 승리를 얻어 한반도

● 경복궁에 전기를 밝히다.
조선 왕실은 미국의 신문물을 시찰하고 온 보빙사 건의에 따라 1884년 에디슨 전기 회사와 전등 설비를 위한 계약을 한다. 이어 1886년 11월 미국인 전등기사 매케이를 초빙해 1887년 1월 우리나라 최초의 전기 발전소인 전기등소(電氣燈所)를 경복궁안에 완공했다. 최초 점등일은 1887년 1~3월 무렵으로 추정된다.

에 영향권을 행사하게 되었다. 이때 일본은 1905년에 제2차 한·일 협약 성립을 일방으로 발표하여 대한제국의 외교권을 박탈하고 한성에 조선통감부를 설치하였다. 이로써 통감 정치가 시작된 것이다.

1904년 광무 8년 2월에 한·일 의정서 체결을 강요하고, 나아가 8월에 제1차 한·일 협약을 강제로 체결한 이래 외교와 재정을 비롯한 여러 분야에 고문을 두고 대한제국 내정을 간섭하였는데, 이것을 고문정치라고 한다.

이때 고문으로 들어온 메가다는 화폐 정리 사업이라는 명목으로 대한제국의 자본을 몰락하게 만들었다. 더구나 미국인 더럼 스티븐슨을 대한제국 외교 고문으로 위촉하고 일본의 침략을 선전하면서 앞장서게 하였다. 스티븐슨은 그 뒤에 미국 오클랜드 기차역에서 장인환과 전명운 두 사람에게 암살당했다.

▲장인환 의사

● 친일파 외교관 더럼 스티븐슨 저격 사건
일제는 미국인 더럼 스티븐슨을 대한제국의 외교 고문에 위촉하여 일제의 침략을 미화시켰다. 이에 분노한 장인환·전명운 의사가 미국 오클랜드에서 그를 암살한 사건이다.

▲ 전명운 의사

1905년 제2차 한·일 협약을 강제로 체결했을 때, 일본은 이를 을사보호조약이라고 선전했으나 우리는 을사늑약이라고 맞섰다. 이에 양반과 지식인층 중심으로 일본의 침략을 규탄하고 을사늑약의 폐기를 주장하는 운동이 거세게 일어났다.

민영환은 자결로써 항거하였고 조병세는 조약의 폐기를 요구하는 상소 운동을 벌였다. 황성신문 주필 장지연은 〈시일야방성대곡〉이라는 신문 논설을 실어 일본과 을사5적을 규탄하였다.

5적 암살단이 조직되어 을사5적의 저택을 불 지르고 일진회 사무실을 습격하였으며, 민종식·신돌석·최익현은 의병을 조직해 무장 항전을 벌였다.

분노의 단발령

단발령은 김홍집 내각 때인 고종 32년인 1895년 양력 12월 30일 성인 남자의 상투를 자르게 한 명령이었다. 고종이 다음해 1월 1일 솔선수범하고 유길준과 정병하에게 명령을 내려 전국에서 실시하도록 한 것이다.

그러자 전국에 걸쳐 유림들의 통곡 소리가 이어지고 수구파와 위정척사파의 반발과 시위와 상소와 대중 집회로 이어지면서 단발령은 결국 황제 고종이 직접 철회 성명을 발표하고서야 사태가 가라앉았다.

● 서구화 복장의 민영환
근대화에 앞장선 민영환은 스스로 머리를 자르고 단발령을 유도하였다.

1897년 민영환이 영국공사로 갔을 때 런던에 도착하여 각국 사신들을 보니 모두 하나같이 머리를 깎고 양복을 입고 있는 것이었다. 민영환은 유독 자기만 상투를 틀고 한국식 의복을 입은 차림을 부끄럽게 여겨 자신도 상투를 자르고 양복으로 바꿔 입었다.

그때 영국 빅토리아 여왕은 조선은 아직 상투를 자르지 않았다는 말을 들었으므로 그 모습을 구경하고자 민영환을 특별히 불러들였다. 그러나 그때 민영환은 이미 상투를 잘라 버린 뒤였다.

민영환과 윤치호 외에도 외국을 다녀온 정치인들과 지식인들이 단발령에 동참하자, 고종은 1900년에 다시 단발령을 공포하기에 이르렀다.

기발한 발상

관찰사 박중양은 단발령이 시작될 무렵 일부 인사들과 함께 단발령의 효율성을 알리고 이것을 보급하는 운동에 참여하였다. 1906년 경상북도 관찰사로 새로 부임한 박중양은 영해 지방 한 고을 주민들을 대상으로 상투 자르기 운동을 전개하였다.

영해군으로 초도순시를 간 그는 연설을 통해 백성에게 감명을 주고 이런 말을 하였다.

● 단발령
조선은 유교의 나라로 머리를 소중히 여기는 전통이 있었는데, 이것은 신체발부(身體髮膚)는 부모에게서 받은 것이니 감히 훼상(毁傷)하지 않는 것이 효도의 시작이라 믿었다. 많은 선비들은 '손발은 자를지언정 두발(頭髮)을 자를 수는 없다'고 분개하여 정부가 강행하려는 단발령에 완강하게 반대하였다.

"나에게 따로 인사하고 싶은 사람은 이 연설회가 끝난 뒤에 군청 관아로 들어오시오!"

한 사람씩 따로 만나겠다는 관찰사의 말을 듣고 감지덕지한 유지와 기관장들은 좋다며 관아로 줄지어서 들어갔다. 그때 관아 삼문 뒤에 숨어 있던 일본 순사들이 관찰사 박중양에게 인사를 드리겠다며 들어오는 사람들에게 가위를 들이대고 상투를 잘라 버렸다.

한꺼번에 수백 명의 상투가 잘려 나가자 관아는 금세 통곡바다를 이루었다. 그러나 박중양은 위생에 편리하다는 이유로 단발령을 권고했고 호응이 적은 곳은 직접 찾아가 순사들을 매복시키고서 단발을 강행하였다.

그래도 보수 경향이 있는 유학자와 유교를 신봉하는 관료들은 격렬히 반발하였다. 많은 사람들이 단발령에 호응하지 않았던 것이다.

이완용

이근택

이지용

권중현

박제순

통곡의 을사늑약

일본은 러시아와 대립하면서 1904년 2월, 일본이 대한제국에 '한반도 내에 영토, 시설 등 군사적 이용을 협조할 것'을 강요하는 내용의 한·일 의정서를 체결하고, 그해 8월에는 제1차 한·일 협약을 강제로 체결하여 외교, 재정 등 각 분야에 고문을 두

● 을사5적
조선 말기 일제의 조선 침략 과정에서, 일제가 1905년 을사조약을 강제 체결할 당시, 한국측 대신 가운데 조약에 찬성하여 서명한 다섯 대신. 즉, 박제순(朴齊純, 외부대신), 이지용(李址鎔, 내부대신), 이근택(李根澤, 군부대신), 이완용(李完用, 학부 대신), 권중현(權重顯, 농상공부대신)을 일컫는다.

고 대한제국의 내정에 간섭하였다.

1905년 11월, 일본은 일방적으로 공포 분위기를 조성해 제2차 한·일 협약을 발표하고, 한성에 조선통감부를 설치하고 통감정치를 단행하였다. 이것이 을사늑약이다. 을사늑약에 서명한 5적은 내부대신 이지용, 군부대신 이근택, 외부대신 박제순, 학부대신 이완용, 농상공부대신 권중현이다. 이들을 을사5적 또는 매국노라 한다. 매국노는 나라를 팔아먹은 역적이라는 뜻이다. 이때 5적을 죽이겠다는 암살단이 조직되었다.

각계각층에서 일본의 침략을 규탄하고, 을사늑약의 폐기를 주장하는 운동이 거세게 일어났다. 다시 의병이 일어나 무장 항전을 벌였다. 1905년 이후 대한자강회와 대한협회, 신민회 등이 국권 회복을 위한 애국 계몽 운동을 전개하였다. 대한제국은 1905년 제2차 한·일 협약으로 외교권을 강탈당하고 말았다.

을사늑약

1905년 일본이 대한제국을 강압하여 체결한 조약으로, 외교권 박탈과 통감부 설치 등을 주요 내용으로 한다. 이 조약으로 대한제국은 명목상으로는 일본의 보호국이나 사실상 일본의 식민지가 되었다. 이에 분노를 느낀 많은 애국 열사들은 항쟁을 하였고 이를 막지 못한 민영환은 자결을 하였다.

- 을사늑약의 내용

을사보호조약·을사조약·을사5조약 : 한국 정부와 일본은 두 나라를 결합하는 이해 공통의 주의를 공고히 하고자 한국 부강의 실리를 얻을 때까지 이 목적으로써 조관을 약정한다.

1) 일본은 한국의 외교에 관한 사무를 통리 지휘하고 일본의 외교 대표자는 외국에 있는 한국의 신민 및 이해를 보호한다.
2) 한국은 앞으로 일본의 허락 없이 외국과 조약을 맺지 않는다.
3) 일본은 이를 위해 한국에 통감부를 설치한다는 것 등을 골자로 한 5개 조항으로 체결된 것이다.

■ 새 교육 열풍

민족 교육의 새 바람

조선의 신교육은 1900년대 후반에 들어서서 본격화하였다. 고종이 단발을 결심한 배경에는 서양 선교사들이 위생에 편리하고 머리 감기가 쉬운 이유를 들어 고종에게 단발을 건의한 데서 비롯되었다. 그래서 고종은 서양 선교사들에게 단발령 시행에 협조하라고 주문했다. 이에 적극적으로 호응한 선교사들은 머리를 자르지 않으면 신교육을 받을 수 없게 하겠다고 하여 백성의 단발 참여를 유도하였다.

신교육의 보급 요람인 신식 학교에 가려면 먼저 머리를 깎아야 했던 것이다. 신교육 자체가 국민에게 많은 저항을 받았다. 행세하는 가문에서는 그 머리털 자르는 일 때문에 자기 아들을 신식 학교에 보내기를 거부하는 일까지 생겼다.

이런 일은 실제로 대구의 일등 거부이던 장길상의 집안에서도 일어났다. 장길상은 자기 아들 하나가 신교육을 받고자 대구에서 한성으로 올라와 상투를 자른 일을 두고 불효와 난봉자식이라며 분노하면서 학비를 보내 주지 않았다.

장길상은 조선의 문신이며 일제 강점기의 사업가였다. 경북 선산 출신으로 형조판서 장석용의 손자이며 관찰사를 지낸 장승원의 아들이다. 대한

● 배재학당
이 땅에 최초로 서양 문물을 소개한 신교육의 발상지로 신문화의 요람지이다. 1895년에는 독립협회가 배재학당에서 태동하였고 독립신문도 발간되었다.

제국 고종 때 사마에 합격하고 규장각 직각을 역임했다.

1912년 대구의 일본인 자본가들이 선남상업은행을 설립할 때 자본을 투자하여 금융 자본가가 되었다. 이 무렵 대구의 한국인들이 일반 은행인 대구은행을 설립할 때도 자본을 투자하여 대주주가 되었다. 동생 장택상은 대한민국에서 수도경찰청장과 국무총리 등을 지냈다.

개량 서당과 기독교 계열 학교들이 확산되었고, 애국계몽운동의 일환이었던 사립학교를 통한 민족 교육 운동도 전개되었다.

개신교 계열 학교들은 한성부를 중심으로 확산되었고, 천주교 계열 학교들은 1920년대부터는 평양을 중심으로 평안남도와 북도, 함경남도와 북도 지역으로 확산되었다. 이들 종교 계열 학교들은 영어, 라틴어, 서양식 기계기술, 수학, 물리학 및 세계사, 구약과 신약성서 등을 가르쳤다.

조선의 교육기관은 중앙과 지방이 달랐다. 중앙에는 최고 학부인 성균관과, 중등교육 기관에 해당하는 4학(四學)이 존재했다. 성균관의 입학 자격은 소과인 생진과에 합격한 자를 원칙으로 하였다. 4학은 동학, 서학, 남학, 중학인데 흔히 학당이라고 했다.

지방의 중등교육 기관에는 향교가 있었다. 제사와 유생의 교육, 지방민의 교화를 기능으로 했다. 각 부·목·군·현에 하나씩 있었는데, 규모와 지역에 따라 중앙에서 교관인 교수나 훈도를 파견하였다. 초등교육 기관에 해당하는 서당이 있었는데, 4학이나 향교에 입학하지 못한 선비나 평민의 자제를 대상으로 하는 사설 교육 기관이었다.

조선은 기본적으로 주자학 중심의 유교 사회였다. 불교는 유교 국가인 조선 왕조의 철저한 견제를 받았으나 왕실의 개인 신앙이나 민중들의 신앙으로 이어졌으며, 민간 신앙은 민중들 사이에서 널리 퍼져 있었다.

천주교는 신유박해, 기해박해, 병인박해 등으로 탄압받았으나, 19세기 말부터 종교적인 탄압은 사라졌다. 특히 북간도에서는 민족 학교인 서전서숙과 명동학교가 설립되었고, 대종교 인사들이 중심이 되어 중광단, 정의단, 북로군정서 등을 만들고 무장 투쟁을 위한 군사훈련을 실시하였다.

1920년 6월 연해주에서는 블라디보스토크에 신한촌이 형성되어 민족운동의 새로운 거점으로 자리를 잡았다. 한반도 13도 의군과 이상설, 이동휘가 주도하는 대한광복군이 수립되고, 후에 한족회 중앙 총회와 대한국민의회 등이 수립되었다.

중국 상하이에서는 1918년 김규식, 여운형, 신채호, 김구 등이 주축이 되어 신한청년당이 결성되었다.

이들은 파리 강화회의에 김규식을 파견하였다. 이 단체는 뒤에 대한민국 임시 정부의 기반을 조성하는 바탕이 되었다. 미국에서는 안창호가 주도한 대한인국민회와 흥사단이 결성되어 독립운동 자금을 지원하였다.

이승만은 대한인국민회에서 활동하다가 따로 대한인동지회를 조직하고 기독교 학교를

● 단재 신채호
단재 신채호는 《황성신문》, 《대한매일신보》 등에서 활약했다. 특히 그는 내외의 민족 영웅전과 역사 논문을 발표하여 민족의식 양양에 힘썼다. 민족사관을 수립, 한국 근대사학의 기초를 확립한 인물이다.

설립하였으며, 박용만은 대조선 국민군단을 조직하여 국권 회복을 위한 군인 양성에 힘썼다.

문맹 퇴치 운동

1931년 김성수, 송진우, 이광수 등은 농촌의 문맹자가 많은 것을 보고, 농촌 계몽운동인 브나로드 운동을 주도했다. 이들은 대학생들과 대학 출신 인텔리들에게 이를 호소했고, 이들의 호소에 심훈, 최용신, 곽상훈, 박순천 등의 대졸 출신 인재들이 각지의 농촌으로 가서 봉사, 계몽 활동을 펼쳤다.

"배우자, 가르치자, 다 함께!"라는 기치를 내걸고 브나로드 운동을 통해 농촌 계몽운동을 주도해 나아갔다. 브나로드 운동은 러시아어로 '민중 속으로'라는 뜻이다. 이는 농촌에도 소학교와 중등학교를 세우고, 나이가 많은 고령자와 장년층을

● 도산 안창호와 흥사단
도산 안창호가 1913년 미국 샌프란시스코에서 조직한 민족 운동 단체. 일제강점기 하의 흥사단과 흥사단원들은 안악 사건, 105인 사건, 3·1운동, 동우회 사건 등에 연루되어 옥고를 치르는 등 독립운동에 직·간접으로 참여하였다.

◀ 상해 임시정부의 김구

위해 야학을 설치하여 글과 숫자를 깨우치게 하자는 것이 취지였다.

1929년부터 학생들은 여름방학을 이용하여 문맹 타파 운동을 전개하였는데 이 운동이 사회적으로 커다란 호응을 얻었다. 이 운동은 학생 계몽대를 중심으로 하여 학생 강연대·학생 기자대로 나누어 전개되었다.

학생 계몽대는 남녀 고교생으로 구성하여 한글과 수학을 가르쳤고, 학생 강연대는 전문대학 이상의 학생들로 구성되어 학술 강연, 시국 강연, 위생 강연을 담당했다.

학생 기자대는 고교와 전문 대학생으로 구성되어 여행 일기, 고향 통신, 생활 수기 등을 신문에 투고하도록 하였다. 김성수, 송진우, 이광수 등은 각종 계몽과 칼럼을 통해 실력 양성이 한국인들의 살 길이고, 실력 양성을 위해서라면 일단 문자와 말과 글을 알아야 한다고 역설하였다. 이들 스스로가 앞장섰고 심훈, 나혜석, 허정숙, 최용신, 심대영 등의 청년 지식인들이 이에 적극 동참하였다. 수많은 청년 지사들의 동참으로 한국인의 언어, 문자를 이해하는 문맹 퇴치 운동은 크게 높아졌다.

● 브나로드 운동
동아일보사는 1931년부터 1934년까지 4회에 걸쳐 전국 규모의 문맹 퇴치 운동을 전개하였는데, 제3회까지 이 운동을 '브나로드'로 부르다가 이해하기 어려운 이름이라 하여 제4회부터 '계몽운동'으로 바꾸었다.

국민 계몽운동

3·1 독립운동 때 무자비한 일제의 진압을 보고 충격을 받은 독립 운동가들은 교육과 문화사업 등을 통해 민족의 실력을 양성한 뒤에 독립이 가능하다 판단하고, 학교 설립, 신앙 활동, 계몽 활동, 언론 활동, 문화 사업 등을 추진해 나갔다. 그 중심 인물은 윤치호, 안창호, 이광수, 신흥우, 김성수, 안재홍 등이다.

일제는 무단통치 시기에 금지되었던 언론·출판의 자유를 일부 허용하여 신문 발행을 허가하고, 초급 학문이나 기술교육만을 실시하는 학교를 허용하였다. 초등학교, 중학교, 사범학교, 농업학교, 공업학교 등이 설립된 것이다. 실력 양성이 독립의 길이라고 생각한 민족 지도자들은 실력 양성을 위해서는 국민 개개인이 스스로 배우고 깨달아야 된다고 판단했다. 국산품을 애용하는 것이 곧 민족 경제를 살리는 길이라며 한반도에서 나는 물산을 구매해 줄 것을 호소하며, 국산품 애용 운동을 펼쳐 나갔다.

일본 유학의 급증과 일본인 자본가들에 의한 학교 설립에 자극받아 1921년 1월 이상재, 이승훈, 윤치호, 김성수, 송진우, 유진태, 오세창 등은 조선민립대학 설립 기성준비회를 발족하고 전국적으로 발기인 모집에 나서기도 했다.

이 운동은 1924년 중반을 기점으로 동력을 잃기 시작했다. 총독부는 '불온사상을 퍼뜨린다'는 이유로 기

● 월남 이상재와 조선민립대학
대한제국의 개화파 운동가인 이상재는 일제 강점기 교육과 청년의 계몽, 각성을 역설하였다. 개인적으로 재물에 욕심을 부리지 않았고, 전세방을 전전하였다. 그는 후일 대한민국의 대통령을 역임한 이승만의 정치적 스승 중의 한 사람이었다.

성회 임원을 미행하고 강연을 막았다.

　더구나 1923년 관동 대지진으로 경제가 불황에 빠지고 1923년과 1924년 잇따른 가뭄과 홍수로 이재민 구호가 시급해지자 민립대학 모금은 지지부진해졌다.

　조선총독부의 지나친 간섭으로 대학 건립 운동은 차질을 빚다가 실패하고 말았다. 일본 자본의 침투와 함께 신사상의 출현으로 서양 제품이 급속도로 확산되자, 1920년 초부터 김성수, 안재홍, 윤치호, 이광수, 조만식 등은 강연하고 계몽 활동을 다니며 국산 물건, 국내에서 나는 물품을 애용해 줄 것을 호소하였다. 국내에 좋은 제품이 있는데도 외제를 선호한다면 이는 외국 자본의 침투를 도와주는 것이라고 하였다.

　김성수와 송진우 등은 식민 치하의 한국인들이 일본제 무명, 비단 등을 수입하며 일본 제품이 한국에 유행하는 것을 보고 일본 자본이 한국에 침투하는 것을 우려하였다.

　김성수는 민족 산업을 일으켜야 한다고 생각하였고, 인도의 마하트마 간디의 경제 자립 운동에 영향을 받아 국내자본 육성계획을 세웠다.

　중앙고보의 학생들로 하여금 국산 무명옷을 교복으로 입게 하였다. 김성수 등은 무명옷을 교복으로 했을 때 인촌은 옷감의 국내 자체 생산과 조달을 생각하였다.

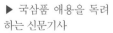

▶ 국산품 애용을 독려하는 신문기사

1917년 방직 기술자인 이강현의 건의를 받아들여 일제 당국은 순순히 허락하지 않았으나 결국 그의 사업을 승인해 주었다. 1917년 10월 재정적으로 어려움을 겪고 있던 광목 제조 회사 경성직조주식회사를 인수하였다.

1918년 봄 김성수는 경상북도 경주를 찾아 최 부잣집 후손 최준을 만났다. 김성수가 최준을 찾은 것은 경성방직과 뒷날 세우게 될 동아일보에 지방의 유력 인사들의 참여를 권유하기 위해서였다.

김성수가 경북 경주를 다녀간 지 1년 후 1919년 10월 경성방직이 설립되었고, 최준은 경성방직의 창립 발기인의 한 사람으로 참여하였다.

최준은 김성수와 안희제 등과 교류하면서 교육의 중요성을 깨달았다. 김성수는 한국인 최초의 방직회사 설립자가 되었다.

● 김성수와 경성방직
광목은 일본 대(大)방직 자본의 주력 제품이었기 때문에 당시 다른 도시의 조선인 직물업자들은 이들과의 직접적 경쟁을 회피하여 수입 면사를 이용한 특수 직물을 주로 제조하고 있었다. 그러나 경성방직은 바로 이 광목을 생산했다는 점에서 근대 조선인 직물업의 발전 과정에 특히 중요한 의미를 갖는다.

◀ 인촌 김성수

▼ 경성방직 (서울시 영등포 소재)

한국어 사용 금지

1895년 갑오개혁으로 근대 교육 제도가 시작되었지만, 10년이 지난 1906년 시점에도 초등교육 기관이 전국에 겨우 40개 미만이었다. 양반의 자제는 서당에서 사교육을 받는 경우가 많았다. 서당은 3,000개 정도 있었지만, 내용은 한문 교육이 중심이었다. 한글, 수학, 과학 등의 교육은 이루어지지 않았다.

조선총독부는 대한제국 시대에 한국인이 저술한 각급 학교용 교과서들을 몰수하여 사용을 금지시켰다. 그 대신 일본인 저작의 교과서로 대체하였다.

총독부는 민족 교육을 금지시키기 위해 조선교육령과 사립학교규칙 등을 제정하여 학교의 설치와 교육 내용을 총독부가 통제하기 시작하였다.

대한제국 시대에 설립된 고등교육 기관들을 비롯하여 수많은 서당들의 등록이 모두 취소되었다. 없애버린 것이다. 일본은 그 대신 전국에 보통학교(지금의 초등학교)를 설치했다. 초등학교는 합병 직전에는 40개 정도였던 것이 1943년에는 4,271개까지 늘어났다. 대학교로는 1924년에 경성제국대학교(지금의 서울대학교)가 설치되었다. 그러나 한국인 학생은 30~ 40% 정도에 머물렀고 일본 학생들이었다.

조선총독부는 1930년대에 들어오자 일본어를 국어로 만들고 일본어 보급 정책을 적극적으로 추진하였다. 교육 당국은 사립학교에서 한국어 교육과 그 사용을 통제하기 시작하였다. 관청에서는 한국 농민의 민원도 공용어인 일본어를 사용할 경우에만 접수하도록 하여 한국어 사용을 억제하였다.

1935년부터는 한글을 농민들에게 가르치는 학생들의 하기 계몽운동을 총독부령으로 제재하였다. 1938년에는 국어 상용화 정책으로 한국어 교육 과정을 폐지하고, 한국어 사용을 전면 금지시키고 일본어만 사용하도록 강요하였다.

1938년 한 해에만 전국에 3,660여 개의 일본어 강습소를 만들어 한국 농민들에게 일본어를 배우게 하고, 공식적인 활동에서는 일본어만 쓰도록 만들었다. 한국인을 위압하기 위해 일반 관리나 교원에게도 제복을 입히고 칼을 차고 수업에 임하도록 하였다. 전쟁 때에는 중학생은 물론이고 초등학교 학생까지 근로보국이라는 이름 아래 군사시설 공사에 강제로 동원하였다.

● 근로보국대
1938년 중·일 전쟁 후 일제가 조선인 학생, 여성과 농촌 노동력을 수탈하기 위해 강제로 끌고 가서 만든 노역 조직.

▲ 근로보국대에 동원된 학생들

▶ 마산여고 여학생들의 근로보국대 참가 모습

◀ 동덕여고 여학생들의 근로보국대 참가 모습

쓸모 있는 **한국사**

읽고 바로 써먹는

쓸모 있는 한국사

일제 강점기

● 프랑스 언론 르 프티 주르날에 실린 남대문 전투.
일제는 대한제국 군대를 해산시키려고 순종을 압박하여 발표하게
하고는 이에 대항한 의병들을 무참히 제압하였다.

■ 가혹한 통치 지배

잃어버린 세월

일제 강점기는 1910년 8월 29일부터 1945년 8월 15일까지를 말한다. 한국의 역사에서 한국의 근현대사를 시대별로 나누었을 때 주요 시대 중 하나로 대한제국, 즉 한반도와 그 부속 도서가 일본 제국의 직접적 지배 아래 놓였던 시기이다.

한·일 병합 이후 형식적으로는 대한제국의 황제가 존재하였지만, 그때 한반도는 조선 왕이 통치하는 것이 아니라, 일본의 천황이 조선 총독부를 통해 직접 통치하던 식민지로, 정치적으로나 외교적으로나 독자적 권한이 박탈된 일본 제국의 영토였다.

주권 국가로서의 지위를 잃어버리고 일본의 식민지가 되어 온갖 수난을 겪어야 했다. 그들은 헌병 경찰과 군대를 앞세워 우리 민족을 억압하고 한반도를 그들의 식량 조달과 공업 원료 약탈과 상품을 판매하는 소비 시장으로 바꾸어 놓았다.

이를 위해 한반도의 토지와 생산물 모두를 자기들의 것으로 만들어 버렸다. 주인은 모두가 일본 사람들이 차지하고 조선 사람들은 그들의 고용자인 일꾼이 되고 말았다.

● 조선총독부(구 중앙청) 철거
1995년 김영삼 대통령은 '역사 바로세우기'의 일환으로 당시 국립중앙박물관으로 사용 중이던 조선총독부 건물을 허물고 경복궁의 제자리를 찾았다.

▶ 조선총독부 철거 전과 철거 후의 모습

1945년 8월 15일 일본의 항복과 함께 해방되었으나 조선총독부는 바로 문을 닫은 것이 아니라 한동안 뒤처리를 하였다. 9월 2일 미군정과 소련 군정 주둔 뒤 행정권 인수인계 기간을 거쳐 9월 28일까지 일을 했다.

독립운동 전개

일본이 한반도를 강제로 점령하여 식민지로 삼은 시기를 일제 강점기라고 한다. 제1기 무단 통치, 제2기 민족분열 통치, 제3기 민족 말살 통치의 3기로 구분한다.

1910년대는 일제가 조선총독부를 설치하고, 군대를 파견하여 의병 활동을 억누르고 국내의 저항세력을 무력으로 막아 버린 시기이다.

언론, 집회, 출판, 결사의 자유 등 기본권을 박탈하고 독립운동을 무자비하게 탄압하였다. 헌병 경찰, 보조원을 전국에 배치하고 즉결 처분권을 부여하여 한국인을 태형에 처하는 등 만행을 저질렀다.

토지 조사사업을 공포하여 식민지 수탈을 시작하였고, 회사령을 공포하여 국내의 자본 세력을 억압하고 일본 자본 세력의 편의를 봐주었다. 이때 한국인 노동자는 열악한 환경과 낮은 임금, 민족적 차별까지 받았다.

삼림령, 광업령, 어업령을 공포하여 민족자원 약탈을 적극적으로 자행하였다. 1910년대의 국내외 민족운동과 국민 계몽운동은 조선총독부의 철저한 탄압으로 억압당하고 있었다. 조선총독부는 안악 사건에서 비롯된 105인 사건을 조작하여, 1911년 윤치호, 이동휘, 양기탁, 김구 등 신민회 간부들을 무더기 불법적으로 검거하고 신민회를 해산시켰다. 이 일을 계기로 김규식, 이승만 등 일부 기독교계 인사들은 선교사들의 도움을 얻어 해외로 망명하였다. 그 뒤의 독립운동 단체들은 비밀결사의 길을 걸을 수밖에 없었다.

국권을 강제로 빼앗긴 이후 무단통치가 강화되면서 기존의 항일운동이었던 항일 의병운동과 애국 계몽운동은 일제의 총칼 앞에 점차 빛을 잃었다.

대부분의 의병 계열들은 만주나 연해주 일대로 이동하였다. 각종 공직자 채용시험과 산업시설의 인허가에서도 일본인에게 우대 혜택을 주면서 한국인들의 반발은 더욱 커지고 거칠어졌다.

조선총독부의 철저한 탄압과 차별 정책으로 인해 한국인들의 항일운동은 비밀결사 형태로 변하였다. 교육과 종교단체를 통해 농민과 노동자와도 연결하여 독립 운동가들을 규합하였다. 대표적 단체로

● 105인 사건
1911년 일제가 무단통치의 일환으로 민족 운동을 탄압하기 위하여 1907년 초에 안창호, 이동녕, 이승훈 등이 조직한 비밀 항일 단체인 신민회 간부를 체포하면서 사건을 확대 조작하여 최후로 105명의 애국지사를 투옥한 사건.

▼ 1911년 공판정으로 끌려가는 애국지사들의 모습

는 대한광복회와 독립의군부, 송죽회, 조선국권회복단 등이 그런 것이다.

특히 대한광복회는 의병 출신과 애국 계몽운동 계열로, 군대식 조직으로 구성되어 대구에서 활동하였는데 군자금을 모집하고 경상도 관찰사였던 친일파 장승원 등을 처단하는 등 친일파 부자들을 처단하여 독립군 기지 건설에 노력하였다.

독립의군부는 고종의 비밀 지시를 받아 국권 반환 요구를 시도하고 의병 전쟁을 계획하였는데, 대부분 유생 출신들이었다. 이들은 고종황제의 복위를 내세웠는데, 신민회 이후의 거의 모든 단체가 공화제를 내세운 것과는 그 성격이 다르다. 송죽회는 평양의 숭의여학교 교사와 학생이 중심이 되어 독립운동 자금을 모금하여 독립운동 단체에 전달하였고, 교회를 통한 민족 의식 고양과 여성 계몽운동에도 앞장섰다.

● 채기중

1915년 8월 광복회(光復會)가 결성되자, 채기중은 경상도 지역 책임자로 광복회의 포고문을 작성하는 한편 동지를 규합하는 등 조직 확대에 힘을 쏟았다. 1916년 9월 총사령 박상진이 무기 구입을 위해 만주를 다녀오다가 일본 경찰에 붙잡히자, 예산의 김한종을 가입시켜 충청도 조직을 재건하는 등 세력 만회에 힘을 기울였다. 또 채기중은 군자금 모집을 위해 1917년 11월 칠곡군의 부호 장승원을 처단하였다.

이 일로 광복회가 발각되자, 채기중은 중국 상해로 망명을 계획하던 중 1918년 체포되어 1919년 9월 경성 복심법원에서 사형 선고를 받고 1921년 7월 서대문 형무소에서 사형이 집행되어 순국하였다.

해외에서의 항일운동

한일병합으로 일본의 탄압이 더욱 심해졌다. 국내에서 민족 해방 운동이 어렵게 되자 비밀결사 형태로 항일운동을 계속하였다. 항일 운동 단체인 신민회는 안악 사건과 105인 사건을 계기로 강제로 해체당하고 말았다. 해외에서는 만주와 연해주, 미주 지역 등에 민족 해방운동의 근거지를 마련하는 데 힘을 쏟았다. 일제의 헌병 통치에 의해 많은 의병부대와 지식인층 등 애국 계몽운동 인사들이 해외로 빠져 나간 것이다.

만주 서간도 삼원보에서는 경학사, 한족회, 부민단 등이 결성되었고, 독립군 장교 양성을 위한 신흥 무관학교가 설치되었다. 토지조사 사업으로 토지를 빼앗긴 농민들이 만주 간도와 연해주 일대로 이주하여, 한인촌, 신한촌 등을 형성하여 독립운동 기지 건설에 큰 도움이 되었다.

3·1 독립운동의 폭발

1919년 3월 1일 낮 12시 서울 탑골공원에서 독립선언서를 낭독하고 독립을 선언한 학생과 청년들은 수십만 명의 군중과 함께 "대한 독립 만세!"를 외치며 온 거리를 휩쓸었다.

이로써 3·1 독립운동이 시작된 것이다.

● 우당 이회영
신흥 무관학교를 설립한 장본인이다.

3·1 독립운동은 일제의 탄압에 핍박받던 한국인들이 제1차 세계대전 직후 전개된 세계적인 민족 해방운동의 조류에 편승하여 1919년 대규모 민족 해방운동으로 전개한 독립운동이다. 일제 강점기에 있던 한국인들이 일제의 지배에 항거하여 1919년 3월 1일 독립을 선언하고 비폭력 만세운동을 시작한 사건이다. 3·1 독립운동은 3·1 운동, 3·1 만세운동, 기미독립운동, 3·1 인민봉기 등 여러 이름으로 부른다.

　3·1 독립운동이 전국에서 거의 동시에 일어나자 일제는 조선을 효과적으로 지배할 수 없다고 판단하고, 친일파 육성에 나섰다. 문화통치를 시행한 것이다.

　문화통치는 3·1 독립운동을 계기로 군사, 경찰을 앞세운 강경책을 문화통치라는 이름으로 정책을 바꾼 것일 뿐, 가혹한 식민통치를 눈가림하려는 속임수였다.

　헌병 경찰제를 일반 경찰제로 바꾸고 독립 운동가들을 체포하는 일에 고등 경찰제를 앞세워 더욱 악랄하게 탄압했다. 때마침 고종황제가 왕세자와 나시모토 공주의 결혼식을 나흘 앞두고 승하하는 바

● 탑골공원
1919년 3월 1일 독립선언서가 낭독된 역사적인 장소

▲ 탑골공원 내 3·1독립운동 부조

▲ 독립 만세를 외치는 군중들

람에 고종을 독살하였다는 이야기가 나돌았다.

그러자 일본은 이런 소문을 차단하고자 마구 탄압하여 국민의 감정을 자극하였다. 이는 만세 시위로 확산되는 계기가 되었다. 이 운동을 주도한 인물들을 민족대표 33인으로 부르며, 그밖에 만세 성명서에 직접 서명하지는 않았으나 직·간접적으로 만세운동의 개최를 위해 준비한 이들까지 합쳐서 보통 민족대표를 48인이라고도 한다.

이 가운데는 3·1 독립운동 당시 일제의 가혹한 탄압과 참상을 사진으로 촬영하여 미국과 캐나다, 영국 등에 알린 스코필드도 포함된 것이다.

이들은 모두 만세운동이 실패한 뒤에 구속되거나 재판을 받았다. 이 운동은 전국에서 3개월 동안 이어졌다. 그 과정에서

● 민족 대표 33인
단체에서 개별적으로 이루어졌던 민족 독립 운동은 일정한 한계를 가지고 있었다. 따라서 각 단체를 묶는 대연합전선이 절실하였다. 이렇게 하여 손병희를 비롯한 민족 대표 33인을 결성하여 독립 선언서를 작성하였다.

조선총독부의 강경한 진압에 많은 희생자들이 발생했다.

조선총독부의 공식 기록에는 집회인 수가 106만여 명이고, 사망자가 7,509명, 구속된 자가 4만 7,000여 명이었다.

만세 시위는 일제 헌병 경찰의 무자비한 탄압 속에서도 삽시간에 전국 방방곡곡 퍼져 나갔고, 간도, 시베리아, 연해주, 미주 지역까지 퍼져 나갔다.

적어도 200만 명이 넘는 민중이 참여하여 투쟁하는 동안에 232개의 부, 군 가운데 229개의 부, 군에서 시위와 폭동이 일어났고, 1,491건의 시위가 이어졌다. 이때 160개가 넘는 일제 통치 기관을 파괴했다. 그러나 4월 말로 접어들면서 일제의 집단 학살, 고문, 심문, 방화 등 무력 탄압으로 3·1 독립운동은 탄력을 잃어갔다.

이 운동으로 정부 수립 운동이 활발하게 일어나고, 항일 무장투쟁이 더욱 촉진되었다. 독립운동의 이념과 방법론에 변화가 일어나면서 다양한 독립운동 노선이 등장하였다. 이로 인해 학생들이 민족운동의 중심으로 활동하였고, 농민, 노동자, 여성 운동이 활성화되는 계기가 되었다.

눈감아 준 경찰

1919년 3월 3·1 운동은

● 제암리 학살 사건
3·1 운동 당시 일본 군대가 경기도 수원군(지금의 화성시) 향남면(鄕南面) 제암리에서 주민을 집단적으로 살해한 만행 사건

민족 종교인 천도교를 중심으로 기독교인, 불교인, 유교인이 모두 함께 대표로 참여하였다. 대표인 손병희 등 33인이 주도하고 최남선이 〈독립선언서〉를 기초하였다. 최남선의 초안에 춘원 이광수가 교정을 보고 만해 한용운이 공약 3장을 덧붙였다.

〈독립선언서〉를 인쇄할 때의 일화가 전한다.

1919년 2월 하순 보성인쇄소에서 〈독립선언서〉를 인쇄하고 있을 때였다. 천도교에서 운영하는 보성인쇄소를 급습한 종로경찰서 고등계 형사 신철은 이종일 사장이 보는 앞에서 윤전기를 멈추게 하고 〈독립선언서〉를 보았다.

"엄청난 일이군!"

그는 신음하듯 한마디 하고는 그냥 돌아갔다. 보성사 이종일은 급히 최린에게 보고하였다. 최린은 서둘러 대책을 마련하고 고등계 형사 신철을 저녁 식사에 초대하였다. 신철은 오히려 대담한 표정이었다.

"나도 조선 사람이오!"

만일 그가 이 사실을 경찰서에 보고하였다면 3·1 독립운동은 이루

● 독립선언서
1919년 3월 1일 3·1 운동을 기하여 민족 대표 33인이 한국의 독립을 내외에 선언한 글. 최남선이 기초하여 이광수가 교정을 보고 한용운이 공약 3장을 더했다.

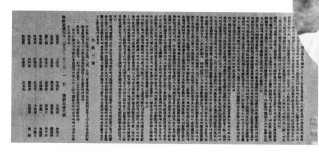

▲ 만해 한용운

어지지 못하고 그 지도자들은 모두 체포되는 사태가 빚어졌을 것이라고 역사는 전한다.

이 때문에 2월 28일 손병희 집에 모여 유혈 충돌을 피하기 위해 약속 장소인 탑골 공원에 나가지 않기로 결정하였고, 민족대표가 모일 장소를 태화관으로 바꾸었으며, 당초 3월 3일로 예정된 3·1 운동 거사도 3월 1일로 앞당겼다. 최린은 신철에게 여비를 주며 만주로 떠나라고 권고했다고 전한다. 일본측 기록에는 신철이 그 돈을 받았다고 되어 있고, 한국측 기록에는 그가 돈을 받지 않았다고 한다.

대한민국 임시정부

1919년 4월 중국 상하이에서 대한민국 임시정부가 발족되었다. 3·1 독립운동 이후 각 지역의 임시정부 통합 운동이 전개되었다. 독립운동의 구심점으로 역할과 필요성이 커진 것이다. 이때 서울에서는 한성정부, 시베리아 연해주에서는 대한국민의회의, 상하이에서는 임시정부가 따로따로 활동하고 있었다.

임시정부가 여러 개로 쪼개져서 활동하는 것은 파벌만 조장하고 독립운동에 도움이 안 된다는 목소리가 높아졌다. 그래서 나뉘어져 있던 것을 하나로 엮어 대한민국 임시정부를 발족시켰다.

이는 한반도의 13개 도 국민대표회의가 한성정부의 법통을 이어받아 중국 상하이에서 대한민국 임시정부를 세운 것이다. 그때 상하이는 국제적 항구 도시로 만들기 위해 프랑스의 특별 후원 아래 경찰과 행정을 관리하던 조계(租界) 지역이었다.

상하이 대한민국 임시정부는 임시의정원 의장에 이동녕, 국무총리에 이승만, 내무총장에 안창호, 법무총장에 이시영, 외무총장에 김규식, 군무총장에 이동휘 등을 선출하였다. 이어 임시 헌법을 만들고 대통령제를 내세워 초대 대통령에 이승만을 선출하고 각료들을 개편하였다. 이승만은 외교로써 독립을 이루고자 하였다. 임시 정부는 1919년 파리 강화회의와 1921년 워싱턴 회의에 대표를 파견하여 독립을 호소했으나, 열강의 냉담한 반응으로 전혀 성과를 거두지 못했다.

외교 활동에 소득이 없자 대한민국 임시정부 주변에 모였던 독립 운동가들이 이탈하면서 민족 대표 기관의 명맥을 잃게 되었다.

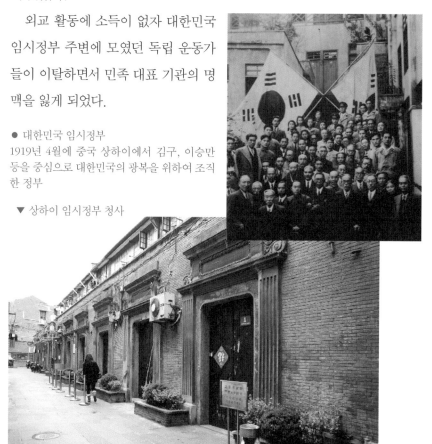

● 대한민국 임시정부
1919년 4월에 중국 상하이에서 김구, 이승만 등을 중심으로 대한민국의 광복을 위하여 조직한 정부

▼ 상하이 임시정부 청사

그래서 임시정부는 대통령제를 폐지하고 국무령제로 전환하여 김구를 국무령으로 뽑았다.

　　대한민국 임시정부가 주도하는 독립운동은 1920년대 중반까지 대체로 침체되었으나, 김구가 맡으면서 다시 활기를 되찾았다. 김구는 1932년 1월 8일 이봉창을 시켜 일본 천황을 암살하려고 하였으나 실패하였다.

　　이 사건으로 해외의 동포들이 격려 편지와 자금을 보내왔다. 김구는 이덕주와 유진식에게 일본 총독의 암살을 지시하여 조선으로 보냈다. 한편으로는 상하이 사변 승전기념일인 천양절을 맞아, 홍구공원에서 열린 기념식장에 윤봉길을 보내 폭탄을 던지게 하여 일본 요인들을 살상하는 데 성공하였다.

　　이후 사건의 주모자로 수배된 김구는 숨어 다녀야 했고, 임시정부도 상하이를 떠나야 했다. 중국 국민당 정부는 이러한 사건들로 대한민국 임시정부를 협력 대상으로 생각하였고, 김구를 지원하게 되었다.

　　김구는 일본의 영향력 아래로 들어간 상하이에서 피신하여 난징으로 옮긴 뒤 1933년 장제스와 항일전선 협력에 합의하였다. 이 무렵에 양기탁이 1933년 10

● 윤봉길 의사
윤봉길 의사는 중국에서 한인애국단에 가입한 후 홍구 의거를 일으켜 우리나라의 독립 의지를 만방에 알렸다.

월 국무령에 선출되어 1935년 10월까지 임시정부를 맡았다.

일본군의 중국 침공과 함께 임시정부는 상하이를 탈출해야 하는 상황에 이르러 난징과 창사를 거쳐 1940년에는 충칭으로 옮기게 되었다. 충칭에서 중국 국민당과 미국의 도움을 얻어 광복군 총사령부를 창설하였다.

1920년대의 민족 해방운동은 주로 대한민국 임시정부 활동과 독립군의 항일투쟁으로 이어졌다. 그런 가운데 독립운동 방법론에 차이가 생기면서 분열이 일어나고 일제의 방해 공작으로 임시정부 주도의 독립운동은 한동안 그 세력이 약화되었다.

대한민국 임시정부의 독립운동 활동은 김구를 중심으로 한인애국단이 활약하면서 살아나기 시작했다. 애국단의 일원이었던 이봉창, 윤봉길의 의거로 중국 국민당 정부의 지원도 끌어낸 후에 중·일 전쟁 이후에 창설된 한국광복군의 발판이 되었다.

● 임시정부 요인들
일제로부터 빼앗긴 나라를 되찾고자 국내외 요인들은 독립의 염원을 안고 임시정부 조직에서 각자 활동을 하였다.

간도와 만주 연해주의 조선 동포들을 기반으로 조직된 항일무장
단체들은 3·1 독립운동을 계기로 압록강과 두만강을 중심으로 국경
지방에서 격렬한 투쟁을 벌였다. 국내에서는 천도교 계열과 사회주
의자들이 연대하여 1926년 6월 10일 조선왕조 마지막 임금인 순종의
국장일을 기해 일제에 항거하는 6·10 만세운동을 일으켰다.

　　일제 강점기 때 가장 큰 민족 단체는 신간회였다. 신간회는 자치
운동을 주장하는 세력과 결별한 비타협적 민족주의 세력과 사회주의
자 계열이 모여 만든 단체였다. 국내의 많은 대중 운동을 주도해 나
갔다.

　　3·1 독립운동 이후 가장 큰 항일운동으로 전남 나주역에서 한국
여중생을 일본 남중생들이 희롱하는 데 분개한 한국 학생들이 1929
년 11월 3일 항일운동의 성격으로 광주학생운동을 일으켰다. 의열단
투쟁도 일본 요인의 암살, 파괴 활동을 적극적으로 펴 나갔다.

● 광주학생운동
1929년 11월 광주에서 시작되어 이듬해 3월까지 전국
에서 벌어진 학생들의 시위 운동으로 3·1 운동 이후
가장 큰 규모로 벌어진 항일운동.

■ 민족 분열에 광분

민족 혼 없애기

3·1 독립운동 이후 일본 정부나 총독부는 기존의 통치 방식을 버리고 새로운 탄압정책으로 나섰다. 사이토 마코토 총독을 파견하여 기존의 강압적 통치에서 회유적 통치로 그 방향을 바꾸었다.

일부 단체 활동과 언론 활동을 제한적으로나마 허가하였고, 아주 기초적인 초등교육과 농업교육을 확대하였다. 실질적으로는 민생 안정보다 회유책에 불과한 것으로, 친일파 양성을 통해 한민족의 분열을 시도한 것이다.

1930년대부터는 민족혼 말살정책을 강행한 시대였다. 만주사변이 터지면서 일제는 중국을 비롯한 대륙 침략을 본격화하였다. 한반도를 일본의 중국 대륙 진출 전진기지로 삼고, 일본의 경제적 지배 정책도 병참기지로 바꾸었다. 이때 조선 사상범 보호관찰령 등을 공포하여 사상 통제를 강화하였고 일본과 조선은 한 조상이라는 민족의 역사 날조까지 자행하였다.

대공황에 시달리던 일제는 그 타개책으로 식민지 확보를 통한 블록 경제를 선택하였다. 그에 따라 1930년대 일제는 만주사변을 시작으로 대륙 침략을 본격적으로 시작하면서 한반도를 대륙 침략의 병참기지로 삼았던 것이다. 대공황 이후 선진 자본주의 국가의 보호무역 강화로 면방직 원료의 공급이 부족하였다.

이에 따라 한국에서 공업 원료를 증산하기 위해 남부에는 면화 재배를, 북부에서는 면양 사육을 독려하였다. 대륙 진출을 위한 병참기지화 정책에 따라, 압록강과 두만강 일대에 발전소를 건립하고 광산을 개발하여 한반도 북부 지대에 군수공장을 건립하였다.

1937년 중·일 전쟁을 기점으로 침략 전쟁을 본격화하면서, 국가총동원령을 내려 식량 생산을 늘리고 미곡공출제도를 시행하여 식량을 모두 빼앗아 갔다. 이로 인해 조선인들은 식량을 배급받는 사태가 벌어졌다. 전쟁 초기에는 지원병제와 징용제도를 실시하여 청년들을 끌어갔다. 1940년대에는 태평양 전쟁을 일으키면서 한반도를 수탈하는 데 더욱 광분하였다.

조선총독부는 만주사변과 중·일 전쟁에 동원할 인력과 군자금, 군수품을 조선에서 조달했으며, 지식인들을 통한 자발적 징용, 징발 독려, 성금 모금 등의 다양한 방식으로 노동력과 자본을 차출해갔다.

1941년까지 약 160만 명의 조선인이 일본의 공장, 건설 현장, 탄광, 농장에서 일하게 되었다. 징병제도를 실시하여 조선인을 전쟁에 동원하는 한편, 10대 후반에서 30대 초반에 이르는 여성들 중에서 정신대라는 이름으로 강제 동원하거나 군수 공장 등지에 보냈다.

이들 여성 중 대부분을 중국과 남양 지방의 최전선에 투입하여 일본군을 상대하는 일본군 위안부로 삼았다. 젊은 여성을 정신대라는 이름으로 강제 동원하고, 또 많은 여성들을 군수 공장 등에서 혹사시키는 만행을 저질렀다. 최근 들어 그 진상이 밝혀지기 시작한 종군위안부 문제를 가볍게 보기 어려운 까닭은 이러한 범죄 행위가 개인이 아닌 국가에 의해 조직적으로 행해졌다는 데에 있다.

1941년 일제는 미국에 선전포고도 없이 진주만을 불법적으로 공격하면서 태평양 전쟁을 일으켰다. 조선에서는 국가총동원령을 내려,

조선인들을 강제 징용으로 끌어갔다. 학도지원병, 징병제 등을 실시하여 수많은 젊은이를 전쟁에 동원하였다.

이승만은 제네바 회의에 참석한 것을 계기로 여러 국제회의에 참석하여 한국의 독립을 승인해줄 것을 호소하였다. 이승만은 미국 정부를 상대로 한국 독립의 승인을 요청했고, 1941년의 태평양 전쟁 이후 그의 노력이 부분적으로 성과를 거두었다.

특히 광복군은 제2차 세계대전이 태평양 전선으로 확대된 1941년 12월 9일 연합군에 가담해 일본에 선전포고를 하였고 전쟁에 참여하였다. 연합군에 가담해 일본과 독일에 선전포고를 하고 한국광복군이 연합군과 연합작전을 전개했다.

● 일본군 위안부
제2차 세계대전 동안 일본군의 성적 욕구를 해소하기 위한 목적으로 강제적이거나 집단적 일본군의 기만에 의해 징용 또는 인신매매범, 매춘업자 등에게 납치·매수 등 다양한 방법으로 일본군을 대상으로 성적인 행위를 강요받은 여성을 말한다.

▲ 만삭의 임신을 한 위안부와 웃고 있는 일본군의 모습에서 전율을 느낀다.

치욕의 이름들

한반도를 식민통치로 만들기 위해 사이토 마코토 총독은 '조선 민족 운동에 대한 대책'이라는 괴물 정책을 발표하였다.

이 정책의 골자는 이렇다.

1) 핵심적 친일 인물을 골라 그 인물로 하여금 귀족, 양반, 유림, 부호, 교육가, 종교가에 침투하여 계급과 사정을 참작하여 각종 친일 단체를 조직하게 한다.

2) 각종 종교 단체도 중앙집권화해서 그 최고 지도자에 친일파를 앉히고 고문을 붙여 어용화한다.

3) 조선 문제 해결의 성공 여부는 친일 인물을 많이 얻는 데에 있으므로 친일 민간인에게 편의와 원조를 주어 수재 교육의 이름 아래 많은 친일 지식인을 긴 안목으로 키운다.

4) 양반 유생 가운데 직업이 없는 자에게 생활 방도를 주는 대가로 이들을 온갖 선전과 민정 염탐에 이용한다.

5) 농민들을 통제 조정하기 위해 민간 유지가 이끄는 친일 단체인 교풍회, 진흥회를 두게 하고, 이들에게 국유림의 일부를 불하해 주고 입회권을 주어 회유하여 이용한다.

일반적으로 일제 강점기는 일본의 제국주의화 과정에서 식민지 쟁탈의 일환으로 진행된 일본의 대한제국 식민지 통치시기를 의미한다. 일제 강점기는 대한제국의 의도와는 관계없이 일본이 강제로 점령한 것이라는 역사적 사실과 관계가 깊다.

대한민국에서는 일제 식민 시대, 일본 통치기 등으로 부른다. 그러나 당시에는 왜정 시대, 왜치 시대, 일정 시대 등으로 불렀다. 일제 식민지, 일제 식민통치 시대, 일본 식민지 시대, 일본 통치 시대, 대일 항쟁기, 국권 피탈기 등 다양한 명칭으로도 불린다. 표준국어대사전은 일제 강점기라는 말을 쓰고 있다. 그밖에 중국과 기타 국가에서는 조선 일점기 또는 조선일치기, 일본 통치기 조선 등으로도 부른다.

19세기 후반 일본은 제국주의 식민지 쟁탈전의 일환으로 조선에 수교를 요구하였으나 거절당했다. 그러자 이를 명분으로 대륙 침략을 위한 정한론을 제기하였다. 당시 제정 러시아도 남하 정책으로 한반도 진출을 노리고 있었다.

1876년 강화도 조약 이래 일본은 조선을 무력으로 장악하기 위한 장기 계획을 수립하였고, 1894년 청·일 전쟁과 1905년의 러·일 전쟁에서 승리하며 한반도에 대한 침략 야욕을 본격적으로 드러냈다.

일본은 주권국인 대한제국의 국권을 무시하고, 영국과 일본 동맹 및 태프트·가쓰라 밀약 등의 조약을 체결하며, 한반도 진출을 본격화하였다. 일제는 1905년 무력을 동반한 을사늑약으로 대한제국의 외교권을 강탈한 데 이어 한·일 신협약과 기유각서 등으로 대한제국의 배타적 권리를 차례차례 빼앗았다.

1909년 7월에 일본 내각에서 대한제국의 흡수를 결정하였고, 1909년 10월 26일 안중근이 하얼빈에서 이토 히로부미를 총살하는 사건이 발생하자 이 사건을 명분 삼아 일본 내에서 제국주의자들의 한국 합병에 대한 목소리가 높아져 오히려 병합의 추진이 빨라졌다.

1910년 8월 29일, 한·일 병합 조약이 체결되면서 대한제국은 멸망하고 한반도는 일본 제국의 영토로 강제 편입되었다. 당시 일본은 한반도 지역과 그 주민들을 '조선'으로, 대한제국의 황제를 '왕'으로 낮추어 불렀다.

　　이로써 한반도 지역 전체가 일본 제국의 식민지가 되어, 일본 천황 직속의 식민 정부인 조선총독부에 의해 1945년까지 36년간 식민 지배를 받게 된 것이다.

▲ 이토 히로부미를 저격하는 안중근 의사
(남산 안중근 의사 기념관 소재)

침략의 원흉
이토 히로부미

● 안중근 의사
한말의 독립운동가로 삼흥학교(三興學校)를 세우는 등 인재양성에 힘썼으며, 만주 하얼빈에서 침략의 원흉 이토 히로부미를 저격하고 《동양평화론》을 주창하며 뤼순 감옥에서 순국하였다.

무단 통치

합병 직후 일본은 조선총독부 초대 총독으로 데라우치 마사타케를 내 보내 1910년 9월에 헌병 경찰을 창설하고 2만여 명의 헌병 경찰을 한반도 전역에 배치하고 무단 통치에 돌입하였다. 이를 통감기라고도 한다.

무단 통치는 총칼을 앞세운 무력 정치를 말한다. 헌병이 일반 경찰의 행정까지 담당하면서, 언론·집회·출판·결사의 자유를 박탈하고, 즉결 처분권 등을 갖는 것이다.

조선 총독은 일본군 현역이나 일본 예비역 장성 가운데에서 임명되었고, 일본 천황에게 직속되어 입법권·사법권·행정권 및 군대 통솔권까지 장악하였다. 천황의 직속이라 내각이나 의회의 간섭을 받지 않았다. 총독 아래에는 행정과 교육, 문화를 담당하는 정무총감과 치안을 담당하는 경무총감을 두었다.

조선총독부는 조선인 가운데 헌병 보조원을 채용하여 헌병들의 업무를 보조하게 하여 헌병 중심의 억압 통치를 실시하였다.

헌병 경찰은 치안업무와 함께, 독립운동가 색출 등 민생 전반에 걸쳐 관여하였는데, 여기에 당시 통치의 억압성을 단적으로 보여 주는 제도가 조선인 태형 명령으로, 갑오개혁 때 폐지되었던 태형을 부활시켜 조선인에게만 차별적으로 적용하였다.

● 데라우치 마사타케
일본의 군인·정치가. 이완용 친일 내각으로부터 경찰권을 이양받아 헌병·경찰을 동원한 삼엄한 공포 분위기 속에서 한국의 국권을 탈취했고 국권 탈취 후 초대 조선총독으로 무단 식민정책을 폈다.

이 시기에는 조선인의 각종 단체가 강제로 해산당하였다. 1911년 신민회를 해산시킨 105인 사건이 대표적이다. 일제는 신문법, 출판법, 보안법을 통해 조선인의 언론·출판·집회·결사의 자유를 모두 제한하였다.

일본은 제1차 조선 교육령을 공포하고 조선인의 교육기회를 좁혀 놓았다. 학제는 보통 교육과 전문학교, 실업학교만 인정하고 대학 교육을 허용하지 않았다.

애국계몽 세력이 설립한 사립학교를 서당 규칙과 사립학교 규칙을 통해 통제하였다. 이 시기에는 교사가 군인처럼 제복을 입고 모자를 쓰고 칼을 차고 무장한 채 어린 학생들을 가르쳤다.

● 일제의 교육
일제는 조선의 교육에서도 대학 교육은 인정하지 않았고, 어린 초등학생에게도 일본어로 교육시켜 조선어 말살을 획책했다.

창씨개명의 비극

한국 사람들을 일본 사람으로 만들기 위한 민족 말살통치가 진행되면서 일본과 조선 사람들은 한 조상의 자손이라는 황국 신민화 정책이 전개되었다. 이에 따라 일본은 조선 사람들에게 황국 신민 역사의 암기, 그리고 신사 참배와 일본어 사용을 강요하였다.

애국반을 통해 국민생활 전반을 통제하기 시작하였다. 초등학교와 중학교를 포함한 모든 학교에서 한글 교육을 중단시켰다. 이와 함께 조선의 역사도 배울 수 없게 되었다. 조선 사람의 성씨와 이름까지도 일본식으로 바꾸는 창씨개명이 강압적으로 시행되었다. 민족성이 강한 전문학교는 폐교시키고 강제로 학교 이름을 바꾸게 만들었다.

"조선이 일본 영토인 이상 조선어는 일본어의 방언이다. 따라서 누구든지 방언을 사용해서는 안 된다. 조선어는 완전 소멸시켜야 한다."

조선어를 방언이라고 몰아치며 강제로 폐기시키고 일본어가 모국어이자 표준말이라고 밀어붙였다. 학자들을 앞세워 일본어 사용을 강요했다.

1938년에는 제3차 교육령이라는 것을 만들어 국어는 일본어라고 강제로 규정하고 조선어를 사용하는 사람은 무조건 처벌하기 시작하였다. 이에 따라 학교에서는 조선어가 완전히 자취를 감추게 되었다.

1939년 11월 10일, 조선총독부는 조선민사령을 개정하고 조선에서도 일본식 성씨와 이름을 따르도록 규정하고, 1940년 2월 11일부터 8월 10일까지 각자 성씨를 정해서 제출할 것을 명령하였다. 창씨개명은 조선총독부 총독 미나미 지로의 개인적인 생각에서 출발한 것으로 일본 정부와 협의 없이 일방적으로 추진한 정책이었다.

창씨개명령은 조선인의 집단 반발은 물론이고 일본과 조선총독부에서도 반대와 비난, 반발에 부딪쳤다. 조선총독부 경무국만 해도 창씨개명에 반대하였다. 미나미 지로는 창씨개명 계획을 밀어붙여 논란을 일으켰다. 결국 1942년 미나미가 조선 총독에서 해임되었다.

창씨개명 시행은 조선 사회의 근간을 흔드는 일이었기 때문에 조선인들의 반발은 거세졌고, 친일 인사들조차 혼란에 빠졌다. 창씨의 강압 속에서도 이를 거부하고 자결한 사람도 있었으며, 부당함을 비방하다가 구속된 사람도 많았다.

일본인들도 창씨개명을 시행함으로써 조선인과 일본인의 구별, 분리가 어렵다는 이유를 들어 반대했다.

조선총독부 경찰은 조선인이 똑같이 일본식 이름을 쓰면, 누가 조선인이고 누가 일본 사람인지 구별이 쉽지 않다는 반론을 제기하고 나섰다. 하지만 1940년 2월부터 창씨개명이 대대적으로 단행된다.

창씨개명은 1940년 5월까지 창씨계출 가구 수가 7.6%에 불과하

● 창씨개명
일제의 미나미 총독은 부임 후 〈내선일체〉를 내세우며 한국인의 황민화를 꾀해 그 일환으로 창씨개명과 서양자 제도의 신설이었다

◀ 창씨개명 계출을 하는 한국인들

자, 조선총독부는 행정력과 경찰력을 총동원해 창씨개명을 하도록 협박, 강요하여 신고마감 시기까지 322만 가구, 79.3%가 창씨개명을 한 것으로 나타났다. 창씨개명은 광복 후인 1946년 미군정과 소련 군정에 의해 폐지되었다.

조선어학회 사건

1942년 10월 조선어학회의 주요 구성원이 치안유지법 위반이라는 죄로 체포되는 사건이 일어났다. 이를 조선어학회 사건이라고 한다. 이 사건을 계기로 일제 당국은 조선어 말살을 더욱 강하게 억압하였다. 그래서 학교에서는 어느 누구도 한국어를 쓸 수가 없었다.

그러나 현실적으로는 조선어를 일상생활이나 신문 등에서 완전히 빼낼 수는 없었다. 조선총독부에서도 1921년부터 1945년 해방에 이르기까지, 조선어 능력 시험에 합격한 직원을 승진과 급여 면에서 유

▼ 1935년 조선어학회 표준어사정위원들의 현충사 방문 기념 사진. 앞 줄 맨 왼쪽에 정세권, 둘째 줄 왼쪽에서 두 번째에 이극로, 같은 줄 네 번째에 안재홍.

리한 대우를 해주었다. 그런 와중에도 학교에서는 모든 수업을 철저하게 일본어로 진행되었다.

1943년 당시까지도 일본어를 해석하는 조선인은 1,000명 당 221.5명에 지나지 않았다. 그렇게 강요해도 80%의 조선 사람들이 일본어를 사용하지 못했다. 성씨와 이름을 일본식으로 바꾸고 조선어를 사용하지 못하게 억압해도 조선 사람이 일본 사람이 될 수 없고 일본 사람으로 만드는 일도 가능한 일이 아니었다.

조선어학회 사건은 이러한 시대적 배경 속에서 함흥 영생고등여학교 학생 박영옥이 기차 안에서 친구들과 조선말로 이야기하다가 조선인 경찰관인 야스다에게 발각되어 취조를 받으면서 일어난 사건이었다.

일본 경찰은 취조 결과 여학생들에게 민족주의 감화를 준 사람이 서울에서 사전 편찬을 하는 정태진이라는 사실을 파악하였다.

같은 해 9월 5일에 정태진을 연행, 취조해 조선어학회가 민족주의 단체로서 독립운동을 목적으로 하고 있다는 자백을 받아냈다.

이로써 일제는 3·1 운동 후 부활한 한글 운동을 폐지하고, 조선 민족 노예화에 방해가 되는 단체를 해산시키고 나아가 조선 최고의 지식인들을 모두 검거할 수 있는 꼬투리를 잡게 되었다.

사건의 발단은 3·1 독립운동 뒤에 한글 운동이 다시 일어나면서, 1921년 12월 조선어연구회가 창립되었다. 1929년 10월에는 조선어 사전 편찬회가 조직되었다. 이로써 민족의 사전 편찬에 바탕이 되는 「한글맞춤법통일안」, 「표준어사정」, 「외래어표기」 등을 제정하는 등 말과 글을 연구하여 정리하여 계속 보급했다.

일제는 1931년 만주사변을 일으킨 뒤 중국 침략을 목전에 두고 조선 민족에 대한 압박을 한층 더해 갔다. 1936년에 「조선사상범 보호 관찰령」을 공포한 뒤, 1937년에는 수양동우회 회원을, 1938년에는 흥업구락부 회원을 검거하였다.

조선 민족 사상을 꺾고 나아가 조선 민족을 말살하기 위해, 조선어 교육을 단계적으로 폐지하였다. 1941년에는 「조선사상범 예방구금령」을 공포하여 독립 운동가를 언제든지 검거할 수 있는 길을 터놓았다.

● 주시경과 조선어학회
주시경은 국어의 연구와 운동을 통하여 일제 침략에 항거한 학자이다. 그가 이룬 업적은 그의 제자들로부터 조선어학회를 창립하여 일제의 탄압 속에 우리 글을 지키려 하였다.

● 조선어학회 사건
1941년 12월 하와이의 진주만을 습격하여 제2차 세계대전에 뛰어든 일제는 내부의 반항을 염려하여 1942년 10월에 조선어학회에도 총검거의 손을 대었다. 조선어 학회는 1942년 4월부터 한국어 사전을 편찬 중이었다.

▲서울시 안국동에 있는 조선어학회 터를 알리는 표지석

이처럼 일제 탄압이 숨 막히게 조여들자 조선어학회는 사전 편찬을 서둘러 1942년 4월에 그 일부를 대동출판사에 넘겨 인쇄하였다.

그해 10월 1일, 첫 번째로 이중화, 장지영, 최현배 등 11명을 서울에서 구속하고, 잇따라 조선어학회에 관련된 사람들을 검거하면서 1943년 4월 1일까지 모두 33명이 체포되었다. 이들 모두를 「치안유지법」의 내란죄로 몰았다.

기소된 사람은 함흥형무소 미결감에 수감되었다. 같은 해 12월 8일에 이윤재가, 1944년 2월 22일에는 한징이 옥중에서 사망하고, 장지영, 정열모 두 사람이 공소 소멸로 석방되어 공판에 넘어간 사람은 12명이었다.

이극로 징역 6년, 최현배 징역 4년, 이희승 징역 2년 6개월, 정인승, 정태진 징역 2년, 김법린,이중화, 이우식, 김양수, 김도연, 이인 등 징역 2년 집행유예 3년, 장현식 무죄가 각각 언도되었다. 그러나 이틀 뒤인 8월 15일 조국이 광복되자 8월 17일 풀려 나왔다.

● 조선어학회
주시경 등을 중심으로 일제 강점기 전에 창립되어 식민지 기간을 거쳐 오면서 한글의 연구와 보급을 위해 앞장섰다.

▲ 최현배

격렬한 무력 투쟁

간도와 만주, 연해주 등지를 기반으로 조직된 항일 무장단체들은 3·1 독립운동을 계기로 평안북도 갑산, 함경남도 혜산, 압록강과 두만강을 중심으로 한 국경 지대에서 일본 군대에 대항하면서 격렬한 무장 투쟁을 벌였다. 그 가운데서도 만주 청산리 전투가 유명하다. 특히 김좌진이 이끄는 북로군정서군은 만주 청산리 전투에서 일본군을 크게 격파시켰다.

일제는 국경 지방의 독립군을 뿌리 뽑지 않고서는 한국을 지배할 수 없다고 판단하고 대규모로 군대를 동원하여 독립군 토벌에 나섰다.

1920년 6월 홍범도 부대는 북간도 왕청현 봉오동에서 매복하고 있다가 쳐들어오는 일본군을 전멸시켰다. 그 뒤 김좌진과 홍범도 등이 지휘하던 독립군 연합 부대도 작전상 후퇴를 거듭하면서도 북간도 화룡현 청산리에서 매복하여 일본군 1,500여 명을 살상하는 전과를 올렸다.

● 대한 독립군

1919년 홍범도(洪範圖)가 의병 출신을 중심으로 창설한 항일 독립군 부대로 간도 국민회와 연합하여 활발한 국내 진공 작전을 펼쳤으며, 봉오동 전투와 청산리 전투의 승리에 크게 기여하였다.

▲여천 홍범도

그러나 독립군은 일제의 토벌에 밀려 소련으로 들어갔다. 여기서 각 부대들은 대열을 정비하기도 전에 독립 운동의 주도권을 놓고 서로 대립했다. 그런 가운데 1921년 6월 자유시 참변이 일어나 대오는 흩어지고 말았다.

시련을 겪은 무장 독립운동 세력들은 다시 결집하고자 민정 및 군정기관 형태인 3부를 조직하였다. 3부는 정의부, 참의부, 신민부이다. 이를 통해 조직을 재정비하고자하였지만, 1925년 일본 제국과 만주군벌 장쭤린 사이에 미쓰야 협정이 체결되어 만주에서도 무장 독립운동을 제대로 할 수 없었다.

1920년대 말에는 남만주 지역에 참의부, 정의부가 통합하여 국민부가 결성되어 조선혁명군으로 결성되었고, 북만주의 신민부는 혁신의회로 통합되어 한국독립군으로 계승되었다. 이들은 한·중 연합작전을 통해 대전자령 전투, 영릉가 전투 등에서 큰 승리를 거두었다.

청산리 전투

청산리 전투는 청산리 대첩이라고도 한다. 1920년 10월 21일부터 26일까지 만주 간도에서 일본 육군과 벌였던 전투를 말한다.

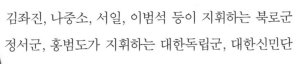

김좌진, 나중소, 서일, 이범석 등이 지휘하는 북로군정서군, 홍범도가 지휘하는 대한독립군, 대한신민단

● 김좌진 장군
1920년 10월 20~23일 청산리(靑山里) 80리 계곡에서 유인되어 들어온 일본군을 맞아 백운평·천수평·마록구 등지에서 3회의 격전을 전개, 일본 군 3,300명을 섬멸했다.

예하 신민단 독립군 등을 주축으로 활약한 만주 독립군 연합 부대가 만주 지린성 화룡현 청산리 백운평, 천수평, 완루구 등지에서 10여 차례에 걸쳐 싸웠다.

1920년 10월 21일 길림성 화룡현에서 싸움이 시작된 이래 일주일 동안 여러 지역에서 교전하고 청산리 골짜기에서 일본군을 크게 대파하였다.

청산리 전투의 승리는 일제가 1920년 초부터 계획한 만주 한인독립군 전체에 대한 초토화 계획을 실패로 만들었다.

청산리는 조선의 교민들이 많이 모여 사는 북간도의 연길과 용정에서 백두산으로 가는 길목이다. 사방을 에워싸듯 둘러싼 주위의 산세가 험하고 복잡하였다. 산악 뒤편으로는 울창한 숲 지대이다.

1920년 6월 7일 봉오동 전투에서 최종 승리를 거둔 대한군 북로독군부의 홍범도는 그해 7월 11일 소규모 부대를 이끌고 노두구에서

▼ 김좌진의 북로군정서 독립군

간도 일본 영사관을 습격하여 일본 영사관 경찰대와 교전하여 승리를 거두었다.

조선총독부는 만주 심양의 독자적인 만주 군벌 장쭤린에게 여러 차례 중·일 합동 수색대를 편성해 독립군을 색출하자고 제의했다. 일본 측의 제의에 장쭤린은 머뭇거렸고, 한인 독립군은 사람을 보내 이들의 움직임을 알아보고 연락하였다.

장쭤린은 마지못해 우에다와 사카모토가 주도하는 중·일 합동 수색대를 편성했다. 그러자 길림성장 서정림은 이를 반대하면서 강하게 항변하였다.

"조선인 독립군이 중국인이나 기타 민간인, 자국 교포들을 함부로 약탈·방화하거나 강탈해가지 않는 점을 이유로 들어 중국 측이 조선인 독립군 토벌이나 추방할 이유가 없다."

그런데 1920년 7월 11일 노두구에서 일본 영사관 병력이 홍범도의 소규모 중대에게 전멸당하자, 일본은 중국 정부에 강력하게 항의했다.

1920년 10월 2일 새벽 4시쯤 400여 명의 마적 떼가 훈춘을 습격해

● 봉오동 전투 민족기록화 (임직순, 1976년)
1920년 만주 봉오동에서 홍범도 장군이 이끄는 독립군 부대가 일본 정규군을 대패시킨 전투.

40여 명을 살해하고 일본 영사관 분관과 그 소속 관사를 방화하고 일본인 1인과 수십 명의 조선인과 중국인을 납치해 퇴거하는 사건이 일어났다. 이를 조선인 독립군의 소행이라고 뒤집어씌웠다.

일본은 미리 대기시켜 놓은 대군을 즉각 투입했는데, 조선군 제19사단 9,000여 명을 중심으로 시베리아로 출동했던 포조군 14사단 4,000여 명, 11사단, 19사단, 20사단, 그리고 북만주 파견대와 관동군 각 1,000여 명 등 모두 2만여 명에 달하는 군단급 병력이었다.

조선인 독립군은 삼둔자 전투와 봉오동 전투에서 대승을 거둔 뒤라 사기가 올라 있었다. 김좌진이 이끄는 대종교 계통의 북로군정서는 1920년 9월 9일 사관양성소의 사관 298명의 졸업식을 치른 뒤 백두산으로 향했다. 북로군정서군도 다른 독립군 부대처럼 중국군과의 약속 때문에 깊은 밤중을 틈타 주로 산길로 이동해 한 달 만에 450리 길을 걸어 10월 12~13일 화룡현 삼도구 청산리에 도착했다. 청산리에 도착한 북로군정서군은 인근 이도구로 이동해 있던 홍범도 부대와 합류했다.

일제는 중국에 압력을 넣어 일방적으로 2개월 동안 주둔하겠다고 통고하고는 1만 5,000여 명 규모의 일본 군대를 두만강 너머에 배치했다. 주력 부대인 동지대는 5,000명으로 편성하여 삼도구로 나가게 하고, 다른 세 지대는 각각 담당 구역을 정해 내보냈다.

일본군은 얕보던 조선 독립군에게 뜻밖의 참패를 당하자, 한반도에 주둔하고 있던 부대와 관동 지방에 주둔 중인 부대 그리고 시베리아에 나가 있던 부대까지 동원하여 세 방향에서 독립군을 포위하고 공격해 갔다.

그러나 다수의 독립군들은 도주했을 것으로 계산하여, 동지대 37 연대 외에 조선 주둔 일본군 보병사단 19사단과 20사단의 일부를 따로 편성한 소규모 대대급 부대들을 더 늘렸다.

일본군 병력은 2만 9,000명에서 4만 명 정도 안팎이었다. 일본군은 보병, 기병, 야포병, 공병 등의 혼성 부대인 일본군 만주 동지대 소속 1만 명이 추가로 동원되었다.

1920년 10월 10일경 안무의 연합 부대는 이도구 부근의 간도 유동으로 이동하고, 그 병력은 홍범도 부대와 합하면 약 1,950명이었다. 북로군정서군은 일본군을 유인하기 위해 주변 마을의 노인들에게 허위 정보를 퍼뜨리게 하였다.

"독립군은 무기도 제대로 갖추지 못한 채 사기가 떨어져 허둥지둥 도망갔다."

그때 일본은 1920년 10월 초, 만주의 한인 독립군 소탕을 위해 간도로 출병 명령을 내렸다.

첩보원으로부터 왜병이 도착한다는 전갈을 받은 이범석은 산꼭대기에 올라 망원경으로 일본군 동지대의 이동을 지켜봤다.

정탐군을 보내 보병, 포병, 기병, 공병을 합친 병력이 1만 명으로 일본 파병군의 선발대임을 알았다. 이범석은 근처 한인 교포와 사냥꾼을 모은 뒤 마을의 부녀자와 노인들에게는 일본군을 만나면 "독립군은 수가 얼마 되지 않고 총을 가진 병사 수도 몇 안 되며 굶주려 지쳤다."고 소문을 퍼뜨리도록 사전에 지시해 놓았다.

소총, 중기관총, 수류탄 80만 발의 탄환을 집결한 뒤 10월 20일 새벽, 김좌진 이범석 등은 탄환을 직접 분배하고 철저하게 작전 준비를

쏠모 있는 **한국사**

마쳤다.

10월 20일 오전 9시경부터 청산리 백운평에서 일본 군대와 교전이 시작되고 그날 날이 저물도록 전투가 계속 되었다. 격전을 전개하면서 기회를 노리던 독립군은 일본군 선발대의 선봉 부대를 기습 공격하여 섬멸시키는 전과를 올렸다.

이튿날인 10월 21일 오전 8시, 일본군 동지대의 또 다른 선발 보병 1개 중대는 독립군의 매복 사실을 모른 채 하루 전에 독립군이 행군한 길을 따라 백운평에 들어왔다.

90여 명의 일본군 야스가와 부대의 전위대 전투 병력이 백운평 안에 들어서고, 선두가 북로군정서군 제2 대대의 매복지점으로부터 10여 걸음 앞에 도달했을 때인 오전 9시 매복한 독립군들은 일제 사격을 감행하며 기습 공격을 퍼부었다. 독립군의 위치도 파악하지 못한 채 허둥거리며 응사하던 일본군 전위 부대 200명은 교전을 시작한

● 김좌진 장군과 청산리 전투
김좌진 장군은 일본군을 유인하기 위해 거짓 정보를 흘리며 전투에 대한 준비를 철저히 한다.

지 20여 분 만에 전멸되고 말았다.

뒤이어 야마타가 지휘하는 본대가 그곳에 도착하면서, 독립군과 치열한 총격전이 벌어졌다. 야마다 토벌대대 본대는 전위 부대의 전멸에 당황하여 산포와 기관총으로 결사적으로 응전했지만 시간이 흐를수록 희생자는 늘어났다.

절벽 위에서 조준 사격하는 독립군에 의해 막대한 희생을 치른 일본군은 거의 전멸하고 소수의 생존자들만이 도망쳤다. 이후 중무장한 야마다 부대의 주력 부대가 몇 차례 돌격을 시도하였으나 유리한 고지를 차지하고 은폐사격을 하는 독립군을 찾지 못하고 전사자들을 남긴 채 도망치고 말았다.

북로군정서군은 전투에서 크게 승리한 후 퇴로가 차단될 것을 우려해서 22일 새벽 2시 30분에 이도구의 갑산촌으로 철수했다. 김좌진의 북로군정서는 도주하는 일본군을 추격하는 대신 갑산촌 부근에서 야영 중이던 일본군 기동 중대 120여 명을 섬멸시켰다. 백운평과 천수평에서 거듭 승리한 독립군은 사기가 하늘로 치솟았다.

청산리 전투의 승리는 독립군 병사들의 영웅적 분전, 지리적 형태를 적절히 이용한 지휘관들의 우수한 유격 작전, 간도 지역 조선인들의 헌신적인 지지와 성원이 함께 어우러져 이루어낸 통쾌한 승리였다.

그러나 청산리 전투에서 참패한 일제는 약 두 달 동안 독립군의 근거지라고 여겨져 온 간도 일대의 조선인 마을을 초토화시켰다. 1만 명이 넘는 조선인이 학살당하고 2,500호의 민가와 30여 개의 학교가 불에 탔다. 이를 간도 학살 사건 또는 경신참변이라고 부른다.

● 청산리 대첩

1920년 10월 김좌진(金佐鎭)·나중소(羅仲昭)·이범석(李範奭)이 지휘하는 북로
군정서군(北路軍政署軍)과 홍범도(洪範圖)가 이끄는 대한독립군(大韓獨立軍)
등을 주력으로 한 독립군 부대가 독립군 토벌을 위해 간도에 출병한 일본군을
청산리 일대에서 10여 회의 전투 끝에 대파한 전투.

▲ 청산리 전투 기념비

▼ 봉오동 전투 기념비

한·중 연합 작전

일제가 1931년 9월 만주를 침략하여 그해 말까지 만주를 점령하자, 만주에 있던 조선인들은 즉각 무장을 하고 일본군에 맞서 싸웠다.

먼저 양세봉, 이청천 등 민족주의자들이 이끌었던 조선혁명군과 조선독립군은 중국인들과 손을 잡고 한·중 연합 작전을 전개해 치열하게 저항했다. 하지만 일제의 집중적인 공격을 받아 차츰 만리장성 이남의 중국으로 후퇴하고 말았다.

사회주의자들은 1932년 봄에 조선인이 많이 살고 있던 동만주를 중심으로 여러 지역에서 유격대를 결성하고 게릴라 활동 등을 전개해 항일투쟁에 나섰다.

중국 땅에서는 1937년 중·일 전쟁이 일어나자, 김원봉, 윤세주, 한빈, 김학무 등 130여 명이 중국 국민당의 도움을 받아 1938년 10월 조선의용대를 창설했다. 조선의용대는 중국군을 도와 일본군 포로 심문, 대적 심리전, 후방에서 벌이는 첩보 활동 및 선무 공작 등에 종사했다.

조선의용대의 주력 부대는 1941년 봄에 황허 강을 건너 조선인이 많이 사는 화베이 지방으로 활동 무대를 옮겼다. 의용대원들은 이곳에서 팔로군과 협력하여 호가장 전투, 반소탕전 등 여러 전투에 참가하여 크게 활약했다.

중·일 전쟁이 일어난 뒤 일본군에 쫓겨 자싱, 항저우, 창사 등지로 전전하면서 시련을 겪어야 했던 대한민국 임시정부는 1940년 충칭에 안착했다.

그해 9월 간부 12명으로 조선광복군을 창설했다. 광복군은 1942년 화베이로 가지 않은 조선의용대의 잔류부대를 흡수하여 대열을 늘리는 한편, 1943년 8월 광복군 8명을 미얀마 전선에 파견해 영국군을 도와 태평양 전쟁에 참전했다.

전쟁이 차츰 일본에게 불리하게 돌아가자 일본은 조선인의 해외 단파방송 청취를 엄중히 단속하였다. 그렇지만 경성방송국(지금의 KBS) 직원이 독립운동 차원에서 미국의 소리 조선어 방송을 들은 것이 일본 경찰에게 들켜 수많은 방송인들이 체포되어 감옥으로 들어갔다. 이를 단파 방송 밀청사건이라고 한다.

참정권 요구 묵살

1936년에는 한규복 등이 참정권을 얻어낼 계획을 세웠으나, 일제 당국의 반대로 무산되었다. 먼저 박춘금이 대의원이 된 뒤 일본 국회에서 이 문제를 들고 나왔다.

1936년 11월 24일 경성부회 의원 조병상, 조선총독부 중추원 참의 한규복 등이 중심이 되어 30여 명이 모여 간담회를 열어 구체적으로 이 문제를 추진하기 위해 위원 8명으로 기성회를 구성하고 1937년 발대식을 가질 예정이었다. 그러나 일본 당국은 이 문제가 참정권과 관계가 있다고 하여 중지시켰다.

● 이청천 장군
1933년 한중 연합군의 총참모장으로 대전자령(大甸子嶺) 전투에서 대승을 거둔 독립군 사령관.

중·일 전쟁 직전까지 조선인 지식인과 관료들이 귀족원 참정권을 달라고 강력하게 요구하였지만, 일제는 이 요구에 답변을 회피한 채 시간만 질질 끌고 있었다.

조선총독부는 자발적이든 아니든 권고나 강요에 의해서든 조선 사람들이 태평양 전쟁에 강제 징집되거나 자원해서 입대하게 만들었다. 이를 계기로 조선 사람들은 일본 정부에 계속해서 조선인의 참정권을 허락해 줄 것을 요청하였다.

1940년부터 일본 정부에 제기한 조선총독부의 요구는 결국 1945년 1월에 가서야 통과되기에 이르렀다. 그리하여 1945년 4월 3일 조선인 몫으로 귀족원 의원이 7명 추가로 선발되었다. 하지만 조선인이 일본의 중의원으로 되는 일에 관하여 일본 제국 귀족원과 중의원에 안건이 심의되던 중에 8월 15일 일본의 패전으로 전면 백지화되고 말았다.

1945년 8월 15일, 태평양 전쟁에서 일본이 패전하여 한반도는 독립을 맞이하였다. 그러나 조선총독부가 바로 철수한 것은 아니고 당분간은 통치 상태를 유지하였다.

서울 시내에 걸려 있던 일본 국기를 내리고 한국 태극기와 미국 국기를 게양한 것은 며칠 뒤였다. 그러나 우리는 독립이 확정된 8월 15일을 광복절로 기념하고 있다.

강제 징용과 위안부

1937년부터 1944년까지 징용자와 위안부 차출 또는 공출, 자원 징용자라는 명목으로 강제로 끌어갔다. 이렇게 된 배경은 1935년 3월 하순 함경남도 단천에서 3,000여 명의 농민들이 대규모로 적색 농민 조합 운동을 일으킨 것이 간접적 원인이 되었다.

농민조합 운동가들은 농촌 내의 기존 청년동맹, 여성동맹, 소년동 맹을 혁명적 농민조합에 편입해 각각 농민조합의 청년부, 부녀부, 소 년부로 만들어 역량을 강화하는 한편 농민의 이익을 위해 항일 투쟁 에 나섰던 것이다.

혁명적 농민조합의 지도 아래 농민들은 격렬한 반일 민족 해방 운 동을 전개했다. 특히 함경북도 명천의 농민들은 동과 면마다 계엄대, 동지 탈환대, 규찰대, 연락대 등을 조직하고 일본의 폭력에 맞서 싸 우는 등 투쟁을 대중적 폭동으로 발전시켜 나갔다.

▶ 규슈 탄광의 합숙소 벽에 쓰인 절규

● 일제의 강제 징용
1939년부터 1945년까지 강제 동원된 조선인은 113~ 146만 명에 달하는 것으로 조사되어 있다. 이들은 주 로 탄광·금속광산·토건공사·군수공장에서 가혹한 노동에 혹사당했다.

혁명적 농민조합은 전국 70여 개 군에 조직되었고, 1931년부터 ~1935년까지 계속되었는데 경찰에 적발된 혁명적 농민조합 사건은 43건, 검거된 사람은 4,121명에 이르렀다.

중·일 전쟁이 일어난 뒤 더욱 가혹해진 상황에서도 혁명적 농민조합 운동은 비밀리에 계속되었다. 그러자 일본은 농민들을 강제로 탄광 등으로 끌어가고 여성들을 위안부로 끌어가는 만행을 시작하였다.

조선총독부와 일본 정부에서는 본격적으로 위안부와 징용자들을 모집하였다. 이 와중에 직공을 차출한다는 광고를 보고 속임수로 끌려간 이들도 있고, 일부는 속임수 광고를 보고 위안부나 징용으로 가기도 했다.

일본군 사령부 또는 군납 업체에서는 위안부를 모집하기 위해 신문 광고, 잡지 광고, 방송 광고 등을 통해 다음과 같은 모집 광고를 냈다.

〈광고 1〉
▶ 위안부 지급 대모집 (위안부를 급히 대 모집)
연령 : 17세 이상 30세 이하
근선 (근무지) : 후방 ○○부대 위안부대
월급 : 300원 이상(전차 3,000원 계하)

〈광고 2〉
▶ 군 위안부 급구
행선지 : ○○부대 위안소

지원자격 : 연령 18세 이상 30세 이내 신체 강건한 여성

모집기일 : 10월 27일부터 11월 8일까지

계약급 대우 : 본인 면접 후 즉시 결정

모집인원 : 수십 명, 희망자 좌기 장소에 지급간의(도착하여 질
　　　　　 문)할 것

경성부 종로구 낙원정 195번지, 조선여관 내 광3-263호, 허씨

1944년 당시 위안부 모집은 경성부 종로구 낙원정(지금의 낙원동)
에 있었으며 징모 담당자는 허씨라는 사람이었다. 다만 군인이 모집
할 경우에는 소속 부대와 관등성명이 기입되었다.

중·일 전쟁 이후 일본의 식민지에서는 위안부 모집 광고, 방송 등
이 실렸다. 그러나 한국
에서 이를 거부한 언론은
조선일보와 동아일보만
이 유일하였다.

● 일제의 위안부 동원
1944년에는 〈여자 정신대 근무
령〉을 발표, 12세에서 40세까
지의 여성 수십만 명을 강제 징
집, 군수공장에서 일하게 하거
나 군대 위안부로 보내는 만행
을 저질렀다.

■ 수탈 정책

토지와 재산 몰수

일본은 식민지 지배를 위한 재정 마련과 일본인의 토지 수탈을 원활하게 하기 위해 1912년부터 시행된 토지 조사 사업을 진행하면서 기한부 신고제를 시행하였다. 이를 잘 알지 못한 농민들은 신고 기간을 놓쳐 토지를 강제로 빼앗겼다. 이 과정에서 소유권이 분명하지 않은 토지와 마을이나 문중에서 가지고 있던 토지, 정부와 왕실의 토지 등도 일본이 만든 유령 회사인 동양척식주식회사가 가로챘다.

이렇게 빼앗은 토지는 일본 자본가들에게 싼 값에 넘겨주었다. 이때에 옛날부터 내려오던 관습적인 도지권 개념이 무시되는 현상이 나타났다.

조선총독부의 허가에 의해서만 회사를 설립할 수 있는 회사령이 공포되었다. 이것은 민족 자본의 성장을 억제하여 일본 기업이 대부분의 중요 산업을 독과점하고, 일부 조선인은 정미소 사업과 가죽을 다루는 피혁업에만 종사할 수 있도록 제한하였다.

조선총독부 농림국은 산림령과 임야 조사령, 어업령, 광업령 등을 잇달아 발표했다. 자원 개발이나 회사 설립 인허가 등을 일본인들에게 유리하게 함으로써 사실상 자본을 유출시키고, 경제적 지배권은 대부분 일본인에게 넘어가 한반도를 원료 공급지와 상품 시장으로 전환시키려고 한 것이다. 담배, 인삼, 소금의 전매제도를 실시하고, 신작로와 간선 철도, 항만 시설을 정비하여 한반도에서 생산되는 식량과 원료를 일본으로 가져가는 데 편리하도록 만들었다.

이를 위해 새로운 철도가 신설되고, 간선 도로가 개설되었으며, 전기와 전신망이 확장되었다. 그러나 이러한 시설은 조선인의 조세 부담으로 이루어진 것이었으며, 일본 식민통치의 수단으로 이용되었다.

일본 제국의 급격한 공업화로 일본 내 식량 부족 문제를 해결하려는 식량 생산 증식계획이 수립되었다. 토지를 개량하거나 수리조합의 역할을 증대하여 한반도의 미곡 생산량을 증대시키는 시도가 이루어졌다. 그러나 오히려 증산되는 식량을 거의 모두 일본으로 실어 가면서 한반도의 식량 부족이 심각해졌다. 거기다 증산 비용을 소작 농민에게 전가하여, 총독부가 식민지 지주를 옹호하는 등 식민지 지주제가 심화되어 갔다.

이 계획은 1930년대 초반 일본 내부의 쌀 공급 과잉으로 잠시 중단되었으나, 1930년대 후반 대륙 침략이 가속화되면서 다시 재개되었다.

▼ 군산항에 야적 중인 미곡

● 일제의 미곡 수탈
일제는 자신들의 식량부족을 조선에서 해결하려고 군산항을 통한 대대적인 쌀을 수탈하였다. 이 결과 조선은 식량 부족이 심각해졌다.

한국의 철도와 도로

한국의 철도는 1899년 9월 19일 개통된 경인선(노량진-인천)이 처음이다. 철도는 일본인들의 침략 야욕과 군사적인 목적으로 만든 것이다.

경인선은 일제 강점기 시절 조선에서 일본이 한-일 잠정 합동 조관을 기초로 해서 철도 부설권을 1894년 8월 20일에 얻고, 서울 노량진역에서 인천 도원 역사이의 철도를 1899년 9월 18일 개통했다.

이것은 뒤에 1900년 11월 12일 한강 철교를 거쳐 서울역까지 이어지고 인천은 제물포역까지 이어졌다. 서울 영등포-부산 초량 사이의 경부선은 1905년 1월 1일 개통되었다.

고속도로는 1970년 7월 7일 개통된 경부선(서울-부산)이 처음이다. 경부고속도로는 우리나라에서 산업화의 물결을 타고 만든 것이다.

지금 우리나라 남한만의 교통기관을 볼 때 2000년 말 기준 철도는 3,122km, 지하철 3,934km, 고속도로와 일반 국도, 지방도로 포함한 도로의 총연장 거리는 8만 8775km이다. 여기에다가 비행기, 선박 등 다른 교통기관이 운용되고 있다.

제1차 세계대전 중에 일본 공업 자본의 성장으로 잉여 자본을 식민지 공업화로 돌렸다. 이때 제사, 면방직 등의 경공업 중소 자본의 투자가 증가하였고, 일본 대자본의 투자도 있었다.

이러한 이유로 조선인 노동자 수가 증가하였다. 이는 민족 간의 임금 차별과 열악한 노동 환경으로 노동쟁의를 일으키는 계기가 되었다.

가혹한 세금

일제 강점기 시대에 조선인들은 가혹한 세금에 시달렸다. 주민세, 교육세, 소득세, 수익세, 소비세, 교통세, 부가세, 특별세, 이외에도 각종 잡부금이 부과되었다. 이러한 수입은 주로 한국인을 다스리고 토목공사를 일으키는 비용으로 지출되었다.

금융 부문도 일본이 완전 장악하였다. 조선은행, 조선식산은행, 동양척식주식회사가 금융계를 장악하고, 지방에는 금융조합이 침투하여 서민 금융을 통괄하였다.

조선총독부는 식민지 경영을 위한 경비는 식민지에서 마련한다는 원칙으로 재정 수입을 높이기 위해 세금을 대폭 늘렸다. 공장이나 시설 설립에도 일본인은 우대 혜택을 주면서 조선인 출신 인사들의 인가 심사를 지나치게 엄격하게 하는 등의 차별 정책을 폈다.

무역에서도 마찬가지였다. 일본 중심으로 철저하게 개편되었다. 수출의 90%, 수입의 65%가 일본으로 집중되었다. 쌀, 잡곡, 잎담배 등이 주요 수출품이었고, 옷감, 경공업 제품이 들어왔다. 이 같은 무역 구조를 만든 것은 일본 자본주의의 발달을 촉진시키기 위한 것이었다. 식민통치를 받고 있는 조선인들은 국권 상실과 더불어 일본 자본주의의 원료 공급지와 상품 시장, 그리고 무거운 조세 부담을 짊어져야 했다.

● 조선은행
지금의 한국은행 건물이 당시 조선은행 건물이었다.

● 조선식산은행
식산은행은 도별로 개설되어 도처별 조세 부담을 주었다.

● 동양척식주식회사
현재 명동 외환은행 본점 자리는 일제의 식민지 수탈 기관이었던 동양척식주식회사가 있었던 곳이다.

그밖에도 후생비와 국방비를 부담하였다. 만주사변과 중·일 전쟁, 태평양 전쟁 때는 국방비로도 부족해 각종 위문금과 성금을 거두었고, 국방 헌납금이라는 기부금도 모집하였다. 이러한 세금은 개인이 직접 납부하는 경우도 있었으나 극히 드물었다.

세금은 각지의 은행과 협동조합에서 거두어들였고, 은행과 협동조합이 있는 시골 면이나 읍까지 나가기 힘든 시골 벽촌이나 오지에서는 읍사무소, 면사무소에서 조달하거나 이장이나 통장이 거두어서 읍·면사무소 또는 시내의 은행과 협동조합에 납부하고, 손으로 필기한 영수증을 받아서 각자에게 전달하였다.

엉망인 보건 위생

1930년대까지만 해도 일선 군 단위 행정구역에는 병원이 존재하지 않았다. 각 군에는 읍이나 규모가 큰 면 단위 지역에 병원이 한두 곳 있을 정도였다. 따라서 인근 읍이나 면, 군청 소재지 등으로 나와야만 했다. 운송수단은 인력거와 자전거, 오토바이 등이 전부였고, 자동차 보유율은 읍이나 면에 한 대도 없는 곳이 대부분일 정도로 극히 미약했다.

전염병이나 긴급 질환이 발생하면 대부분 하루를 넘기지 못하고 사망하거나, 병원으로 가는 도중에 사망했다. 출산 후 영아나 어린이 사망, 치사율도 매우 높았다.

이장, 통장이 일괄적으로 받아다가 읍·면사무소에 출생신고나 사망신고 등을 하였으므로 정확한 통계는 잡히지 않았다. 출생이나 사망 직후 일주일에서 1개월 이상이 지난 뒤에 출생신고나 사망신고

처리가 되거나, 이장, 통장에게 제대로 보고하지 않는 경우도 많았다. 이런 일은 태평양전쟁 전후 무렵까지 이어졌다.

위생 상태가 거의 이루어지지 않아 이질, 설사, 세균 감염, 감기, 독감, 고름, 상처 등으로 치사율이 높았다. 이러한 사태는 1962년 이후 보건소가 확산되기 전까지 한반도 전역에서 벌어졌다.

● 일제의 보건 위생
일제의 보건 관리는 미약하여 조선 사람들은 혜택을 받을 수 없었다. 그럼으로 전염성이 강한 질병에는 속수무책으로 운명을 달리했다.

▲ 마을 빨래터에서 빨래하는 아낙네들.

▼ 일제 시대의 가옥과 동네 모습.

■ 여명의 시대

얄타 회담

얄타 회담은 1945년 2월 4일부터 2월 11일까지 소련 흑해 연안에 있는 크림 반도의 얄타에서 미국, 영국, 소련의 지도자들이 모여 나치 독일의 제2차 세계대전의 패전과 그 관리에 대하여 의견을 나눈 회담을 말한다.

제2차 세계대전이 막바지로 치닫고 있을 무렵 전쟁을 일으킨 당사국 가운데 하나인 파시스트 무솔리니가 이끈 이탈리아가 항복을 하고, 나치 독일도 패전할 기미를 보이자, 연합국의 지도자들이 나치 독일을 패배시키고 그 후를 의논하기 위하여 크림 반도에 있는 얄타에 모여서 회담을 하였다.

이 회담에 참여한 지도자는 미국의 프랭클린 루스벨트대통령, 소

● 얄타 회담
미국 · 영국 · 소련 등 연합국 정상들이 제2차 세계대전 종전을 앞두고 독일의 관리 문제 등을 논의하기 위해 흑해 연안 얄타에서 개최한 회담. 영국의 처칠, 미국의 루스벨트, 소련의 스탈린이 함께 앉아 있다.

비에트 연방의 이오시프 스탈린 당 서기장, 영국의 윈스턴 처칠 총리였다.

이 회담에서는 전쟁이 끝난 뒤 나치 독일을 소련, 미국, 프랑스, 영국 등 4국이 분할 점령한다는 원칙을 세우고, 연합국은 독일인에 대하여 최저 생계를 마련해 주고 이외에는 일체의 의무를 지지 않는다는 것을 합의하였다.

나치 독일의 군수산업을 폐쇄하고 몰수하며, 전쟁의 주요 전범들은 독일 뉘른베르크에서 열릴 국제재판에 회부하고, 전쟁 후 배상금에 대한 문제는 위원회를 구성하여 처리한다는 것 등이다.

모스크바 3상 회의

모스크바 삼국 외상회의 또는 모스크바 삼상회의 등으로 불린다. 1945년 12월 16일부터 26일까지 소련의 모스크바에서 개최된 미국, 영국, 소련의 외무장관 회의이다. 제2차 세계대전 뒤의 일본 점령 지구에 대한 관리 문제를 비롯하여 얄타 회담 합의를 바탕으로 일본이 패망한 뒤의 대한민국 독립 문제를 거론하였다.

제2차 세계대전 말 연합군은 전후 처리 문제를 위해 카이로 회담을 갖고 여기서 일본 패망 후 한국에 대해 적당한 시기까지 신탁통치를 한다는 것을 합의하였다. 이후 전쟁이 끝난 1945년 12월 미국, 영국, 소련은 모스크바에서 외무장관 회의를 개최하기로 합의하였다.

이때 외무 장관들이 서명한 문서에는 다음과 같은 내용이 담겨져 있었다.

"한국에서 라이벌인 미국과 소련군 사령부는 한국에서 단일 자유

정부를 구성하기 위해 공동위원회를 설치한다. 가장 중요한 사항은 4개국 열강에 의한 5년간의 신탁통치가 한국의 독립 이전에 필요하다."

이 위원회는 처음부터 양측의 의심을 사게 되었다. 미국은 임시정부 수립 없이 5년에서 최대 10년 동안 4개국이 신탁통치하자고 제안하였고, 소련은 임시정부 수립과 공동위원회 개최, 조선의 정당, 사회단체의 참여를 제안하였다.

이 회의에서 미국과 소련은 첨예한 대립을 보였으나 결국 의견을 조율하여 12월 27일 〈한국 문제에 관한 4개 항의 결의서〉라는 이름의 합의문을 발표하였다. 이 합의문에서 세 나라는 한반도의 정부수립에 대해 다음과 같이 발표하였다.

▶ 한국 신탁통치안
1. 한국을 독립국가로 재건하기 위해 임시적인 한국 민주정부를 수립한다.
2. 한국 임시정부 수립을 돕기 위해 미·소 공동위원회를 설치한다.
3. 미국, 영국, 소련, 중국 4개국이 공동 관리하는 최고 5년 기한의 신탁통치를 실시한다.

▶ 모스크바 3국 외무장관회의 결정서
1. 조선을 독립국가로 재건설하며 그 나라를 민주주의 원칙하에 발전시키는 조건을 창조하고 되도록 빨리 일본의 오랜 조선

통치의 참담한 결과를 청산하기 위하여 조선의 공업, 교통, 농업과 조선 인민의 민족문화 발전에 필요한 모든 시책을 취할 임시 조선 민주주의 정부를 수립할 것이다.

2. 조선 임시정부 구성을 원조할 목적으로 먼저 그 적절한 방안을 도출하기 위하여 남조선 합중국 관구, 북조선 소련 관구의 대표자들로 공동위원회가 설치될 것이다. 그들이 제안을 작성할 때 그 위원회는 조선의 민주주의 정당 및 사회단체와 협의하여야 한다. 그 위원회가 작성한 건의서는 이 공동위원회에 대표를 가진 정부가 최종 결정하기 전에 미, 영, 소, 중 제국 정부에 그 짐작에 이바지하기 위하여 제출되어야 한다.

3. 조선 인민의 정치적, 경제적, 사회적 진보와 민주주의적 자치 발전 또는 조선 국가독립의 수립을 원조 협력(신탁통치)할 방안을 작성할 것도 또한 임시 조선 민주주의 정부 및 조선 민주주의 단체의 참여하에 공동위원회가 수행할 과업이다. 공동위원회의 제안은 최고 5개년 기간의 4개국 신탁통치 협약을 작성하기 위하여 미, 영, 소, 중 제국 정부의 공동 짐작에 이바지하도록 임시 조선 정부와 협의한 후 제출되어야 한다.

4. 남북 조선과 관련된 긴급한 제 문제를 고려하기 위하여 또는 남조선 합중국 관구와 북조선 소련군 관구의 행정 경제면의 항구적 균형을 수립하기 위하여 2주일 이내에 조선에 주둔하는 미, 소 양군 사령부 대표로서 회의를 소집할 것이다.

일본의 항복 방송

1945년 8월 15일 정오, 히로히토 일본 천황의 항복 방송이 라디오로 중계되었다. 이 방송은 하루 전날 녹음한 것을 들려준 것이다.

◆ 대동아 전쟁의 종결 조서

"짐은 세계의 대세와 제국의 현재 상황을 감안하여 비상조치로서 시국을 수습코자 충량한 너희 신민에게 고한다.

미·영·소·중 4국에 대하여 그 공동 선언을 수락한다는 뜻을 통고하도록 하였다.

대저 제국 신민의 강녕을 도모하고 만방 공영의 즐거움을 함께 나누고자 함을 삼가 제쳐두지 않았다. 일찍이 미국과 영국 2개국에 선전포고를 한 까닭도 실로 제국의 자존과 동아의 안정을 간절히 바라는 데서 나온 것이며, 타국의 주권을 배격하고 영토를 침략하는 행위는 본디 짐의 뜻이 아니다.

그런데 교전한 지 이미 4년이 지나 짐의 육해군 장병의 용전, 짐의 백관들의 여정, 짐의 일억 중서의 관리 등 각각 최선을 다했음에도, 전국이 호전된 것만은 아니었으며 세계의 대세 역시 우리에게 유리하지 않다.

더욱이 교전을 계속한다면 결국 우리 민족의 멸망을 초래할뿐더러, 나아가서는 인류 문명도 파각할 것이다.

이렇게 되면 짐은 무엇으로 억조의 적자를 보호하고 황조황종의 신령에게 사죄할 수 있겠는가.

짐이 제국 정부로 하여금 공동 선언에 응하도록 한 것도 이런 까닭이다. 짐은 제국과 함께 시종 동아의 해방에 협력한 여러 맹방에 유감의 뜻을 표하지 않을 수 없다. 제국 신민으로서 전진에서 죽고 직역에 순직했으며 비명에 스러진 자와 그 유족을 생각하면 오장육부가 찢어진다.

전상을 입고 재화를 입어 가업을 잃은 자들의 후생에 이르러서는 짐의 우려하는 바가 크다. 생각건대 금후 제국이 받아야 할 고난은 물론 심상치 않고, 너희 신민의 충정도 짐은 잘 알고 있다.

그러나 짐은 시운이 흘러가는 바 참고 견디기 어려움을 견뎌, 이로써 만세를 위해 태평한 세상을 열고자 한다.

▶ 항복문서를 낭독하는 히로히토 천왕.

● 일제의 항복
일제는 1945년 8월 14일에 연합국에 항복을 통보하였고, 8월 15일 낮 12시에 히로히토 천황이 항복 선언을 하였다. 9월 2일에는 일본의 도쿄만 요코하마에 정박 중이던 미국 전함 USS 미주리 선상에서 일본 대표가 정식으로 항복 문서에 서명하였다. 이 항복으로 조선은 해방이 되었다.

이로써 짐은 국체를 수호할 수 있을 것이며, 너희 신민의 적성을 믿고 의지하며 항상 너희 신민과 함께 할 것이다. 만약 격한 감정을 이기지 못하여 함부로 사단을 일으키거나 동포들끼리 서로 배척하여 시국을 어지럽게 함으로써 대도를 그르치고 세계에서 신의를 잃는 일은 짐이 가장 경계하는 일이다.

아무쪼록 거국 일가 자손이 서로 전하여 굳건히 일본의 불멸을 믿고, 책임은 무겁고 길은 멀다는 것을 생각하여 장래의 건설에 총력을 기울여 도의를 두텁게 하고 지조를 굳게 하여 맹세코 국체의 정화를 발양하고 세계의 진운에 뒤지지 않도록 하라. 너희 신민은 이러한 짐의 뜻을 명심하여 지키도록 하라."

라디오와 신문

1920년 이후 라디오, 신문이 보급되면서 외국의 소식을 알게 되었다. 이때 언론으로는 조선일보, 동아일보가 창간되어 후일 한국 사회의 주류 언론으로 성장했다. 한국에 처음으로 TV가 등장한 것은 1954년 7월 30일이다. 미국 RCA사 한국 대리점은 20인치 화면의 TV를 공개했다.

RCA사는 TV를 수입해 왔지만 TV방송사가 없어서 한국 대리점과 합작 형식으로 TV 방송국을 1956년에 설립하였다. 하지만 상업 방송이었던 HLKZ-TV는 운영에 어려움을 겪다가 1961년 10월 문을 닫았고, 그해 12월 국영 TV(현 KBS)가 개국하면서 TV 시대를 열었다.

우리나라 국산 TV는 1963년 무렵에 처음 나왔다. 그 당시 국내에는 미국과 일본에서 수입된 TV만이 유통되고 있었다. 정부는 1965년 말 TV 부품 도입에 소요되는 외화는 라디오를 수출해 벌어들인 달러를 활용한다는 등의 조건을 달아서 금성사(현 LG전자)에 부품 수입을 허가했다.

이로 인해 금성사는 일본 히타치사와 기술 도입 계약을 체결하고 본격적으로 TV를 생산하기 시작하였다. 드디어 1966년 8월, 우리나라 최초로 19인치짜리 흑백 텔레비전 500대가 생산되었는데 가격이 비쌌지만 KBS에서 공개 추첨된 사람만 살 수 있을 정도로 인기가 높았다.

광복의 환희

광복절은 1945년 8월 15일, 제2차 세계대전에서 일본이 패전하여 일제 강점기에 놓였던 한국이 독립을 성취한 사건을 기념하는 날이다. 광복은 문자 그대로는 빛을 되찾았음을 의미하고 나라를 되찾았다는 뜻이다. 일부에서는 1948년의 같은 날짜에 이루어진 대한민국 건국을 함께 기념하는 날로 여기기도 한다. 그렇지만 대한민국의 건국은 1919년 임시정부를 수립한 때로 보자는 의견이 지배적이다.

한민족은 카이로 선언과 그것을 다시 확인한 포츠담 선언과 한민족의 오랜 투쟁의 결과로 일제의 학정으로부터 독립을 맞이하였던 것이다.

1949년 10월 1일 〈국경일에 대한 법률〉에 따라 8월 15일이 국경일로 지정되어 대한민국에서는 전국적으로 각종 경축 행사가 거행되며, 공공기관, 가정에서 태극기를 달아야 한다.

● 일제의 항복과 해방
1945년 8월 15일, 우리 민족은 35년간의 일제 식민 지배에서 해방되었다. 온 나라 사람들은 새 국가 건설의 희망에 부풀었다. 그러나 미군과 소련군이 점령군으로 한반도에 들어옴으로써 새 나라 건설은 큰 어려움에 빠졌다.

1945년 8월 15일, 일본은 드디어 연합군에 무조건 항복하였다. 이 날 경성(서울) 시민들은 이 방송을 듣고 히로히토 천황의 항복 사실을 알게 되었고, 해방을 환호하기 시작했다.

1945년 8월 15일 아침, 여운형은 서울 필동 한국의 집인 일제 강점기 조선총독부 정무총감 관저에서 류사쿠 정무총감과 만나 교섭을 벌여 5개 조항을 요구했고 이를 관철시키고 치안권과 행정권을 되찾았다.

〈5개 조항〉
1. 전국적으로 정치범, 경제범을 즉시 석방할 것.
2. 서울의 3개월 분 식량을 확보할 것.
3. 치안 유지와 건국 운동을 위한 정치 운동에 대하여 절대로 간섭하지 말 것.
4. 학생과 청년을 조직, 훈련하는 데 대하여 간섭하지 말 것.
5. 노동자와 농민을 건국 사업에 동원하는 데에 절대로 간섭하지 말 것.

많은 시민들은 계동에 있는 여운형의 집에 몰려가 연설을 해달라고 요구하였다. 여운형은 집 바로 옆에 있는 휘문중학교 운동장으로 가서 해방을 맞이한 감격의 연설을 하였다.

"조선 민족 해방의 날은 왔다. 엔도 류사쿠이가 나를 불러 가지고 '과거 두 민족이 합하였던 것이 조선에게 잘못됐던가는 다시 말하고 싶지 않다. 오늘날 광복의 기쁨을 나누는 때에 서로 좋게 나누는 것이 좋겠다. 오해로 피를 흘리고 불상사를 일으키지 않도록 민중을 지도하여 주기를 바란다' 라고 말하였다.

나는 다섯 가지 조건을 요구하였다. 우리 민족 해방의 제일보를 내딛게 되었으니 우리가 지난날의 아프고 쓰리던 것을 이 자리에서 다 잊어버리고 이 땅에다 합리적, 이상적 낙원을 건설하여야 한다.

이제는 개인적 영웅주의는 단연 없애고 끝까지 집단적으로 일사불란의 단결로 나아가자! 머지않아 연합군 군대가 입성할 터이며, 그들이 오면 민족의 모양을 그대로 보게 될 터이니 우리들의 태도를 조금도 부끄럼이 없이 하자.

지금 세계 각국은 우리를 주시할 것이다. 그리고 백기를 든 일본의 심흉을 잘 살피자. 물론 우리는 통쾌한 마음을 금할 수 없다. 그러나 그들에 대하여 우리의 아량을 보이자. 세계 문화 건설에 백두산 밑에서 자라난 우리 민족의 힘을 바치자. 이미 전문 대학교와 중학교에 학생 경비대원이 배치되었다.

이제 곧 여러 곳으로부터 훌륭한 지도자가 들어오게 될 터이니 그들이 올 때까지 우리들의 힘은 적으나마 서로 협력하지 않으면 안 될 것이다."

● 몽양 여운형
한국의 독립운동가·정치가. 고려공산당(高麗共産黨)에 가입하여 한국의 사정을 세계에 알리는 역할을 하였다.

분단의 날벼락

제2차 세계대전 이후 미·소 군정 기간을 거쳐 대한민국과 조선민주주의인민공화국으로 남과 북에 다른 정부를 수립하면서 분단국가로 전락하였다. 남북 분단이라고도 한다.

대한제국 때에 동북아시아에는 전통 강대국인 중국 청나라가 쇠퇴하고, 러시아와 일본이 서로 패권 다툼을 하였다. 이때 러시아 외무부는 조선을 러·일 간의 완충국으로 두어야 한다고 주장했다.

일본은 청·일 전쟁으로 청나라에게서 조선을 빼앗고, 러·일 전쟁에서도 예상 밖의 승리를 거둬 조선의 지배자가 되었다.

그때 동북아시아 최강대국은 러시아였지만, 러·일 전쟁 중에 공화주의 혁명이 일어나 내란 상태에 빠지자, 일본과의 전쟁에서 철수해 버렸다.

그때 대한제국의 고종황제는 조선을 삼키려는 일본의 야망을 알아챘고 이를 견제하고자 러시아를 이용하고 있었다. 그 사례가 바로 명성황후 시해 사건 이후 고종이 러시아 공사관으로 들어간 아관파천 사건이다.

이 사건은 일본의 견제가 심해지자 이들의 힘이 미치지 않은 러시아 공사관으로 거취를 옮긴 것이다. 그렇지만 러·일 전쟁으로 급격하게 힘의 균형이 깨지고 대한제국은 일본을 견제할 세력이 없어지면서 일본이 조선을 강점하게 된 것이다.

일제 강점기 이후, 미·일 전쟁인 태평양 전쟁에서 미국이 승리하자 일본의 식민지인 조선은 미국의 지배를 받게 되었다. 러시아의 예전 주장대로 38선을 중심으로 남북한을 완충국으로 설정하는 데 동의하였다.

▶ 청·일 전쟁 : 1894년 7월~1895년 4월 사이에 청나라와 일본이 조선의 지배권을 놓고 다툰 전쟁이다.

▶ 러·일 전쟁 : 1904년~1905년에 만주와 조선의 지배권을 두고 러시아와 일본이 벌인 전쟁이다.

▶ 태평양 전쟁 : 1941년~1945년까지 일본과 연합국사이에 벌어진 전쟁. 제2차 세계대전의 일부로, 일본의 진주만 기습으로 시작되어 일본의 무조건 항복으로 끝났다.

▶ 38선 : 제2차 세계대전이 끝나면서 미·소 양국이 북위 38도선을 경계로 한반도를 남과 북으로 나누어 점령한 군사 분계선이다.

● 38선
1945년 얄타 회담 결과에 의하여 1945년 8월 15일 한국이 일제의 굴레에서 해방된 직후부터 1953년 7월 27일 6·25전쟁으로 인한 휴전이 성립될 때까지, 남한과 북한과의 정치적 경계선이 되었다.

일본이 미국으로부터 두 발의 원자탄을 얻어맞고 1945년 8월 15일, 무조건 항복을 선언함으로써 제2차 세계대전은 끝났다. 그날도 소련은 함경북도 청진에서 일본과 전투 중이었다. 미국은 소련이 한반도 전체를 점령하는 것을 막기 위해 패망한 일본군의 무장을 해제시키기 위해 38선을 기준으로 이북에 소련군이 주둔하고 이남에는 미군이 주둔하기로 제안하여 합의하였다.

이로써 소련은 일본이 패망하자 자기 나라로 돌아가지 않고 원산을 거쳐 평양으로 들어갔다. 미군은 서울에 주둔하여 1945년 9월 6일부터 군정을 실시하였다.

한국은 제2차 세계대전 이후 광복을 맞이했으나, 곧이어 한반도에 미군과 소련군이 남과 북에 각각 진주해 주둔함으로써 군정이 시작된 것이다. 이 기간에 남북한에서 좌우익 세력 간의 대립이 격화되었다.

1948년 8월 15일 서울에서는 대한민국이 정부 수립을 선포하였고,

● 미 군정의 통치
1945년 일본의 항복으로 삼팔선(한반도 북위 38°선) 이남 지역에 미군이 진주하여 9월 8일부터 1948년 8월 15일 남한 단독 정부가 수립 되기까지 3년 동안 미군정이 들어선다.

◀ 조선총독부의 일장기가 내려지고 미국의 성조기가 올라가고 있다.

평양에서는 9월 9일 조선민주주의인민공화국이 선포되어 한반도는 공식적인 분단 상황을 맞게 되었다.

신탁통치의 굴레

광복 직후 한반도 내에는 건국준비위원회 등이 치안과 행정권을 담당하여 혼란한 해방 정국 상황을 일시적으로 수습하였다. 그러나 해방 이후 한반도는 얄타 회담에서 이루어진 비공식적 합의에 따라 미·소의 한반도 분할 정책과 포고령이 선포되고 미국과 소련의 신탁 통치를 받게 되면서 군정 시대를 맞은 것이다.

그해 9월, 한반도 중간에 해당하는 북위 38도선을 경계로 남쪽은 미군이, 북쪽은 소련군이 포고령을 선포함으로써 군정을 실시하게 되었다. 이로써 한반도는 38선을 경계로 남과 북이 분단되었다.

군정 기간 동안 좌·우익 세력의 대립과 갈등으로 통일의 구심점을 잃고 남북이 분단되어 통일 국가를 세우지 못하였다. 이후 분단이 굳어지면서 남북이 단독 정부를 세우게 되었다.

▶ 신탁 통치 반대
1945년 12월에 열린 우파 정치 세력의 신탁 통치를 반대하는 모습.

▶ 신탁 통치 찬성
좌파도 초기에 신탁 통치를 반대했으나 모스크바 삼상 회의 결정을 환영하여 우파와 달리 신탁통치를 환영한다.

1945년 12월 모스크바 3상 회의에서 신탁 통치안 문제를 놓고 한반도에서는 좌익과 우익의 대립이 격화되었다. 곧이어 1946년 5월에는 미·소공동위원회가 개최되었지만, 양측의 주장이 엇갈려 결렬되었다. 1945년 12월 송진우 암살, 1947년 7월 여운형 암살 등 해방 정국의 잇단 정치 테러가 발생하면서 매우 혼란스러웠다.

미국은 한반도 문제를 UN 총회로 이관하여 남한의 단독 정부 수립을 결정하였다. 남한 단독 정부 수립이 결정되자, 김규식, 조소앙 등에 김구가 합세하여 통일 정부를 수립하기 위해 남북 협상을 추진하고자 노력하였다.

그러나 38선 이북에서는 1946년 북조선 임시 인민위원회와 1948년 2월 조선인민군 창설 등으로 사실상의 공산주의 정부를 세웠다. 이로써 남북 단일 정부 수립은 불가능하게 되었다.

● 김구의 남북 협상
"나는 통일된 조국을 건설하려다가 38선을 베고 쓰러질지언정 일신의 구차한 안일을 취하여 단독 정부를 세우는 데는 협력하지 아니하겠다!"
1948년 4월 남한만의 단독 정부 수립에 반대하는 김구, 김규식 등이 남북 통일정부 수립을 위해 평양으로 가서 북한측 정치 지도자들과 통일 한국에 대한 회담을 하였다. 그러나 아무런 성과를 거두지 못하였으며, 이로 인하여 통일 정부 수립 노선을 택하였던 인사들이 대한민국 정부 수립 과정에서 배제되는 결과를 가져왔다.

◀ 백범 김구

▶ 38선을 넘는 김구

읽고 바로 써먹는
쓸모 있는 한국사

대한민국 탄생

독립기념관의 '겨레의 함성' 조각상

■ 대한민국 정부 수립

제헌국회 개원

38도선 이남에서만 1948년 5월 10일 제헌국회 의원 총선거가 실시되어 제헌국회가 탄생하였다.

제헌국회는 대한민국에서 최초로 국민의 직접 투표로 선출된 국회의원 198명을 구성원으로 개원하여 대한민국 헌법을 만든 제1대 국회를 말한다. 1948년 5월 31일 구성되고 1950년 5월 30일까지 활동하였다. 제헌국회는 1948년 5월 10일 UN 한국임시위원단(UNTCOK)의 감시 아래 대한민국 제헌국회를 구성하기 위한 총선거를 실시하여 구성된 것이다.

첫 제헌국회는 1948년 5월 31일 월요일 아침 10시가 조금 지난 때, 중앙청 홀에서 제1차 회의에 들어갔다. 198명 가운데 최고 연장자인 이승만을 임시 의장으로 추대하였다.

이승만은 임시 의장으로 감격적인 개회사를 했다.

"나는 먼저 우리가 성심으로 일어서서 하나님에게 감사를 드릴 터인데 이윤영 의원 나오셔서 간단한 말씀으로 하나님에게 기도를 올려주시기를 바랍니다."

이날 제헌국회는 이승만을 초대 국회의장으로, 신익희를 부의장으로 선출하

● 제헌국회
1948년 5월 10일 총선거를 실시하여 구성된 헌정사상 최초의 의회로 북한 지역을 제외하고 남한 지역에서만 실시된 총선거는 전체 의석 200석 중에 제주도 2개구를 제외하고 198개구에서 198명의 제헌 국회의원이 선출되었다.

였다. 6월 초, 국회 헌법기초위원회에 헌법 초안이 제출되었다.

헌법 초안은 이승만을 포함한 모든 정파들이 동의한 의원내각제를 채택했는데, 6월 15일 이승만이 돌연 기초위원회에 나타나 의원내각제를 대통령제로 바꿔야 한다고 주장하였다.

▲ 정부 수립의 환영 인파

7월 17일 헌법을 제정하여 공포하였으며, 이 헌법에 따라 제헌국회 의원들의 간접 선거로 대통령 선거를 실시하여 이승만 후보를 초대 대통령으로, 이시영 후보를 부통령으로 선출했다. 남한만의 단독 총선거에 반대한 김구, 김규식 등은 불참했다. 드디어 8월 15일 대한민국 정부 수립을 세계만방에 선포하였다.

남북 대립과 냉전

38선 이남에서는 1948년 5월 10일 총선거를 실시하고 제헌국회를 열어 대한민국 헌법을 만들고 7월 1일 나라 이름을 대한민국으로 정한 뒤 7월 20일 대한민국 초대 대통령에 이승만, 부통령으로 이시영을 선출하여 24일 대통령 취임식을 거행하였다.

그리고 8월 15일 광복절을 맞아 자유민주주의 국가 대한민국 건국을 세계만방에 공포하여 정부가 수립된 것이다, 38선 이북에서는 1948년 9월 김일성을 중심으로 공산주의 정권인 조선민주주의인민공화국을 수립하여, 한반도가 38선을 분단선으로 남쪽의 대한민국과 북쪽의 북한으로 남북 분단국가가 되었다.

남한과 북한이 각각 단독 정부를 세우면서 남북의 갈등은 점점 커졌다. 남한에서는 이승만이 국가보안법을 통하여 좌익 정치세력을 불법화시키는 한편 북진통일론을 내세웠다. 북에서는 김일성이 지속적으로 남침 의사를 소련에 타진하였다. 이러한 남북 갈등의 고조는 무력 분쟁으로도 이어져 1949년 한 해 동안 38선 주변에서는 크고 작은 교전이 여러 차례 있었다.

이런 상황에서 미국과 소련은 한반도에서 철수하기로 일단 합의하였다. 이에 따라 미국은 에치슨 라인을 발표하고 미군을 한반도에서 철수하면서도 한반도에서 만약의 상황이 발생할 경우 즉각 개입할 것임을 분명히 밝혔다. 그 틈을 이용하여 김일성은 소련을 방문하여 비밀 협상을 통해 소련의 군사 무기를 북한으로 들여왔고, 중국에도 전쟁이 일어날 경우 지원해 달라는 요청을 해놓았다.

그러나 1949년 초까지만 해도 소련은 한반도에서 북한이 전쟁을 일으킬 경우 미군의 개입이 있을 것이라면서 김일성의 뜻을 들어주지 않았다. 그런데 중국에서 중국공산당이 승리하고 소련 역시 핵개발에 성공하자 전쟁을 찬성하게 되었다. 전쟁을 시작하는 날만 비밀에 부쳤다.

● 스탈린과 한국 전쟁
스탈린은 북한 지도부의 무력통일론을 이용해 자신의 세계 전략 목표를 달성하기 위하여 롤백 전략을 추구하는 과정에서 한국전쟁을 찬성했고, 이러한 스탈린의 롤백을 저지하기 위하여 미국은 적극적으로 개입했다.

피 흘린 6·25 전쟁

6·25 전쟁은 1950년 6월 25일 새벽에 북한 공산군이 소련의 지원 아래 38선을 넘어 불법으로 남침을 감행하여 일어난 전쟁이다. 전쟁으로 인한 잿더미 속에서, 미국과 유엔으로부터 경제 원조를 받아 전쟁의 참혹한 폐허의 상처를 딛고 복구해나갔다.

다른 나라들은 이 전쟁을 보통 '한국전쟁'이라 말하고, 우리나라에서는 전쟁이 일어난 날을 붙여 '6·25 전쟁'이라고도 한다. 북한에서는 '조국해방전쟁'으로 부른다. 특히 중국에서는 북한이 미국에 대항하여 일으킨 '항미원조전쟁'이라고 불러 6·25 전쟁에 중국 공산군이 개입한 사실을 합리화하며 선전하였다.

북한은 남침을 기도하여 대한민국을 무너뜨리고 한반도를 공산주의로 만들려는 야망을 치밀하게 준비해 오다가 소련의 지도자인 스

◀ 한강철교 폭파

▼ 북한군을 피해 남으로 피난하는 대열

● 6·25 전쟁의 초기 양상
사전에 충분히 계획되고 막강한 군사력을 지닌 북한군이 초전에 우세하였다. 3일만에 서울이 함락되고 전선은 낙동강 벨트로 좁혀지며 대한민국은 절대절명의 순간을 맞게 된다.

탈린의 승인을 받자, 수십 대의 소련제 탱크를 앞세워 대한민국을 공격했다.

　그때 대한민국 국군은 소련제 탱크의 공세를 막을 수 있는 방어책이 전혀 없었고 야포와 전투기 등 모든 것이 압도적으로 열세였기 때문에 총만 가지고 있을 뿐 거의 맨몸의 군대나 마찬가지였다.

　그런 까닭에 순식간에 밀려날 수밖에 없었다. 공산군이 침략한 지 3일 만에 수도인 서울을 빼앗겼다. 후퇴를 거듭하던 한국군은 낙동강 방어선을 최후의 배수진으로 정하고 버텼다. 그렇지만 대구와 부산, 제주도만 남고 모두 공산군에게 빼앗겼던 상황에서 국군은 UN군의 파병 지원과 더글러스 맥아더의 인천 상륙 작전으로 공산군을 반격하면서 9월 27일 서울을 탈환하고, 10월 1일에는 38도선까지 수복해서 원점으로 돌아갔다.

▼ 서울을 수복한 후 중앙청에 태극기를 게양하는 국군

● 6·25 전쟁의 반전
낙동강 전선에서 총반격을 시작한 것과 때를 같이하여 미 제1해병사단과 제7사단으로 이루어진 제10군단 및 5,000명에 이르는 한국 해병대는 인천에 상륙하고, 서울을 탈환하였으며 북으로 진출하였다.

▼ 압록강 물을 담는 국군6사단 장병들을 묘사한 전쟁기념관의 디오라마.

이때 유엔에서는 유엔군의 목적에 대한 새로운 결의가 마련되어 공산군을 계속 공격하여 한반도에서 공산 정권을 몰아낸다는 목표를 세웠다.

10월 1일은 대한민국 국군이 공산군을 추적하면서 38선을 돌파하여 북진을 감행하였다. 이를 기려 국군의 날을 제정한 것이다. 이후 한국과 UN군은 거듭 북진을 해서 10월 26일에는 압록강까지 올라가 한반도 통일을 거의 눈앞에 두고 있었다.

이때 중공군이 인해전술로 전쟁에 개입하고 소련의 군사 지원으로 전쟁은 다시 새로운 국면으로 접어들었다. 전세가 다시 뒤집혀 역전되면서 국군은 후퇴를 거듭했다. 38도선 인근 중부 지방까지 밀리면서 교전을 계속하였다. 1953년 7월 27일 판문점에서 휴전협정이 체결된 후 군사 분계선을 경계로 오늘날까지 휴전 상태가 이어지고 있다. 이 군사 경계선을 휴전선이라고 부른다.

6·25 전쟁은 약 20만 명의 전쟁미망인과 10여만 명이 넘는 전쟁고아가 생겼으며 1,000여만 명이 넘는 이산가족을 만들었다.

그리고 한반도 내에 45%에 이르는 공업 시설이 파괴되어 경제적, 사회적 암흑기를 초래했다. 무엇보다도 이 전쟁으로 말미암아 남북

● 6.25전쟁의 결과
중국 공산군의 개입으로 전세는 다시 역전되고 전선은 중부 지역으로 밀리면서 휴전을 성립하게 된다.

간에 서로에 대한 적대적 감정이 극도로 팽배하게 되어 한국의 분단
이 더욱 고착화되었다.

휴전협정

6·25 전쟁을 중단한 휴전 협정을 말한다. 정식 명칭 "국제연합군
총사령관을 일방으로 하고 조선인민군 최고사령관 및 중국인민지원
군 사령관을 다른 일방으로 하는 한국 군사 정전에 관한 협정"이다.

한국 대표가 불참한 가운데 맺은 협정으로, 한국은 휴전협정이 아
니라 정전협정이라고 반박하였다. 당사국 간의 입장 차이가 커서 국
제기구가 개입한 점, 대한민국에서 이 협정을 정치적 합의 없이 전투
행위의 중단만으로 본 점 등에서는 오히려 정전협정 성격이 더 뚜렷
하게 드러나고 있다.

▶ 협정 서명자
〈유엔 측〉
국제연합군 대표단 수석대표 : 미국 육군 중장 윌리엄 K. 해리슨
국제연합군 총사령관 : 미국 육군 대장 마크 웨인 클라크

〈북한 측〉
조선인민군 및 중국인민지원군 대표단 수석대표 : 조선인민군 대
장 남일
조선인민군 최고사령관 : 조선민주주의인민공화국 원수 김일성
중국인민지원군 사령관 : 팽덕회

이승만 대통령은 휴전협정 체결에 반대하였다. 이에 따라 휴전협정에는 중국군, 북한군, 유엔군 사령관만 서명했다. 국제법상 조약 체결에는 당사국 의회 등의 비준이 필요하지만, 전시의 조약 체결은 군사령관의 서명만으로 비준이 완료된 것으로 본다.

남북 휴전협정은 군사령관이 군사적 판단으로 전쟁을 중단하는 것을 휴전협정이라 하고, 정치인이 정치적 판단으로 전쟁을 중단하는 것을 평화협정이라고 한다. 한국은 이승만 대통령이 맥아더 유엔군 총사령관에게 군령권인 전시 작전권을 위임했으나, 군정권인 인사권을 위임하지는 않았다. 또 휴전협정 체결권과 강화 조약 체결권을 위임하지도 않았다. 따라서 1953년 휴전협정에 따르면, 남북 간에 휴전을 합의한 것은 아니다.

그러나 한국군은 미군에 절대적으로 의존하는 상태였기 때문에, 미군이 휴전을 한 이상, 한국군 혼자서 전쟁을 할 수는 없었다. 따라서 한국 정부에게 이 휴전협정은 '법적인 휴전협정'은 아니지만, 사실상의 휴전협정으로서의 의미가 있다.

한국은 박정희 대통령이 1972년 7월 4일, 6·25 전쟁 이래 남북 최

● 맥아더 장군

1950년 6월 25일 유엔군 사령관 더글러스 맥아더(1880~1964) 장군은 200여 척의 함정과 7만 여 명의 병력을 이끌고 인천에 상륙함으로써 낙동강까지 밀고 내려간 북한군의 배후 병참선을 끊는 데 성공했다.

초의 정부 간 회담인 7·4 남북 공동성명에서 남북한 간의 불가침을 약속하였다. 이것이 법적인 휴전협정의 의미가 있다 그로부터 20년이 지난 1992년 남북은 더 방대한 분량의 합의서인 남북 기본합의서를 정식 조약으로 채택했다. 여기서도 불가침을 선언했다. 그렇지만 북한은 이 정식 조약도 평화 조약은 아니라고 주장한다.

기본조약, 기본합의서라는 표현은 정전협정, 휴전협정, 평화협정 다음 단계의 정식 국교 수립 조약인데, 남북 간에는 기본조약을 체결해 놓고도, 그 전단계인 평화협정은 아직 체결되지 않았다는 것이 남북 정부 사이에 공식적으로 주장되고 있다.

통한의 군사분계선

6·25 전쟁 휴전과 함께 휴전 당시의 전선을 기준으로 군사분계선이 놓였다. 그 위치는 대략의 차이는 있으나 전쟁 이전의 38선을 중심으로 동서에 걸쳤는데, 동쪽으로는 강원도 고성군에서부터 서쪽으로는 임진강에 이른다. 155마일에 이르는 군사분계선은 한반도 분단의 상징이 되고 말았다.

이로써 한반도 분단은 지금까지 계속되고 있다. 군사분계선으로 한국 전쟁은 분단을 고착화시켰을 뿐, 전쟁이 완전히 끝난 것이 아니기 때문에 남과 북은 오랫동안 체제 경쟁을 벌이고 있다.

남과 북이 다시 협상에 나선 것은 7·4 남북 공동성명 이후이다. 2000년 6·15 남북 공동선언으로 통일 논의가 진행되고 있으며, 2007년에는 남북 관계 발전과 평화 번영을 위한 선언이 있었다. 그 뒤 10년 동안 남북 관계는 거의 단절되다시피 하였으나, 문재인 정부가 들

어서면서 2018년 세 차례에 걸친 남북 정상회담, 싱가포르 북미정상
회담 등을 통해 한반도 비핵화와 평화체제 구축을 위한 논의가 진행
되고 있다.

1천만 이산가족

6·25 전쟁과 휴전 협정 이후 북한의 공산 치하에서 자유 대한으로
넘어온 피난민들이 무려 1,000만 명에 이르렀다. 이는 당시 한반도
총인구의 3분의 1, 북한 인구의 절반에 해당하는 숫자이다. 전쟁으로
한반도 전체가 거의 전란에 휩싸여 수천만 동포가 피난길을 헤매는
바람에 많은 이산가족이 발생한 것이다.

우리나라의 이산가족은 자신들이 원하여 생긴 것이 아니라 전쟁으
로 피난을 다니다가 생긴 경우이다. 특히 북에서 남으로 넘어온 이산

● 판문점 공동경비구역
판문점 공동경비구역(JSA)은 예전에는 주로 휴전을 관리하는 장소로 이용되었으나,
1971년 9월 20일 열린 남북 적십자 예비회담을 계기로 군사정전위원회의 회담장소
뿐 아니라 남·북한 간 접촉과 회담을 위한 장소 및 남북을 왕래하는 통과 지점으로
도 활용되어 왔다.

가족들은 공산 정권의 억압을 벗어나 자유 대한에서 살기 위해 내려온 사람들이다. 북한에서 넘어온 사람들 가운데에는 전쟁 중에 공산군에 징병되지 않으려고 단신으로 혼자 월남한 청년들이 매우 많다.

대한적십자사는 정부의 7·4 남북 공동성명에 바탕을 두고 인도적 차원에서 남북 이산가족들을 만나게 하는 이산가족 재회 운동을 1971년 8월 12일부터 진행하고 있다.

이에 따라 남북의 이산가족들을 한 번에 100~200명 단위로 여러 차례에 걸쳐 지정하는 장소에서 일정 시간 동안 재회의 기쁨을 나누었다. 그러나 가족 상봉을 원하는 이산가족에 비해 만나는 인원이 지극히 제한적인 실정이고, 북한 당국이 이를 정치적으로 이용하는 바람에 본래의 목적에 이르지 못하고 있다.

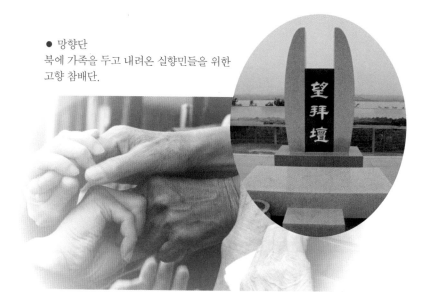

● 망향단
북에 가족을 두고 내려온 실향민들을 위한 고향 참배단.

■ 대한민국의 성장

국호 명칭과 의미

대한민국(大韓民國: Republic of Korea)은 동아시아의 한반도 남부에 자리한 공화국이다. 서쪽으로는 황해를 사이에 두고 중화인민공화국이, 동쪽으로는 동해를 사이에 두고 일본이, 북쪽으로는 조선민주주의인민공화국과 맞닿아 있다.

대한민국의 건국이념은 홍익인간(弘益人間)이다. 수도는 서울특별시이다. 6·25 전쟁 이래 일명 '한강의 기적'이라고 불리는 높은 경제 발전을 이룩하여 1990년대에 이르러 세계적인 선진국으로 발전하였다.

2018년 기준 1인당 국민총소득(GDP)은 3만 2,775달러로 세계 11위 세계은행에서 고소득 국가로 분류되고, 2018년 국제연합(UN)의 인간개발지수(HDI) 조사에서 세계 22위로 상위권 그룹으로 분류되고 있다. 국제통화기금(IMF)에서는 대한민국을 선진 경제국으로 분류하고 있다.

대한민국의 2018년 10월 기준 국내총생산(GDP)은 1조 6,556억 달

◀ 남산을 바라본 서울의 전경

러로 세계 11위 규모이다. 대한민국은 경제협력개발기구(OECD), 개
발원조위원회(DAC)의 회원국이기도 하다.

대한민국이란 국호의 대한(大韓)은 고대 한반도 남부 일대에 존재
했던 나라의 이름인 한(韓)에서 유래한다. 마한, 진한, 변한을 합쳐
삼한이라고 불렀으며, 고구려, 백제, 신라를 합쳐 삼국 또는 삼한이
라 부르기도 하였다.

그때 한이라는 의미는 종교상 의미와 정치상 의미가 복합으로 이
루어진 고대부터 내려오던 말이다. 이후 근대국가의 국호로서 대한
은 1897년 조선왕조의 고종이 대한제국을 선포하면서 다시 선택한
것으로, 그때 고종은 새 국호를 정한 이유를 다음과 같이 밝혔다.

"나라는 옛 나라이나 천명을 새로 받았으니 이제 이름을 새로 정하
는 것이 합당하다. 삼대(三代) 이래로 황제의 나라에서 이전의 나라
이름을 그대로 쓴 적이 없다. 조선은 기자가 봉해졌을 때의 이름이니
당당한 제국의 이름으로 합당하지 않다.

대한이란 이름을 살펴보면 황제의 정통을 이은 나라에서 이런 이
름을 쓴 적이 없다. 한(韓)이란 이름은 우리의 고유한 나라 이름이며,
우리나라는 고구려, 백제, 신라 등 원래의 삼한을 아우른 것이니 '큰

▶ 경복궁의 정문인
광화문 전경

한'이라는 이름이 적합하다."

여기에 민국을 더한 '대한민국'이라는 국호는 1919년 3·1 독립운동 직후에 만든 대한민국 임시정부에서 정한 것이다. 1919년 4월 10일 대한민국 임시정부를 수립하고자 중국 상하이에서 소집된 임시 의정원에서 신석우가 먼저 '대한'을 제시하였다. 그러자 여운형은 "대한은 조선왕조 말기에 잠깐 쓰다 망한 이름이니 부활할 필요가 없다."라고 반대하였다.

이에 신석우가 "대한으로 망했으니 대한으로 흥하자."며 대한제국의 제국을 공화국을 뜻하는 '민국'으로 바꾸어 대한민국을 국호로 다시 제안하였다. 이를 다수가 공감하면서 받아들임에 따라 '대한민국'이 독립 국가의 국호로 정해졌다.

광복 후 1948년 제헌국회에서 대한민국 국호를 계승하여 헌법에 명시하였고, 다시 1950년 1월 16일 국무원고시 제7호 '국호 및 일부 지방명과 지도에 관한 건'에 의해 확정하였다. 이에 따라 대한민국 국민은 우리나라 공식 국호를 '대한민국'으로 하고 이를 줄여서 '한국', '대한' 등으로 부르며, 우리나라를 호칭할 때는 흔히 '우리나라'라고 한다.

● 청와대
북악산을 배경으로 한 이 건물은 대통령 집무실을 비롯하여 회의실, 접견실, 주거실 등이 있는 2층 본관과 경호실, 비서실 및 영빈관 등 부속 건물이 있고, 정원과 북악산으로 이어지는 후원과 연못 등의 미관을 갖추고 있다.

한반도 북부에 자리한 조선민주주의인민공화국과 대비해 한반도 남부에 있다 하여 '남한'으로 부르고 북을 '북한'이라고 말한다. 대한민국은 영어로 'Korea'(코리아)라고 부른다. Korea는 한반도에 있었던 왕국인 고려에서 유래하였다. 당시 아라비아 상인들이 고려의 수도인 개성으로 통하는 벽란도를 이용해 무역을 하면서, 코리아라고 부른 것을 영어로 표기하여 Korea로 사용하여 전 세계에 전해지게 되었다. 고려라는 이름은 고구려 장수왕이 한때 고구려를 고려라고 불렀던 이름이며, 고려 태조 왕건이 고구려를 계승하고자 국호를 고려로 정했으므로, 결국 Korea라는 말의 어원은 고구려에서 유래한 것이라고 할 수 있다.

대한민국의 공식 영어 명칭은 Republic of Korea로서, 약칭하여 'R.O.K.'로 사용하는 때가 있다.

▶ 대전시 전경

▶ 서울시 한강 전경

▲ 대구시 전경

▶ 부산시 전경

▶ 광주시 전경

북한은 공산 독재정권

북한은 김일성이 세운 공산 독재정권이다. 북한의 공식 명칭은 조선민주주의인민공화국이다. 김일성은 1948년 9월부터 1972년 12월까지 북한의 내각 수상을 지냈고, 1972년 12월 15일부터 1994년 7월 8일까지 북한의 국가 주석을 지냈다. 그는 일제 강점기 때 반일 인민 유격대에 들어갔다. 해방 후 조선공산당과 북조선로동당의 소비에트 연방 대리자로 활동하였고, 남북로동당 통합 이후 조선로동당 위원장이 되었다.

1948년 2월 조선인민군 창건 뒤 그해 4월 제1차 조선 모든 정당 사회단체 연석회의를 개최하며 김구, 김규식 등 한국의 민족주의자들을 회유하여 그럴듯하게 속였다. 그해 6월 제2차 회의를 해주에서 개최하였다. 1948년 8월 최고인민회의를 구성하고, 그해 9월 내각 총리가 되었다.

1950년 소련의 스탈린을 설득해 그의 승인으로 6·25전쟁을 일으켰고 조선인민군 최고사령관으로 인민군을 지휘했다. 국군과 UN군에게 패배하여 군사분계선을 사이에 두고 현재와 같이 한반도가 남과 북으로 나뉘는 원인을 제공하였다.

1960년 이후 김일성은 주체이념을 기조로 한 주체사상을 발표했다. 1972년에는 사회주의헌법을 제정, 국가 주석직을 신설하여 공식적인 국가 원수가 되는 한편, 국방위원회 위원장에 추대되었다.

1993년 국방위원회 위원장직을 아들 김정일이 세습했다. 1994년 그가 사망하고, 1998년에 개정된 김일성 헌법에서 공화국의 영원한 주석으로 추대되었다. 영국 인명사전에는 세계 10대 독재자로 선정되어 올라 있다.

원래 이름은 김성주이고 한자로는 金成柱 또는 金聖柱라고 알려져 있으나, 항일 무장투쟁을 하면서 김일성으로 개명하였다는 설이 있다. 그러나 학계와 언론계에서는 '김일성 가짜설'이 계속적으로 제기되어 김일성 실체가 누군지에 대해서는 정확한 검증이 필요한 사항이다.

6·25 전쟁을 일으킨 전쟁 범죄자, 전쟁 장본인 의혹, 반정부 인사 및 정적 숙청, 인권을 탄압했다는 등의 이유로 많은 비판을 받았다.

● 연평도 포격
북한 정권은 남한에 끊임없는 도발을 자행하는 가운데 2010년 11월 23일 오후 2시 30분 경, 대한민국 인천광역시 옹진군 연평면의 대연평도를 향해 포격을 가했다. 북한은 2017년 9월 6차 핵실험을 했고, 2018년 초까지도 장거리 미사일 발사 실험을 했으나, 4·27 남북 정상회담을 계기로 모든 핵실험과 미사일 발사를 중단하겠다고 선언했다.

4·19 학생혁명

1960년 4월 대한민국에서 제1 공화국인 자유당 정권이 이승만을 대통령에 당선시키고 이기붕을 부통령으로 당선시키기 위한 개표 조작을 하자, 이에 반발하여 부정선거 무효와 재선거를 주장하는 학생들의 시위에서 비롯된 혁명이다.

사건의 발단은 3·15 부정 선거였다. 이의 무효와 재선거를 주장하던 마산 3·15 의거에 참여한 마산 상업고등학교 입학생 김주열이 실종된 지 27일 뒤인 4월 11일 아침 마산 중앙부두 앞바다에서 왼쪽 눈에 경찰이 쏜 최루탄이 박힌 채 시신으로 떠오른 것이 언론을 통해 보도되면서 시위는 전국적으로 격화되었다.

4월 19일, 서울에서 대학생들이 시위를 벌이는 과정에서 대통령 관저인 경무대로 몰려드는 시위대를 향해 경찰이 총을 쏘았다. 그러자 시위대는 경찰 무기를 빼앗아 경찰과 총격전을 벌이며 맞섰다.

이때 참여한 인원은 10만 명 이상이고, 사망자 수는 185명, 부상자 수는 1,500여 명에 이르렀다.

● 4·19 학생혁명
1960년 4월 19일 자유당 정권이 이기붕을 부통령으로 당선시키기 위하여 개표를 조작하자 이에 반발하여 부정선거 무효와 재선거를 주장하며 학생들이 중심이 되어 일으킨 혁명이다.

전 국민적 저항과 군대 지휘부의 무력 동원 거부에 봉착한 대통령 이승만은 4월 26일 하야를 발표하였다. 이로써 이승만의 자유당 정권은 몰락하였고, 이 혁명의 결과로 과도정부를 거쳐 6월 15일 개헌을 통해 제2 공화국이 출범하였다.

4·19 민주혁명, 4·19 학생운동, 4·19 의거, 4월 의거, 4월 혁명 등 여러 명칭으로 일컫는다. 5·16 군사정변 이후 군사 정권에서는 의거로 부르다가 문민정부 때부터 다시 혁명으로 승격되었다.

● 이승만 대통령 하야
시위대가 경무대로 집결하는 등 사태가 심각해지자 4월 26일 오전 10시 30분 이승만 대통령이 하야 성명을 발표했다. 이승만은 국회에 사임서를 제출하고 이튿날 경무대를 떠났다.

◀ 이승만 대통령 하야를 발표한 동아일보 기사

경무대와 청와대
경무대는 지금의 청와대이다. 경복궁 뒤편의 건물로 고려시대 이궁이었고 조선 시대에는 경복궁의 일부로 연무장, 과거 시험장, 왕의 친경 장소 등으로 사용한 곳이다. 일본이 강점기 때 총독 관저로 삼았고 광복 이후 미군 군정 장관 관저가 되었다. 정부 수립 후에 대통령 관저로 쓰면서 경무대라고 하였다. 1960년 4·19 학생혁명 이후 청와대로 명칭을 바꾸었다.

5·16 군사정변

5·16 군사정변은 1961년 5월 16일 새벽 3시, 제2군 사령부 부사령관이던 소장 박정희, 중령 김종필, 소령 이낙선 등을 비롯한 육군사관학교 8기, 9기 출신 일부 장교들이 장면 내각의 무능력과 사회의 혼란을 이유로 제6군단 포병여단, 해병대, 제1공수특전단 등을 동원해 청와대를 장악, 제2 공화국을 무너뜨리고 정권을 장악한 사건이다.

내각 책임제 정부였던 제2 공화국의 국무총리 장면은 재임기간 동안 10여 차례나 군사정변이 일어날 것이라는 정보를 보고받거나 입수했다. 장면은 그때마다 태연하게 대응했다. 1950년대에 이미 이승만을 축출하려는 군사 반란 시도를 했던 박정희는 1960년 5월 8일을 거사일로 정했지만, 4·19 혁명으로 실행에 옮기지 못했다.

1960년 부산 군수기지 사령관 역임 후 제2군 사령부 부사령관을 역임하면서 군내 부패 행위에 항거하다가 중령에서 예편된 김종필 등 지지 세력을 규합하여 정변을 일으켜 성공했다.

박정희 육군 소장이 이끈 1961년 5·16 군사정변이 성공을 거두면서 제3 공화국으로 이어졌다. 제3 공화국은 경공업 발전을 포함한 경제개발계획을 추진하여 고속 성장을 이룩하였다.

● 5·16 군사정변
1961년 5월 16일 박정희의 주도로 육군사관학교 8기생 출신 군인들이 제2 공화국을 폭력적으로 무너뜨리고 정권을 장악한 군사정변.

1970년대로 들어서면서 중화학공업 육성에 주력하여 북한의 경제 수준을 추월하는 등 크게 발전해 나아갔다.

　1980년대에는 경제 안정기를 맞아 첨단산업이 발달하였다. 그 뒤 1990년대 말에 IMF로 경제 위기를 겪기도 하였지만, 그 위기를 무사히 넘겼다.

　광복 이후 농업 사회에서 공업 사회로, 다시 정보화 사회로 발전하면서 사람들의 생활양식과 가치관도 많이 변하였다.

　그렇지만 이러한 경제성장과는 달리 박정희 대통령은 장기 집권을 목적으로 1972년 10월 유신을 선포하고 독재의 길을 선택했다. 이때 민주화를 요구하는 수많은 인사들이 당시 중앙정보부에 끌려가 고문을 당하고, 이적 행위를 했다는 이유로 투옥되거나 심지어 억울하게 사형을 당하기도 했다. 그런 탄압 속에서도 민주화 열망은 사그러들지 않고 마침내 1979년 10월 '유신철폐'를 요구하는 부마민주항쟁을 불러왔고, 10월 26일 박정희 대통령은 결국 중앙정보부장 김재규의 총탄을 맞고 18년 독재의 막을 내렸다.

　유신체제가 끝이 나고 민주화 열기는 들불처럼 번져나갔다. 그러나 이런 틈을 노려 전두환과 노태우를 중심으로 한 하나회 세력이 1979년 12월 12일 군사반란을 일으키고, 1980년 5·17 쿠데타를 일으켜 사실상

● 박정희 대통령
5·16 군사정변을 주도하였다. 1963년 제5대 대통령이 되어 경제개발을 단행하였고 국가 발전의 기틀을 마련하였다.

정권을 장악했다. 이후 전두환 장군은 통일주체국민회의 대의원회에서 제11대 대통령으로 선출되었고, 헌법을 개정하여 제5 공화국을 출범시켰다.

5·18 광주 민주화 운동, 6월 항쟁 등 수많은 민주화운동으로 부패한 독재 정권이 무너지고 권위주의적 정치 문화가 민주화로 꾸준히 발전되어 가고 있다. 오늘날 민주화와 더불어 문화의 다양화가 촉진되고, 반도체 등 몇몇 과학 기술 분야는 세계적인 수준까지 이르렀다.

산업화의 열정

대한민국은 20세기 말 찾아온 IMF 경제 위기로 한때 경제가 급격히 악화되었으나, 국민의 뛰어난 단합 의지를 보여 주면서 다시 한번 한강의 기적을 이룩했다. 천연자원이 상대적으로 부족한 우리나라는 높은 교육열과 학생들의 뛰어난 창의력, 정부와 기업의 산업진흥에 대한 의지로 새로운 가치를 창출하고 있다.

모든 국민이 가진 높은 교육열과 산업화의 열정에 힘입어 배출된 수많은 인재가 대한민국 기술 발전의 원동력이 되었고, 그 역량은 세계적으로 인정받고 있다. 월남 파병, 중국, 러시아, 헝가리, 폴란드 등 공산 국가와의 교류, 유엔 사무총장 배출 등의 놀라운 저력을 보여주었다.

1986년 아시안 게임, 1988년 서울올림픽, 2002년 한일 월드컵 개최 등을 통해 국민들의 단합된 모습도 과시했다. 2010년 서울 G20 정상 회의에서는 대한민국의 저력과 가능성을 인정받았다.

대한민국 사회를 움직이는 원동력은 단지 교육의 힘만은 아니다.

현대 대한민국은 문화 수준이 매우 높은 편이다. 음악, 미술, 체육 등에서도 뛰어난 인재들이 배출되고 있다. 현대의 대한민국은 과학기술, 산업, 인재, 교육, 시민 의식, 예술, 문화, 경제 등에서 매우 높은 수준을 보여 주는 국가가 되었다.

■ 역대 정부

제1 공화국 : 이승만 정부

1948년 8월 15일 대한민국 정부가 수립되고 나서 1960년 4 · 19 학생 혁명으로 6월 15일 제2 공화국이 들어설 때까지 존속한 최초의 민주공화국이다.

1950년대는 미국으로부터 지원을 받아 전쟁 이후 복구사업을 실시하는 가운데 경제원조 체제가 성립되던 시기였다.

제1 공화국 정권의 고위 관료는 부패해 국민의 불만을 샀다. 그러나 의원 내각제였던 제1대 내각에서 재선이 불가능하다고 판단한 이승만은 1954년 사사오입 개헌을 단행하면서 장기 집권을 추진했다. 그러나 이범석, 장택상 등이 성장하는 것을 두려워한 이승만은 이들을 제거하고 이기붕 계열을 등용하였다.

● 이승만 대통령
초대 대통령. 광복 후 우익 민주진영 지도자로 1948년 대한민국 초대 대통령에 당선되었다. 4 · 19 혁명으로 하야했다.

이기붕 계열은 친 자유당 성향의 이정재, 임화수, 유지광 등의 정치 깡패들을 활용하여 야당 의원의 집회를 탄압, 제1 공화국 후반기는 혼란을 거듭했다. 그 와중에 1958년의 장면 부통령 피격 사건과 1959년 조봉암 사형 등의 조치까지 겸해졌고 언론 자유마저 통제당했다.

1959년 한일 회담이 끝나자 곳곳에서 정부의 독재에 저항하는 집회가 벌어졌다. 1960년 3월 15일 부통령 선거 부정을 계기로 국민들의 불만은 최고조에 이르러 4·19 학생혁명이 발생했다.

며칠 전 실종되었던 마산의 고등학교 신입생 김주열의 시신이 최루탄이 눈에 박힌 비참한 모습으로 마산 앞바다에서 떠오르면서 시위는 격화되었다.

4월 26일 이승만 대통령이 하야 선언을 함으로써 제1 공화국은 막을 내렸다.

제2 공화국 : 장면 내각 정부

제2 공화국은 1960년 6월 15일 이후 1961년 5·16 군사 혁명 직전까지의 공화국이다. 군사 혁명 이후 허정 과도내각을 거쳐 장면을 수상으로 하는 제2 공화국이 수립됐다. 제2 공화국은 3차 개헌을 통해 내각 책임제와 양원제를 구성했고, 언론 자유와 혁신계 정치 활동을 허용했다. 제2 공화국 당시 각계각층의 통일

● 장면 국무총리
4·19 혁명 후 국무총리로 당선되어 집권하였다.

운동과 민주화 요구가 분출되기도 했는데, 집권 여당인 민주당 사이에서 신파와 구파로 나뉘어 개혁 의지가 미약했을 뿐만 아니라 이러한 요구들을 수용하지 못했다.

곳곳에서 데모가 연이어 벌어졌고, 장면은 단호한 조치를 계획하던 중 1961년 5월 16일 새벽 5·16 군사 쿠데타로 내각 각료들이 체포되면서 장면 내각은 1년 정도의 짧은 기간 동안 존속하고 말았다.

그 뒤 윤보선에 의한 형식적인 민정이 실시되었으나 1962년에 군사 정변 세력의 구정치인 정화법으로 정치 활동이 정지당하자 여기에 불만을 품고 윤보선이 1962년 3월 22일 사퇴하였다.

이로써 1962년 3월부터 1963년 12월까지 5·16 군사정변 세력이 설립한 국가재건최고회의가 사법권·행정권·입법권을 모두 장악하고 군정을 실시했다.

제3 공화국 : 5·16 군사 정부

1963년 12월 17일 이후 1972년 12월 27일 유신헌법 때까지의 공화국이다.

1963년 12월 17일, 5·16 군사 쿠데타를 주도한 박정희 등에 의해 제3 공화국이 수립됐다. 박정희는 야당 후보인 윤보선과의 선거전에서 10만 표 안팎의 근소한 차로 집권하였다.

● 5·16 군사 정부
박정희는 5·16 군사정변을 성공적으로 이루고 군인에서 예편하여 대통령으로 제3 공화국을 수립했다.

경공업 중심의 수출 주도형 발전과 한일 협정·베트남전쟁 파병 등을 통한 외화 획득으로 경제 발전의 토대를 마련하였다. 1970년대에는 중화학 공업을 집중적으로 육성했다. 그렇지만 도시와 농촌의 격차, 저임금 노동과 빈부격차와 같은 문제도 남겼다.

이후 박정희 정부는 3선 개헌을 단행하고 1971년 3선에 성공했지만, 야당의 의석수가 2배로 늘어나는 가운데 경제성장도 한계를 보이기 시작하면서 국가가 혼란스러워지자, 1972년 유신헌법을 통과시켰다. 이로써 제3 공화국은 사라졌다.

제4 공화국 : 박정희 유신 정부

1972년 12월 27일 유신헌법 이후 1981년 2월 말까지의 공화국이다. 1971년 대통령 선거에서 야당의 돌풍으로 불안감을 느낀 박정희는 1972년 7·4 남북 공동성명을 발표하고, 통일을 준비한다는 명목으로 10월 유신을 선포해 유신체제를 수립했다.

이를 통해 대통령의 임기를 6년 연임제로 수정하는가 하면 국회의원을 대통령이 임명하게 할 수 있는 법안까지 통과시키는 등 대통령의 권한을 비정상적으로 확대시켰다.

이에 노동 운동계, 재야와 학생 세력 등이 민주화를 요구하지만,

● 유신 정부
1972년 10월 17일 대통령 박정희가 장기집권을 목적으로 단행한 초헌법적 비상 조치로 단행된 정부

◀ 한·미 정상 회담 중인 박정희 대통령과 포드 대통령

얼마 뒤 긴급 조치를 통해 이를 억눌렀다.

그렇지만 쉽게 해결되지 않았고 민주화 운동 세력과 노동 운동가의 반발은 계속되었다. 이러한 과정에서 미국이 한국의 '인권침해'를 비판하기 시작하자, 한미 간 외교적 마찰이 일어나고, 석유 파동 등을 겪으면서 내부 혼란이 크게 일어났다.

결국 김영삼 의원 제명 파동과 YH무역 여공 사건, 부산·마산의 항쟁 등이 연이어 터졌다. 이러한 일들은 권력 내부의 분열을 초래하였다. 1979년 10월 26일 박정희가 중앙정보부장 김재규에 의해 시해되면서 박정희의 17년 장기 집권은 막을 내렸다.

최규하 정부 : 신군부 과도 정부

1979년 10월 26일 이후 1980년 8월까지의 공화국으로 최규하 정부라고 한다.

10·26 사건 이후 유신체제 아래에서 국무총리 최규하가 이끄는 정부가 출범했다.

유신헌법을 폐지하고 민주화를 추진하였다.

최규하 정부는 긴급 조치를 해제함으로써 일부 정치적 억압을 완화했고, 1979년 12월과 1980년 2월, 1980년 4월에 대사면을 단행하였다.

● 최규하 과도 정부
1975년부터 국무총리로 재직하다가 1979년 박정희 대통령이 살해되자 대통령 권한 대행으로 비상계엄령을 선포했으며, 그해 12월 통일주체국민회의에서 대통령으로 선출되었다.

전두환을 비롯한 이들이 1980년 12월 12일 군사 반란을 일으켜 실권을 장악하였다. 이들은 급기야 최규하 대통령을 조종하기 시작했다. 국민들은 정부에 민주화를 요구하였고 최규하도 이를 추진하고자 했지만 실패하였다.

1980년 쿠데타를 일으켜 권력을 잡은 전두환은 광주 시민들이 민주화를 요구하는 5·18 민주화 운동을 진압하였다. 1980년 8월 최규하 대통령이 사임함으로써 제5 공화국의 길을 열어 주었다.

제5 공화국 : 전두환 정부

1980년 10월 27일 제5 공화국 헌법이 공포되고 이듬해인 1981년 3월 3일에 전두환 대통령이 취임한 이후 1988년 2월 26일까지의 공화국이다.

전두환과 하나회를 중심으로 한 신군부는 1980년 12·12 군사 반란을 일으켜 계엄사령관을 체포하고 군부를 장악하여 실세로 떠오르면서 민주화 일정을 지체시켰다.

1980년 초부터 국회와 정부는 유신헌법을 철폐하기 위한 개헌 논의를 진행했고, 대학생과 재야 세력도 정치 일정 제시와 전두환 퇴진을 요구하면서 민주화 요구 시위를 했다. 이에 신군부는 민주화 여론을

● 제5 공화국
1979년 10월 26일에 박정희 대통령이 김재규로부터 시해당하고 1980년 10월 27일에 공포된 새 헌법의 발효로 성립되었다. 1981년 2월 25일에 전두환 대통령이 제12대 대통령에 당선되어 3월 3일에 취임하고, 그 해 3월 25일의 총선거로 제11대 국회가 구성됨으로써 출범하였다.

탄압하고 집권할 방안을 모색했다. 신군부는 5월 17일 비상계엄을 전국으로 확대하면서 포고령을 통해 '정치활동 금지', '보도검열 강화', '휴교령' 등을 선포하고 군 병력을 동원해 국회를 폐쇄했다.

신군부는 5·17 쿠데타에 항거한 5·18 광주 민주화 운동을 유혈 진압하고, 5월 27일 국가보위비상대책위원회를 만들어 정국을 주도했다. 10월 27일 7년 단임의 대통령제를 골자로 한 제5 공화국 헌법이 공포되고 이듬해 제5 공화국이 출범했다.

경제 안정에 매진하는 한편, 1986년 아시안 게임, 1988년 서울 올림픽 등을 유치하기도 했다. 야간통행금지 해제 및 교복 자율화 등의 유화 조치를 내걸어 국민들의 불만을 잠재우기도 했다. 임기 중반부터 물가가 안정되고 수출 흑자가 늘어나는 등 경제 여건이 좋아졌다.

한편으로는 권위주의적인 독재 체제를 확립하고 민주주의 탄압과 고문, 정치 사찰, 용공 조작이라는 말을 들었다. 인권이 유린되고 정경 유착, 부정 축재, 친인척 비리가 빈발했다.

개정된 헌법에 따라 치러진 선거에서 여당의 노태우가 당선되어 1988년 2월 취임식을 하면서 제5 공화국은 막을 내렸다.

● 5·18 민주화 운동
광주시민은 신군부 세력이 집권 시나리오에 따라 실행한 5·17 비상계엄 전국 확대 조치로 인해 발생한 헌정 파괴·민주화 역행에 항거했으며, 신군부는 사전에 시위 진압 훈련을 받은 공수부대를 투입해 이를 폭력적으로 진압하여 수많은 시민이 희생되었다.

제6 공화국(제1기) : 노태우 정부

1988년 2월 27일 이후 1993년 2월 24일까지의 공화국으로 노태우 정부라고 한다.

1987년 6월 29일, 당시 민주정의당 총재이자 대통령 후보였던 노태우가 대통령 직선제 등을 주요 내용으로 하는 6·29 선언을 발표했다.

이후 여야 합의에 의한 개헌을 통해 대통령 직선제 등을 골자로 하는 개헌이 이루어졌다. 이를 통해 야권의 정치 참여가 허용되었으며, 1988년 총선에서는 사상 최초의 여소야대 국회가 나왔다. 이에 민정당에 불리한 여론이 생기자 이를 막고자 돌파구로 여당 국회의원이 야당보다 적어서 3당 합당을 추진해 민주자유당을 탄생시켰다.

전두환 측근에 대한 사법조치를 단행하고 북방정책을 추진해 소련을 비롯한 공산권 국가들과의 수교 등 관계 개선에 주력했다. 1991년 9월 유엔에 가입하고, 이어서 12월에는 남북 기본합의서를 채택했다. 1992년에는 지방자치 제도를 실시하였다.

노태우도 전두환처럼 군인이었고, 12·12 사태를 주도하고 5공 성립 과정에 깊숙이 관여한 인물이라는 한계가 있었다.

노태우 정부도 정경 유착은 물론 비자금 조성, 민간인 사찰, 고문 등 5공의 파쇼 정치를 그대로 답습했다. 이 때문에 군사 정권의 연장선이

● 제6 공화국
제6 공화국은 대한민국에서 1987년의 6월 항쟁의 결과로 1987년 10월 29일 대통령 직선제를 핵심으로 한 개정된 민주적인 헌법에 의해 성립되어 현재까지 헌법 개정 없이 지속되고 있는 현행 공화 헌정 체제이다.

라는 말을 들었다. 1993년 2월 김영삼이 대통령에 취임함으로써 노태우 정부는 끝났다.

(제2기) : 김영삼 문민정부

1993년 2월 25일 이후 1998년 2월 24일까지의 공화국으로 문민정부라고 한다.

대한민국은 1993년 민주자유당 김영삼 대통령의 취임과 함께 문민정부 시대로 접어들게 되었다. 이로써 윤보선 이후 30여 년 만에 민간인 정부를 복귀시켰다. 문민정부는 하나회 군부 숙청, 금융실명제, 표현의 자유 허용, 역사바로세우기 운동, 지방자치 단체장 선거 부활, OECD 가입 등의 업적을 남겼다.

특히 군사정변을 주도할 위험이 있는 군 내 사조직을 숙청하고, 12·12 관련자 및 5·18 관련 정치군인들을 처벌하기도 했다. 성수대교 붕괴, 삼풍백화점 붕괴사고 등이 일어나 혼란을 겪었다.

지나친 민주화를 외친 나머지 책임 없는 방임주의적 자유주의와 세계화를 신봉한 나머지 준비 없이 대규모 시장 개방을 강행한 데다 외환관리에 실패해 IMF 구제금융 사건을 초래하였다. 결국 국민들의 높아진 요구를 충족해주지 못

● 문민 정부
대한민국의 제6 공화국의 두 번째 정부이다. 문민정부는 김영삼 정부의 별칭이다. 3당 합당의 결과로 대통령 선거에서 승리한 김영삼 대통령은 집권 초기 개혁과 공직자들의 재산 등록과 금융실명제 등을 법제화하여 부패 일신 정책을 펼쳤고, 5·16 군사정변 이후 중단되었던 지방 자치제를 전면적으로 실시하였다.

한 채, 1997년 대선에서 야당에게 정권을 이양할 수밖에 없었다.

(제3기) : 김대중 국민의 정부

1998년 2월 25일 이후 2003년 2월 24일까지의 공화국으로 국민의 정부라고 한다.

새정치국민회의 김대중 후보가 당선돼 건국 최초로 여야 정권 교체를 이룩한 정부이다. 국민의 정부의 가장 큰 과제는 IMF 위기 극복이었다. 국민의 정부는 자유주의 경제정책을 추진하며 온 국민의 금 모으기 운동을 통해 2001년에 IMF 사태를 조기 극복해 IMF 관리 체제에서 벗어났다.

자율적인 구조 조정 시스템을 도입, 기업의 체질 개선 등을 단행했다. 이러한 경제정책이 보수에서는 후임인 노무현 정부와 묶어 '잃어버린 10년'이라는 비판을 받았고, 진보에서는 '신자유주의 경제 질서'의 폐해를 남겼다는 비판을 들었다.

한반도 평화와 대한민국의 인권 신장에 기여했으며, 대북 관계에 있어서 햇볕정책을 추진하기 위해 분단 이후 처음으로 평양을 방문, 김정일과 역사적인 남북정상회담을 이루었다.

● 국민의 정부
대한민국의 제6 공화국의 세 번째 정부이다. 국민의 정부는 김대중 정부의 별칭이다. 새정치국민회의와 자유민주연합이 단일 후보로 내세운 김대중이 제15대 대통령 선거에 승리함으로써 제2 공화국 이후 36년만에 여야 정권 교체를 이루어내며, 1998년 2월 25일 취임과 함께 출범했다.

(제4기) : 노무현 참여 정부

2003년 2월 25일 이후 2008년 2월 24일까지의 공화국으로 참여정부라고 한다.

새천년민주당 노무현 후보가 당선되어 2003년 2월 참여 정부가 출범했다. 노무현 대통령은 2004년 3월 공무원으로서 선거 편향 발언을 하는 등 정치 중립 의무를 위반했다는 이유로 대통령 탄핵 소추를 겪는 등 위기를 맞기도 했으나, 여론의 반발과 헌법재판소의 기각 결정으로 탄핵을 면했다.

2004년 17대 총선에서는 여당이 탄핵 역풍을 맞은 야당을 누르고 과반수 의석을 차지했다. 참여 정부는 돈 안 드는 선거 풍토 확립, 1인당 국민소득 2만 달러를 달성했다. 진실 화해를 위한 과거사 정리 위원회를 설치하여 과거사 정리에 나서기도 했다. 또 국민의 정부를 이어 IT 산업을 크게 발전시켰다.

수도권 집중 완화와 국토 균형 발전을 위해 위헌 논란을 겪어 가면서 세종특별자치시 건설을 결정하였다. 경제적으로는 부동산 가격 폭등, 양극화를 심화시켰으며, 양극화의 원인으로 제시되어 많은 사회적 논란을 낳은 비정규직 문제를 국회 과반 의석을 확보하고도 해결하지 못했다.

● 참여 정부
대한민국 제6 공화국의 네 번째 정부이다. 참여 정부는 노무현 정부의 별칭으로 언론에서 자주 쓰인다. 노무현 정부는 국정 목표로 국민들과 함께 하는 민주주의, 더불어 사는 균형 발전 사회, 평화와 번영의 동북아시아시대 등을 제시하였다.

(제5기) : 이명박 정부

2008년 2월 25일 이후 2013년 2월 24일까지의 공화국으로 이명박 정부라고 한다.

이명박 정부는 747공약(7대 강국, 국민소득 4만 달러 시대, 7%성장)을 내세웠으나, 집권 초기 고환율 정책 실행과 더불어 미국의 글로벌 금융 위기의 여파로 물가·환율·대출 금리가 대폭 상승해 서민 경제에 타격이 왔으며, 경제 성장률은 목표치보다 훨씬 낮은 실적을 기록했다.

취임 초기인 2008년에는 미국과 소고기 수입 협상을 타결하였으나, 광우병 촛불집회가 일어나 위기를 겪었다. 4대강 사업과 더불어 미디어법 개정, 언론 장악, 세종시 수정안 등 여러 정책 추진에 대한 찬반양론이 불거졌다. 빈익빈 부익부의 양극화 현상이 두드러졌다.

2010년 G20 정상회의 의장국으로 선정되면서 지지율이 올라갔으나 4대강 사업, 외교 갈등, 등록금 문제, 소득불균형 심화, 부동산값 상승에 따른 사회 계층 간의 갈등을 겪었다.

이명박 대통령은 재임 시 비리와 관련하여 측근들이 줄줄이 구속되고, 본인 자신도 특정경제범죄 가중처벌 등에 관한 법률의 뇌물수수·조세포탈·국고손실, 특정

● 이명박 정부
이전 정권까지는 참여 정부, 문민정부 등 각 정권마다 추구하는 핵심가치를 담아 정권의 이름을 사용하였으나, 과거의 패턴을 반복하는 것은 구태의연한데다 '실용'이라는 표현이 밋밋하고 의미도 다소 모호하다는 지적을 수용하여 처음으로 대통령의 실명을 공식적으로 정권 이름에 사용하게 되었다.

쓸모 있는 **한국사**

경제범죄 가중처벌 등에 관한 법률의 횡령, 직권남용 권리행사방해, 대통령기록물관리법 위반, 정치자금법 위반 혐의 등 7개 죄명에 16개의 범죄 혐의로 2018년 3월 22일 동부구치소에 구속 수감되어 현재 재판을 받고 있다.

(제6기) : 박근혜 정부

2013년 2월 25일 이후 2017년 3월 10일 탄핵으로 파면되기까지를 박근혜 정부라고 한다.

2012년 대선에서 문재인 후보와 맞선 박근혜 후보가 대통령에 당선되어 2013년 2월 우리나라 첫 여성 대통령으로 취임하였다.

박근혜 정부는 국정원의 선거 개입 의혹 등으로 출범부터 논란에 휩싸였고, 이어 잇따른 인사 실패로 어려움을 겪었다. 박근혜 정부는 '창조경제'를 모토로 규제 완화와 경기 부양을 위한 재정 확대, 금리 인하 정책 등을 실시하였으나, 결과적으로는 양극화 심화, 가계부채의 급증, 실업율 증가, 국가 경쟁력 하락 등 전반적인 경체 지표의 하락을 가져왔다.

북한의 핵 위협에 대응하여 한미연합사 해체와 전시작전통제권 전환을 무기 연기하고, 개성공단을

● 박근혜 정부
대한민국 제6 공화국의 여섯 번째 정부이다. 2013년 2월 25일 대한민국의 제18대 대통령으로 취임한 박근혜를 수반으로 한다. 우리나라 최초의 여성 대통령이라는 수식어가 붙었으나, 세월호 사건, 최순실 국정농단 사태 등으로 대통령직에서 파면당한 최초의 대통령이 되었다.

폐쇄하는 등 북한에 대해서는 강경한 입장을 보여 남북관계가 더욱 경색되기에 이르렀다.

정치적으로는 통합진보당 해산 결정, 전교조 법외노조 판결, 정윤회 문건 파동 등이 있었고, 한국사 교과서 국정화 조치로 박정희 독재를 미화하려 한다는 비판에 휩싸이도 했다.

특히 박근혜 대통령은 2014년 세월호 참사 당시 적극적인 구조조치를 하지 않았다는 이유로 국민 대다수의 공분을 샀다. 미르·케이(K)스포츠재단 관련 뇌물수수 등 최순실 국정 농단 파문은 마침내 박근혜 대통령의 탄핵을 요구하는 전국적인 대규모 촛불시위를 불러왔다. 결국 국회는 2016년 12월 9일 투표자 299명 중 234명의 찬성으로 탄핵소추안을 가결하였다. 이날로 박근혜 대통령의 직무는 정지되었다. 헌법재판소는 박근혜 대통령이 헌법과 법률을 위반하여 대의민주제 원리와 법치주의 정신을 훼손했다고 판단하여 2017년 3월 10일 재판관 8명의 전원일치로 파면을 결정하였다. 이로써 박근혜 대통령은 여성 최초의 대통령인 동시에 최초로 탄핵에 의해 파면당한 대통령으로 역사에 기록되게 되었다.

▼ 광화문 광장의 촛불집회

박근혜 대통령은 대통령직에 파면된 뒤 뇌물수수와 직권남용, 공무상 비밀누설 등 모두 13가지 혐의를 받고 2017년 3월 31일 구속되었다. 박근혜 대통령은 1심에서 징역 24년, 벌금 180억원, 2심에서 징역 25년, 벌금 200억을 선고받았다.

(제7기) : 문재인 정부

2017년 5월 10일부터 2019년 2월 현재까지 대통령직을 수행하는 제6 공화국 일곱 번째 정부이다. 제18대 대통령 박근혜의 하야 또는 탄핵을 요구한 시민운동, 이른바 '촛불혁명'의 결과로 박근혜 대통령이 파면되면서 치러진 선거에서 문재인 후보가 제19대 대통령으로 당선되면서 출범했다.

문재인 대통령은 당선 확정과 함께 곧바로 대통령직에 취임하여 직무를 수행하였으며, 통상의 인수위원회를 통한 정권 인수인계 작업을 거치지 않았다. 문재인 정부는 적폐 청산을 공약 1호로 내걸었으며, '소득주도 성장'론을 주장하며, 최저임금 인상, 일자리 창출 등 경제정책을 실행하였다.

북한의 핵실험이 계속되는 가운데, 문재인 대통령은 2017년 7월 6일 베를린에서 한반도 평화 구상을 밝혔다. 문 대통령은 6·15 공동선언 및 10·4 정상선언 이행, 북한 체제 보장하는 비핵화 추구, 남북 평화체제, 한반도 '신경제지도' 본격화, 비정치적 분야 교류협력 확대 등을 5대 정책과제로 제시했다. 또 북한

의 붕괴를 바라지도, 흡수통일을 추진하지도, 인위적 통일을 추구하지도 않을 것이라는 이른바 '대북 4노(No) 원칙'을 재확인했다.

문 대통령의 이러한 한반도 평화를 위한 노력의 결과 북측이 2018 평창 동계 올림픽에 선수단과 함께 고위급 관료를 파견하면서 남북 간의 대화 분위기가 급물살을 탔다. 2018년 판문점에서 1차 남북정상회담(4월 27일)을 시작으로 2차(5월 26일), 3차 회담(9월 18일)을 열고 한반도의 영구 비핵화를 재차 천명했다. 이와 함께 남북 간 경제·문화 교류, 군사적 긴장완화 조치, 이산가족 상봉 등 일련의 조치들을 현실화하고 있다. 4차 회담은 2018년 연내에 김정은 국무위원장이 남한을 방문하겠다고 약속했으나 2019년으로 해를 넘긴 상태이다. 한편 2018년 싱가포르에서는 김정은 국무위원장과 트럼프 미국 대통령이 정상회담을 열고 북한체제 보장과 비핵화를 약속하는 합의문에 서명하였다.

문재인 정부의 당면 과제는 북한의 완전한 비핵화 달성과 경제 회복, 즉 고용율 증대와 경제 성장이라 할 수 있다. 특히 소득주도 성장이라는 문 정부의 핵심 경제정책이 실질적인 효과로 나타나야 문재인 대통령의 계속되는 지지율 하락을 반전시킬 수 있을 것이다.

읽고 바로 써먹는

쓸모 있는 한국사

한국사 연표

연대	시대	국가	사건
기원전 70만	구석기 시대		●기원전 70만 년경 한반도 일대에 구석기 문화가 시작
6000	신석기 시대		●기원전 1만 년경 한반도에 지금과 같은 지형·기후·동식물의 분포가 형성 ●기원전 6천 년경 한반도 일대에 신석기 문화가 시작
2000	신석기 시대		●기원전 2333년 고조선 건국
2000	청동기 시대	고조선	●기원전 21세기 ~ 기원전 16세기 한반도 일대에 청동기 문화가 시작
1000	청동기 시대	고조선	●기원전 10세기 ~ 기원전 3세기 한반도 일대에 철기 문화가 시작
500	철기 시대		
300	철기 시대	진국	●기원전 230년경 부여 건국
250	철기 시대	진국	●기원전 194년 위만이 준왕을 몰아내고 정권을 탈취함
200		진한 / 마한 / 변한	
150		진한 / 마한 / 변한	●기원전 108년 위만조선이 멸망
100		진한 / 마한 / 변한	●기원전 57년 신라의 시조 혁거세 거서간이 경주에 신라 건국
50		진한 / 마한 / 변한 / 옥저	●기원전 37년 고구려의 시조 동명성왕 주몽이 졸본에 고구려 건국 ●기원전 18년 백제의 시조 온조왕이 위례성에 백제를 건국 ●기원전 18년 고구려 유리왕 즉위
기원후	원삼국 시대	가야 / 동예 / 옥저 / 부여	●4년 신라 남해 차차웅 즉위 ●18년 고구려 대무신왕 즉위 ●24년 신라 유리 이사금 즉위 ●28년 백제 다루왕 즉위
50	원삼국 시대	가야 / 동예 / 부여	●42년 가야의 시조 수로왕이 가야(금관가야)를 건국 ●57년 신라 탈해 이사금 즉위 ●77년 백제 기루왕 즉위 ●80년 신라 파사 이사금 즉위
100	원삼국 시대	가야 / 동예 / 부여	●128년 백제 개루왕 즉위
150	원삼국 시대	가야 / 동예 / 부여	●166년 백제 초고왕 즉위 ●179년 고구려 고국천왕 즉위 ●194년 고구려 진대법 실시
200	원삼국 시대	가야 / 동예 / 부여	●197년 고구려 산상왕 즉위 ●209년 고구려 환도성으로 천도
250	원삼국 시대	가야 / 동예 / 부여	●244년 위나라의 관구검이 고구려를 침공 ●260년 백제 율령 반포

연대	시대	국가	사건
			●285년 선비족이 부여를 침공
			●293년 모용씨가 고구려를 침공
300			●300년 고구려 미천왕 즉위
			●313년 고구려가 낙랑을 병합
			●342년 전연이 고구려를 침공
350			
			●371년 백제 근초고왕 고구려를 침공. 고구려 고국원왕 전사. 소수림왕 즉위
			●372년 고구려 태학을 설치
			●373년 고구려 율령 반포
			●391년 고구려 광개토대왕 즉위
			●392년 고구려 광개토대왕이 백제를 침공. 백제 진사왕 사망. 아신왕 즉위
400			●400년 고구려 광개토대왕이 신라를 침입한 왜구를 격퇴
	삼	백	●413년 고구려 장수왕 즉위
	국	제	●414년 고구려 장수왕이 광개토대왕릉비를 건립
	시		●427년 고구려, 평양성 천도
	대		●433년 신라와 백제가 나제 동맹을 체결
450			
			●475년 백제 수도가 고구려군에 함락되고 개로왕이 피살됨. 백제 문주왕이 즉위하고 웅진으로 천도
500			●512년 신라의 이사부가 우산국 병합
			●520년 신라 율령 반포
			●522년 백제 성왕 즉위
		고	●532년 신라, 금관가야를 병합
		구	●538년 백제 사비성으로 천도
		려	●540년 신라 진흥왕 즉위
550			●554년 백제와 신라의 관산성 전투에서 백제 성왕이 전사함
			●562년 신라가 대가야를 병합
			●598년 수나라가 고구려를 침공. 여 · 수 전쟁이 시작
600			●612년 수나라가 고구려를 재침공. 을지문덕이 살수에서 수나라 군대를 대파
			●632년 신라 선덕여왕 즉위. 첨성대 건립
			●641년 백제 의자왕 즉위
			●642년 고구려 연개소문이 정변을 일으켜 정권을 장악
			●645년 당나라가 고구려를 침공. 양만춘이 안시성에서 당 태종의 군대를 대파
			●648년 신라와 당나라가 나·당 동맹을 체결

연대	시대	국가		사건
650	남북조시대	신라	발해	●654년 신라 무열왕 즉위
				●660년 백제가 멸망
				●666년 고구려가 멸망
				●676년 신라가 당나라의 군대를 몰아내고 한반도 남부를 통일
				●698년 발해의 시조 발해 고왕 대조영이 동모산에 발해를 건국
700				●702년 신라 성덕왕 즉위
				●712년 발해 무왕 즉위
				●732년 발해가 당나라의 등주를 침공
				●737년 발해 문왕 즉위
750				●756년 발해가 상경 용천부로 천도
				●780년 신라 선덕왕 즉위
				●793년 발해 성왕 즉위
800				●822년 신라에서 김헌창 난이 발생
				●828년 신라의 장보고가 청해진을 설치
				●839년 신라 장보고의 도움으로 신무왕 즉위
850				●846년 신라 장보고 염장에 의해 암살당함
900	후삼국시대	후백제	태봉	●900년 후백제 시조 견훤이 완산주에서 후백제 건국
				●901년 후고구려 시조 궁예가 송악에서 후고구려 건국
				●918년 고려의 시조 왕건이 송악에서 고려를 건국
				●926년 발해가 멸망
				●927년 후백제가 신라를 침공. 신라 경애왕 사망. 경순왕 즉위
				●935년 신라 경순왕이 고려에 항복
				●938년 고려가 후백제를 병합하여 후삼국을 통일함
		고려		●945년 고려에서 왕규의 난이 일어남
950				●956년 고려 광종이 노비안검법을 실시
				●958년 고려 광종이 과거 제도 실시
				●976년 전시과 제도를 실시
				●981년 고려 성종 즉위
				●992년 국자감 설치
				●993년 거란이 고려를 침공. 서희가 거란의 소손녕과 담판하여 군사를 철수 케하고 강동 6주를 양도받음
				●998년 전시과 개정
1000				

연대	시대	국가	사건
			●1010년 요나라(거란)가 고려를 재침공함
			●1018년 요나라가 고려를 다시 침공함
			●1019년 강감찬이 귀주대첩으로 요나라 군대를 대파
1050			●1044년 천리장성 완성
			●1076년 전시과 재개정
1100			●1104년 여진 1차 정벌 실패. 별무반 설립
			●1107년 윤관이 여진을 침공
			●1120년 이자겸의 난이 일어남
			●1135년 묘청이 서경 천도를 주장하였으나 실패하자 묘청의 난을 일으킴
1150			●1145년 김부식이 《삼국사기》를 편찬
			●1170년 정중부 등이 무신정변을 일으켜 정권 장악. 고려 명종 즉위
			●1174년 조위총의 난
			●1176년 망이, 망소이의 난
		고려	●1193년 김사미의 난. 효심의 난
			●1196년 최충헌이 정권을 장악. 최씨 무신 정권이 수립
1200			●1198년 만적의 난
			●1231년 몽골 제국이 고려를 침공
			●1232년 고려가 강화도로 천도. 몽골 제2차 침입
			●1235년 몽골 제3차 침입
1250			●1251년 팔만대장경 완성
			●1270년 고려가 개경으로 환도. 삼별초가 항쟁
			●1274년 고려와 원나라의 연합군이 일본 침공을 시도
1300			●1285년 《삼국유사》 편찬
			●1308년 충선왕 즉위
1350			●1351년 공민왕 즉위
			●1356년 정동행성을 폐지하고 쌍성총관부를 수복
			●1359년 홍건적이 고려를 침공함
			●1363년 문익점이 목화를 들여옴
			●1388년 이성계가 위화도 회군을 통해 정권을 장악. 고려 창왕 즉위
			●1389년 박위가 쓰시마 섬을 정복
			●1392년 조선의 시조 태조 이성계가 고려 공양왕의 양위를 받아 즉위. 정몽주 사망
			●1393년 조선 태조가 국호를 조선으로 개칭

연대	시대	국가	사건
1400			●1396년 조선, 한양 천도
			●1400년 제2차 왕자의 난 일어남. 조선 태종 즉위
			●1401년 신문고 설치
			●1418년 조선 세종 즉위
			●1419년 이종무 대마도 정벌 (쓰시마 섬)
1450			●1446년 세종대왕 훈민정음 반포
			●1452년 조선 단종 즉위
			●1453년 계유정난 일어남
			●1455년 조선 세조 즉위
			●1469년 조선 성종 즉위
			●1469년 《경국대전》 반포
1500			●1494년 조선 연산군 즉위
1550			●1506년 중종반정으로 조선 연산군 폐위되고, 조선 중종 즉위
			●1510년 삼포왜란 일어남
			●1575년 사림이 동인과 서인으로 갈라짐
			●1592년 도요토미 히데요시가 집권하던 왜군이 조선을 침공하여 임진왜란이 발발
1600			●1597년 일본이 조선을 추가로 침공하여 정유재란이 발발
			●1608년 광해군 즉위
			●1623년 인조반정으로 조선 광해군이 폐위되고, 조선 인조 즉위
		조선	●1624년 이괄이 난을 일으킴
			●1627년 후금이 조선을 침공하여 정묘호란이 발발
			●1636년 청나라군이 조선을 재침하여 병자호란 발발
1650			●1637년 조선 인조가 삼전도에서 청나라에 항복
1700			●1678년 상평통보 발행
			●1712년 백두산에 백두산정계비를 건립
1750			●1724년 조선 영조 즉위
			●1725년 을사환국 일어남, 조선 영조 탕평책 시행
1800			●1776년 조선 정조 즉위
			●1796년 수원 화성 완공
1850			●1811년 홍경래가 홍경래의 난을 일으킴
			●1860년 경신사옥 일어남, 최제우가 동학 창도
			●1861년 김정호가 대동여지도 간행
			●1863년 조선 고종 즉위하고, 흥선대원군 집권
			●1865년 경복궁 중건
			●1876년 조선과 일본 간에 조일수호조규 체결
			●1882년 조·미수호조규 체결, 임오군란 일어남, 일본과 제물포조약 체결, 청국과 조청상민수륙무역장정 체결
			●1884년 갑신정변 일어남
			●1894년 동학농민운동 일어남, 갑오·을미 개혁, 청일 전쟁 발발
			●1895년 을미사변 일어남
			●1897년 대한제국 고종이 제위에 등극하고, 대한제국을 수립해 연호를 광무로 고침
1900		대한제국	●1898년 만민공동회 개최
			●1900년 경인선 철도 개통, 만국 우표 연합 가입, 종로에 가로등 설치
			●1904년 러·일 전쟁 발발, 한국과 일본간에 한일의정서 체결
			●1905년 을사늑약 체결
			●1907년 국채보상운동, 대한제국 고종황제가 강제 퇴위되고 대한제국 순종황제 즉위, 한국과 일본 간에 한·일 신협약 체결, 군대가 해산
			●1909년 안중근이 이토 히로부미를 저격

연대	시대	국가	사건
	일제강점기	대한민국 임시정부	●1910년 한일병합조약 체결
			●1911년 105인 사건이 일어남
			●1919년 대한제국 고종황제 사망. 3·1 독립운동. 대한민국 임시정부 수립
			●1920년 홍범도가 봉오동 전투에서 일본군을 격퇴. 김좌진이 청산리 대첩에서 일본군을 대파
		조선총독부	●1929년 원산 총파업. 광주 학생 항일 운동이 일어남
			●1932년 이봉창·윤봉길 의거
			●1940년 한국 광복군이 창설
			●1942년 조선어학회 사건이 일어남
			●1943년 카이로 선언 발표
		미군정기	●1945년 8월 15일 일제 패망으로 광복. 군정청 설치
		대한민국 제1공화국	●1948년 4월 3일 제주 4·3 항쟁 일어남
			●1948년 5월 10일 남한 총선거
			●1948년 8월 15일 대한민국 정부 수립
			●1948년 9월 9일 북한 조선민주주의인민공화국 정부 수립
1950			●1950년 6월 25일 한국 전쟁이 발발
			●1953년 7월 27일 휴전 협정 조인
			●1960년 3월 15일 3·15 부정선거
			●1960년 4월 19일 4·19 혁명 시작
			●1960년 4월 26일 이승만 대통령 하야
		제2공화국	●1960년 6월 15일 대한민국 제2공화국 헌법 공포. 윤보선 대통령 취임
		제3공화국	●1961년 5월 16일 박정희 등이 5·16 군사 정변을 일으켜 정권 장악.
			●1963년 12월 17일 제3공화국 발족. 제5대 대통령 취임. 제6대 국회 개원
		조선민주주의인민공화국	●1967년 5월 3일 제6대 대통령 선거. 박정희 당선
		제4공화국 유신정부	●1970년 7월 7일 경부고속도로가 개통
			●1972년 12월 27일 대한민국 유신헌법이 공포
			●1979년 10월 26일 10·26 사건이 일어나 박정희 대통령이 피격당해 서거
			●1979년 12월 12일 12·12 군사 반란
		제5공화국 전두환 군사 정권	●1980년 5월 18일 5·18 광주 민주화 운동이 일어남
			●1980년 10월 27일 대한민국 제5공화국 헌법이 공포
		노태우 정부	●1988년 9월 17일 1988년 서울 올림픽이 개막
		문민 정부	●1993년 2월 25일 김영삼 대통령 취임. 문민정부 출범
			●1994년 7월 8일 김일성 사망. 김정일 국방위원장 집권
			●1997년 2월 12일 황장엽 노동당서기가 대한민국으로 망명
		국민의 정부	●1997년 11월 21일 대한민국 정부가 국제통화기금(IMF)에 구제금융을 요청
			●1998년 2월 25일 김대중 대통령 취임. 국민의 정부 출범
2000			●2000년 6월 15일 6·15 남북 공동 선언 발표
			●2001년 8월 10일 IMF 구제금융 조기 상환
			●2002년 5월 31일 2002년 축구 월드컵이 한국과 일본에서 공동 개최
		참여 정부	●2003년 2월 25일 노무현 대통령 취임. 참여정부 출범
			●2004년 3월 12일 노무현 대통령 탄핵 소추안이 국회를 통과
			●2004년 5월 14일 대한민국의 헌법재판소가 노무현 대통령 탄핵 소추안을 기각
		이명박 정부	●2008년 2월 25일 이명박 대통령 취임. 이명박 정부 출범
			●2010년 3월 26일 천안함 침몰
			●2011년 12월 17일 김정일 사망
			●2012년 3월 15일 한·미FTA 발효
		박근혜 정부	●2013년 2월 25일 박근혜 대통령 취임. 박근혜 정부 출범
			●2014년 4월 16일 진도 팽목항에서 세월호 침몰. 사망자는 294명
			●2014년 11월 중국과 FTA 협상 체결
			●2015년 5월 20일 중동호흡기증후군(메르스) 환자가 국내에 처음 발생, 확산

연대	시대	국가	사건
2000	박근혜 정부 문재인 정부	조선민주주의인민공화국	● 2015년 11월 한국사 교과서 국정화 확정 고시 ● 2015년 12월 한일 위안부 문제 합의 ● 2016년 2월 개성공단 가동 전면 중단 ● 2016년 7월 경북 성주에 사드 배치 공식 발표 ● 2016년 9월 최순실 국정 농단 의혹 불거짐 ● 2016년 9월 북한 5차 핵실험 ● 2016년 11월 광화문 100만 촛불 집회 ● 2016년 12월 박근혜 대통령 탄핵소추안 국회 가결 ● 2017년 3월 박근혜 대통령 탄핵 인용 ● 2017년 5월 문재인 정부 출범 ● 2017년 5월 한국사 국정교과서 폐지 ● 2018년 9월 북한 6차 핵실험 ● 2018년 2월 동계올림픽 개최 및 북한 고위급 관리 방한 ● 2018년 이명박 전 대통령 구속 ● 2018년 4월 1차 남북 정상회담 ● 2018년 5월 2차 남북 정상회담 ● 2018년 6월 북미 정상회담 ● 2018년 9월 3차 남북 정상회담

**읽고 바로 써먹는
쓸모 있는
한국사**

초판 1쇄 인쇄 2024년 10월 1일
초판 1쇄 발행 2024년 10월 7일

엮은이 | 미리내공방
펴낸이 | 최윤하
펴낸곳 | 정민미디어
주 소 | (151-834) 서울시 관악구 행운동 1666-45, F
전 화 | 02-888-0991
팩 스 | 02-871-0995
이메일 | pceo@daum.net
홈페이지 | www.hyuneum.com
편 집 | 미토스
표지디자인 | 강희연

ISBN 979-11-91669-77-0 (03910)